하루하루 기록하고 독서하는 습관은
기적의 삶을 선물합니다
허) 대중 드림

# 미라클 스토리

• 성장과 행복을 불러오는 기적의 히스토리 북 •

# 미라클 스토리

하나. 마법처럼 성장과 행복을 불러오는 사색과 성찰의 책
둘. 기록하기만 하면 세상에 단 하나뿐인 책이 되는 개인의 역사책
셋. 가정과 사회에서 소통을 돕는 커뮤니케이션의 도구가 되는 책

신아출판사

| 책 소개 |

# 기록은 기적이 된다

### 비전 (Vision)

오늘의 작은 비전들이 쌓이고 쌓여
미래의 크고 멋진 비전이 완성된다.

### 사랑 (Love)

배려와 섬김, 선행과 용서 등의 사랑을 베풀어
세상을 아름답게 한다.
가족, 지인, 이웃, 사회, 국가, 인류를 사랑함은
사람이 추구할 고귀한 가치다.

### 반성 (Reflection)

완벽한 사람은 없고, 완벽한 삶도 없다.
반성은 잘못된 것을 되풀이하지 않게 한다.
반성은 부족함을 채우고 성장의 밑거름이 된다.

### 감사 (Thanks)

행복은 감사의 문으로 들어온다.
감사가 습관이 되면 여기저기 감사의 소재가 넘친다.
고난에도 감사하면 눈물도 기쁨이다.
감사하면 삶이 사랑스럽다.

## 프롤로그
### Prologue

『미라클 스토리』는
하루하루를 계획하고 뒤돌아보면서
그날의 성장과 행복을 이끄는
마법 같은 성장의 길잡이 역할을 할 뿐만 아니라,
개인의 역사를 정성스럽게 기록해 나감으로써
스스로 쓰고, 스스로 만들어 가는
세상에 단 하나뿐인 자신만의 책을 집필하는
뜻깊은 여정이기도 합니다.

또한 『미라클 스토리』는
꼼꼼하게 기록된 삶의 발자취를 통해
가정에서, 학교에서, 회사에서, 공동체에서
매일, 매주, 혹은 매월
정해진 시간에 구성원들과
'소통과 교제의 도구'로 활용할 수 있는
멋진 커뮤니케이션의 교재입니다.

## 기록이 만드는 **기적**, 하나

"쉬지 말고 기록하라.
기억은 흐려지고 생각은 사라진다.
머리를 믿지 말고 손을 믿어라."

– 다산 정약용 –

## 기록이 만드는 기적, 둘

하루는 아들 피터가
손에 종이 한 장을 든 채
매우 당황해하며 내게 다가왔다.
"엄마, 방 청소를 하다가 이걸 찾았어요.
2년 전에 썼던 거예요.
그런데 지금 보니 신기하게도
이 목록에 적혀 있는 일들이 다 이루어졌네요.
썼다는 사실조차 잊어버리고 있었는데…."

— 헨리에트 앤 클라우저,
『종이 위의 기적, 쓰면 이루어진다』 중에서 —

## 기록이 만드는 **기적**, 셋

"기록은

행동을 지배합니다.

글을 쓰는 것은

시신경과 운동 근육까지 동원되는 일이기에

뇌리에 더 강하게 각인됩니다.

결국, 우리 삶을 움직이는 것은

우리의 손인 것입니다."

- 호아킴 데 포사다 『마시멜로 이야기』의 저자 -

## 기록이 만드는 **기적**, 넷

"감사 일기를 쓰면서부터
내 인생은 완전히 달라졌어요.
저는 비로소 인생에서
소중한 것이 무엇인지,
삶의 초점을 어디에 맞춰야 하는지
알게 되었죠."

"'나는 감사할 게 전혀 없어'라고
항상 생각해 온 저도
감사 일기를 쓰고 하루 만에
많은 게 변화되는 걸 느꼈고,
그 작은 변화가 제 모든 걸 바꾸는 데는
그리 긴 시간이 걸리지 않았습니다.
감사 일기를 알게 된 것에
감사할 따름입니다."

- 오프라 윈프리 -

## 사용설명서
# Instructions

### 『미라클 스토리』 구성

왼쪽 페이지 상단 : 저자가 쓴 365개의 '오늘의 격언'
왼쪽 페이지 중앙 : 하루의 비전, 사랑, 반성, 감사
왼쪽 페이지 하단 : 기록한 날짜
오른쪽 페이지 본문 : 읽고 사색하기

### 『미라클 스토리』 기록하는 방법

비전은
전날 밤이나 당일 아침에 계획하여 기록합니다.
사랑, 반성, 감사는 일과 중에 기록하거나,
하루를 돌아보며 저녁 또는 밤에 기록합니다.

### 『미라클 스토리』 읽고 사색하기

부담 없이 짧은 글을 읽음으로써
하루의 출발을 독서로 시작하게 하고
깊이 사색하는 습관을 기르도록 하였습니다.

### 응원의 말씀

여러분이 읽고 써 내려간
『미라클 스토리』를 통해
하루하루의 '성장과 행복의 기적'을
뿌듯하게 경험하시길 응원합니다.

또한 『미라클 스토리』의 기록을 통해
세상에 하나뿐인 자신만의 귀한 책도 만들고
다양한 시간과 공간에서 소통과 교제의 도구로도 활용하는
특별하고 뜻깊은 기록과 사색의 여정이 되길 기원합니다.

# Chapter 1

시작은 희망을 향해 달려간다_18 / 기록하는 것은 소중한 역사가 된다_20 / 매일의 비전이 쌓여 인생의 비전이 된다_22 / 사랑은 인류와 세상을 향한 선한 영향력이다_24 / 깊은 반성은 변화를 이끈다_26 / 감사의 습관은 삶에 행복을 공급한다_28 / 기회와 행운은 스스로 만든다_30 / 거의 죽을 만큼 노력하는 것이 최선이다_32 / 가능은 불가능에서 시작된다_34 / 오늘은 부와 명예보다 값진 재산이다_36 / 소망은 간절히 구하고 찾아야 이뤄진다_38 / 무능한 사람은 실수를 반복한다_40 / 성공의 가장 무서운 적은 게으름이다_42 / 지구의 주인공은 나 자신이다_44 / 감사는 불만을 밀어내고 만족을 부른다_46 / 오늘의 한 걸음은 내일의 열 걸음이다_48 / 기회는 준비된 사람을 기다린다_50 / 도전하면 구경꾼에서 주인공으로 바뀐다_52 / 열정은 성장의 사다리다_54 / 사색은 아이디어의 샘이다_56 / 반복된 연습은 숙련의 지름길이다_58 / 어제의 해는 지고 오늘은 새로운 해가 뜬다_60 / 주도적인 사람은 언제나 한발 앞선다_62 / 미루는 습관은 재능을 갉아먹는다_64 / 풍경도 사람도 멀리서 보면 흠이 없다_66 / 버리지 못하면 낡은 것들을 모시고 산다_68 / 주저하면 늦어진다_70 / 잠재력은 열정의 노력으로 깨어난다_72 / 무관심이 회초리보다 훨씬 더 아프다_74 / 때로는 행동이 생각을 이끈다_76 / 미지근한 것에는 매력이 없다_78

## Chapter 2

오늘 나아가지 않으면 내일은 퇴보한다_80 / 걸으면 뛰고 싶고, 뛰면 날고 싶다_82 / 무엇이든 깊이 들여다보면 값진 의미가 보인다_84 / 오늘 불평하면 내일은 더 불평한다_86 / 서두르면 처음으로 돌아갈 때가 많다_88 / 마음이 맑으면 눈빛도 맑다_90 / 약속은 신뢰와 존중의 표현이다_92 / 시간이 쌓여 인생이 된다_94 / 비전은 눈을 감아도 보이는 영상이다_96 / 실망하면 포기하고 열망하면 일어선다_98 / 사랑이 부족한 사람은 용서가 어렵다_100 / 휘영청 밝은 달이 내면의 소망을 깨운다_102 / 사람의 향기는 시공간을 초월한다_104 / 부드러운 음성은 초콜릿보다 달콤하다_106 / 날마다 돌아봐야 날마다 성장한다_108 / 완벽은 신의 영역에 도전하는 것이다_110 / 편한 사람이라도 예를 갖추면 좋다_112 / 겨울 너머엔 봄꽃이 가득하다_114 / 거친 말은 센 듯 보이지만 따르는 자가 없다_116 / 얼굴은 내면을 비추는 거울이다_118 / 무엇을 하든 즐기는 자가 승리에 가깝다_120 / 뒤에서 들리는 칭찬에는 거짓이 없다_122 / 온유함이 부족하다면 인격은 미완성이다_124 / 사랑을 전하면 사람이 온다_126 / 보석도 공짜로 받으면 돌멩이로 보인다_128 / 나 자신을 이기면 뭐든 이길 수 있다_130 / 때로는 피하는 것이 맞서는 것보다 낫다_132 / 시작이 없는 성취는 없다_134

# Chapter 3

애국자의 마음속엔 언제나 태극기가 펄럭인다_136 / 꽃은 피고 사람은 웃는다_138 / 씨앗은 시간을 통해 열매를 맺는다_140 / 대응하면 늦고, 대비하면 빠르다_142 / 걸음걸이가 그 사람의 미래를 보여주기도 한다_144 / 절약과 인색함은 동의어가 아니다_146 / 시간의 투자는 가장 진실한 투자다_148 / 부드러운 여성이라도 강한 남성을 낳고 기른다_150 / 인사는 예절이 아니라 인성의 기본이다_152 / 진취적인 사람은 환경을 탓하지 않는다_154 / 부러움은 자신을 개선하라는 신호다_156 / 오늘의 순간순간에 미래의 씨앗이 있다_158 / 눈물 너머에는 웃음이 수북하다_160 / 마음을 표현하면 황무지도 옥토가 된다_162 / 누군가에게 웃음을 주는 것은 유쾌한 자선사업이다_164 / 꿈을 자주 떠올리면 꿈이 현실에 가까워진다_166 / 누군가의 단점은 나를 돌아보라는 신호다_168 / 다정한 말은 천사의 속삭임이다_170 / 훌륭한 인생은 높이가 아니라 깊이로 평가된다_172 / 행복은 불행을 통해 배운다_174 / 별을 따는 꿈이라면 적어도 하늘은 날 수 있다_176 / 물처럼 품는 것이 가시처럼 찌르는 것보다 낫다_178 / 지식은 머리로 배우고, 지혜는 삶으로 배운다_180 / 흑은 백의 적이 아니라 친구다_182 / 욕심을 버리면 멀리 볼 수 있다_184 / 겸손은 탁월한 능력자를 최고로 만든다_186 / 휴식의 쉼표가 생명의 마침표를 막을 수 있다_188 / 군인의 투철한 희생정신이 국가를 수호한다_190 / 마음의 오해는 입술의 대화로 풀린다_192 / 내면이 강한 사람은 일상에서 부드러운 말투를 주로 사용한다_194 / 용기는 머뭇거림을 이겨 내는 힘이다_196

*Chapter 4*

거짓말은 죄와 악의 씨앗이다_198 / 가장 정직한 사람은 자신에게 정직한 사람이다_200 / 어려울 때의 도움은 오래도록 기억된다_202 / 악한 생각은 악인을 만들고, 선한 생각은 선인을 만든다_204 / 사람은 나무를 심고, 나무는 사람을 지킨다_206 / 큰 나무는 작은 바람에 흔들리지 않는다_208 / 유혹을 물리치면 성공에 가까워진다_210 / 모른다는 것은 배울 기회가 있다는 뜻이다_212 / 들꽃이 위대한 것은 스스로 꽃을 피우기 때문이다_214 / 좋은 부모는 자녀에게서도 배운다_216 / 절망하지 않으면 희망이다_218 / 독서는 지적이고 우아한 쾌락이다_220 / 서운함의 치료제는 고마움이다_222 / 사랑은 용기로 시작된다_224 / 방심은 패배를 초대하는 문이다_226 / 양심은 안전을 지키는 생명줄이다_228 / 설익은 떡은 거지에게도 환영받지 못한다_230 / 상대를 존중하는 것은 세련된 겸손이다_232 / 준비가 기회를 만든다_234 / 장애는 불편함이지만 불가능은 아니다_236 / 어린이의 호기심이 과학기술을 이끈다_238 / 사람은 지구라는 엄마의 뱃속에서 산다_240 / 모방은 가장 빨리 배우는 방법이다_242 / 책값은 책의 한 문장으로도 충분하다_244 / 땀방울이 없는 수확에는 독이 있다_246 / 집을 꾸미는 최고의 인테리어는 웃음이다_248 / 언쟁은 혀로 싸우는 전쟁이다_250 / 생명의 탄생은 새로운 우주의 탄생이다_252 / 지루하다는 것은 시간을 낭비하고 있다는 의미이다_254 / 좋은 사람은 혼자 있을 때도 좋은 사람이다_256

# Chapter 5

노동의 땀방울이 건강한 사회를 만든다_258/ 일을 즐기면 일터는 놀이터가 된다_260 / 라이벌은 서로를 성장시키는 채찍이다_262 / 지금까지보다 지금부터가 더 중요하다_264 / 어린이는 놀이로 배우고 사랑으로 큰다_266 / 사소한 성취들이 위대한 성공을 낳는다_268 / 효는 불효하지 않는 데서 시작된다_270 / 효는 사랑받은 보답이 아니라 사람됨이다_272 / 용서는 큰 사람이 베푸는 사랑이다_274 / 선거 결과에 대한 책임은 유권자에게 있다_276 / 빨리 친해지면 실망도 빠르다_278 / 친절한 간호사는 치료의 촉진제다_280 / 포장을 강조하면 내용이 부실해진다_282 / 뾰족한 가시가 장미를 지킨다_284 / 모든 것에서 배우는 사람은 스승이 많다_286 / 마음의 크기가 성인의 자격을 결정한다_288 / 성장통은 성장하고 있다는 반가운 소식이다_290 / 독재자의 잘못된 걸음은 탐욕에서 시작된다_292 / 발명은 상상을 현실로 만드는 기술이다_294 / 다양한 민족은 한 가족이요, 세계는 하나의 집이다_296 / 부부애는 아내를 사랑하고 남편을 존경하는 것이다_298 / 평범함으로는 비범한 수준에 도달할 수 없다_300 / 긍정의 말이 긍정의 상황을 불러온다_302 / 집의 크기가 행복을 보장하지 않는다_304 / 엄한 부모보다 편한 부모가 좋다_306 / 웃는 얼굴은 최고의 성형수술이다_308 / 걸림돌은 성장으로 올라서는 디딤돌이다_310 / 우쭐대는 사람은 존경받기 어렵다_312 / 자신을 먼저 이끌어야 남을 이끌 수 있다_314 / 목적이 목표를 빛나게 한다_316 / 인간은 넓고 깊은 바다의 작은 물고기다_318

## Chapter 6

시작의 문은 넓고, 영광의 문은 좁다_320 / 경험한 세상은 세상의 작은 조각일 뿐이다_322 / 기회를 기회로 안다면 절반은 성공이다_324 / 하나를 잘 해내면 열 개도 자신 있다_326 / 사람은 자연의 품에서 아기처럼 살아간다_328 / 숭고한 희생은 존경과 명예의 대상이다_330 / 하루 1㎜씩 성장하면 1년 후엔 혁신을 이룬다_332 / 시간은 공평하고 평가는 냉정하다_334 / 자족은 부족에서 만족을 찾아내는 능력이다_336 / 훌륭한 삶의 흔적은 역사의 유산이 된다_338 / 용모는 사랑을 주고, 성품은 행복을 준다_340 / 탁월한 리더는 인재를 알아본다_342 / 도움을 주고받는 것은 인생의 기본 원리이다 _344 / 많이 아는 것보다 제대로 아는 것이 중요하다_346 / 삶에 열정이 있으면 노인도 청춘이다_348 / 작은 차이가 큰 차이를 만든다_350 / 짧은 낮잠은 휴식으로 먹는 비타민이다_352 / 서툴다는 것은 성장 가능성이 있다는 뜻이다_354 / 마음을 다스리지 못하면 아무것도 다스릴 수 없다_356 / 도움을 주고 싶다면 먼저 도움을 줄 능력을 갖춰야 한다_358 / 뜨거운 태양이 시원한 그늘의 가치를 높인다_360 / 신은 주도적인 사람을 돕는다_362 / 걱정은 해결책을 깊이 숨긴다_364 / 과시욕은 결핍의 증거다_366 / 전쟁은 인간이 저지를 수 있는 최악의 범죄다_368 / 남몰래 하는 선행은 하늘도 감동시킨다 _370 / 남을 위한 기도는 응답이 빠르다_372 / 재능은 닦을수록 빛이 난다 _374 / 1%의 가능성은 99%의 불가능을 이길 수 있다_376 / 백 번의 몽상보다 한 번의 행동이 낫다_378

*Miracle*
# 1

## 시작은 희망을 향해 달려간다.
*The beginning runs toward hope.*

이루고 싶은 오늘의 **비전** *(Vision)*

오늘을 살면서 누군가 또는 세상에 베푼 **사랑** *(Love)*

오늘을 돌아보며 부족했던 점에 대한 **반성** *(Reflection)*

오늘 나에게 행복이 되어 준 **감사** *(Thanks)*

년    월    일

*God bless you*

'시작이 반이다.'라는 말이 있듯이 아침의 시작이 설레면 그 하루가 설렘으로 가득할 확률이 높습니다. 새해의 첫날이 설레면 그 1년은 희망으로 가득할 확률이 높습니다. 시작의 때에 '잘될 거야' '나는 해낼 수 있어'라고 자신하며, 멋진 상상을 떠올려야 합니다. 시작의 때에 '잘 될까?' '내가 잘할 수 있을까?'라고 의심해서는 안 됩니다. 그러면 될 일도 되지 않습니다. 시작의 때에 좋은 결실을 방해하는 두려움과 걱정을 멀리해야 합니다.

시작은 희망을 향해 달려갑니다. 희망을 향하는 마음엔 에너지가 넘칩니다. 시작은 반짝이는 눈빛과 씩씩한 걸음걸이를 동반합니다. 희망을 꿈꾸며 나아가는 시작에는 비전, 기대, 소망이 가득합니다. 시작은 못난 과거의 반복이 아닌 새로운 미래를 추구합니다. 시작은 창조적 아이디어와 혁신의 씨앗을 품고 있습니다.

갓 태어난 아가의 시작이 축복이듯 우리의 시작도 멋진 출발임을 온몸으로 느껴야 합니다. 억센 땅을 뚫고 향기로운 삶을 시작하는 봄날의 새싹처럼 우리의 시작도 복된 인생길을 여는 첫발임을 마음에 새겨야 합니다. 물론, 시작이 좋다고 해서 반드시 끝도 좋은 것은 아닙니다. 하지만, 시작이 좋을 때 끝이 좋을 확률은 높아집니다. 좋은 시작은 좋은 결실에 긍정의 영향을 주기 때문입니다. 희망찬 시작은 멋진 결실에 분명히 좋은 영양분이 됩니다.

좋은 일이 없을 때라도 콧노래를 부르면 기분이 좋아집니다. 웃을 일이 없을 때 일부러라도 웃으면 미소가 생산됩니다. 시작이 버거울 때라도 눈을 감고 희망을 떠올리면 없던 힘도 솟아납니다. 우리의 시작이 희망을 향할 때 거친 광야에서 물을 만나고 초목을 만나게 됩니다. 우리의 시작이 희망을 꿈꾸며 나아갈 때 어둠은 사라지고 빛나는 세상이 펼쳐집니다.

*God bless you*

## Miracle 2

### 기록하는 것은 소중한 역사가 된다.
*Recording becomes a valuable history.*

이루고 싶은 오늘의 **비전** *(Vision)*

오늘을 살면서 누군가 또는 세상에 베푼 **사랑** *(Love)*

오늘을 돌아보며 부족했던 점에 대한 **반성** *(Reflection)*

오늘 나에게 행복이 되어 준 **감사** *(Thanks)*

년    월    일

*God bless you*

꿈을 향해 달려가는 사람에게는 기본적인 공통점이 있습니다. 그 첫 번째는 가슴 벅찬 꿈의 모습을 가슴에 품고 살아가는 것입니다. 꿈은 현재의 목표가 쌓이고 쌓여 미래의 비전으로 성취됩니다. 꿈이 없는 사람도 성취를 이룰 수 있지만 꿈이 있는 사람이 큰 성취를 이룰 확률이 훨씬 높습니다. 두 번째 꿈을 이룬 사람은 가슴속 꿈을 종이에 적습니다. 이것이 패배자와 승리자의 갈림길이기도 합니다. 종이에 쓰기가 귀찮은 사람은 성장과 성공에서 멀어집니다. 종이에 기록한 사람은 그것을 시시때때로 펼쳐봅니다. 그리고 그걸 통해 매일매일 스스로 동기부여를 받습니다.

세 번째로 꿈을 이룬 사람은 종이 위에 적은 것을 달성하기 위해 계획을 세웁니다. 계획은 장기계획, 중기계획, 단기계획으로 세분화 됩니다. 그중 단기계획은 당면한 오늘의 스케줄이 됩니다. 그래서 매일의 스케줄을 계획하는 것이 중요합니다. 마지막 네 번째 꿈을 이룬 사람들은 계획한 것을 실행에 옮깁니다. 앞의 세 가지를 다해도 실행에 옮기지 않는다면 아무것도 아닙니다.

꿈 목록을 '굳이 종이에 기록할 필요가 있을까?'라고 생각할 수도 있습니다. 기록의 효과를 경험하지 못한 사람은 기록의 힘을 믿지 않기 때문에 신 포도로 간주합니다. 기록은 아무나 하지 못합니다. 기록하는 사람은 성장의 갈망과 그 갈망에 다가가기 위한 정성이 가득합니다. 그 정성과 노력이 성장과 성취를 이루게 합니다.

머릿속 생각은 확장성이 없거나 작습니다. 하지만 기록은 글을 볼 때마다 후속의 상상이 계속 생성됩니다. 그래서 머리, 가슴, 신체에 긍정의 에너지를 공급합니다. 머릿속의 생각만으로는 꿈의 생생함이 떨어지기도 합니다. 기록은 세밀하고 생생한 자극으로 동기부여를 줍니다. 계획과 목표를 미루지 않게 하는 추진의 힘도 공급합니다.

*God bless you*

# Miracle
## 3

### 매일의 비전이 쌓여 인생의 비전이 된다.
*A daily vision builds up and becomes a vision of life.*

이루고 싶은 오늘의 **비전** *(Vision)*

오늘을 살면서 누군가 또는 세상에 베푼 **사랑** *(Love)*

오늘을 돌아보며 부족했던 점에 대한 **반성** *(Reflection)*

오늘 나에게 행복이 되어 준 **감사** *(Thanks)*

년    월    일

*God bless you*

미래의 멋진 비전을 꿈꾸지 않는 사람들이 얼마나 될까요? 밝은 미래의 비전 없이 그날그날을 하루만 살다 갈 사람처럼 살아가는 사람이 얼마나 될까요? 많은 사람이 부러워하고 박수칠 만한 멋진 인생의 비전은 아마도 세상을 살아가는 모두의 꿈일 것입니다. 멋진 비전은 사람들이 열심히 살아가도록 동기부여 하는 설렘과 희망의 존재입니다.

하지만 대개의 사람은 미래의 비전을 설계할 때 장기적인 비전을 세우려는 경향이 있습니다. 그래서 10년 후, 30년 후, 50년 후의 비전처럼 지금으로부터 멀리 떨어진 미래의 비전을 세우곤 합니다.

이런 현상의 근본적인 원인은 비전의 단어를 '지금의 시간으로부터 멀리 떨어져 있는 어느 때엔가 이루고 싶어 하는 목표'라고 느끼고 생각하는 데 있습니다. 결과적으로 비전을 달성하기까지는 시간이 많이 남아 있다고 생각하고 살아가는 안타까운 상황이 벌어집니다.

'비전은 장기적인 목표'라는 느낌으로 인해서 오늘이라는 현재에 소홀하고 불충실하게 살아가는 사람들이 있습니다. 미래의 멋지고 황홀한 비전을 달성하기 위해 지금 당장은 계획을 세우지 않아도 된다고 생각합니다. 지금 당장은 어떤 노력을 하지 않아도 된다고 생각합니다. 그러면서 미래의 그날까지는 시간이 많이 남아 있으니 여유를 부려도 미래의 비전을 달성할 수 있다고 착각합니다.

과연 그럴까요? 훗날의 미래 비전은 오늘 하루하루의 목표가 되는 매일의 비전들이 쌓이고 쌓여 미래의 비전에 가까워지는 것입니다. 그러기 때문에 '멋진 집'이라는 비전을 꿈꾼다면, 오늘 하루 비전이 되는 벽돌 한 장을 쌓아야 합니다. 하루하루 매일의 벽돌들이 쌓여 마침내 내가 바라던 멋진 '비전의 건축물'이 완성됩니다.

*God bless you*

*Miracle*
# 4

## 사랑은 인류와 세상을 향한 선한 영향력이다.
*Love is a good influence on humanity and the world.*

이루고 싶은 오늘의 **비전** *(Vision)*

오늘을 살면서 누군가 또는 세상에 베푼 **사랑** *(Love)*

오늘을 돌아보며 부족했던 점에 대한 **반성** *(Reflection)*

오늘 나에게 행복이 되어 준 **감사** *(Thanks)*

년    월    일

*God bless you*

사랑은 선한 영향력입니다. 사랑은 사람에게도, 인류에게도 따뜻한 영향력을 발휘합니다. 사랑은 선이 되어, 덕으로 쌓여가며, 메마른 세상을 아름답고 풍성한 낙원으로 만듭니다.

세상의 어떤 영향력보다도 강력한 것이 사랑입니다. 사랑은 장애와 장벽을 뛰어넘게 하는 힘이 있습니다. 사랑은 갈등과 전쟁을 멈추게 하는 기술도 있습니다. 사랑은 질병을 치료하기도 하고, 죽어가는 생명도 살리는 능력을 보유하고 있습니다.

사랑은 마법과도 같습니다. 작은 것을 주어도 큰 행복으로 웃음꽃을 피웁니다. 작은 정성을 주어도 큰 고마움으로 느낍니다. 나눌수록 줄어들지 않고 오히려 더 커지고 더 풍성해지는 것이 사랑입니다.

사랑은 눈물 많은 세상에 밝고 환한 웃음을 줍니다. 추운 겨울에도 따뜻함을 전합니다. 두려움에 떠는 사람에게 용기를 줍니다. 병들고 지친 사람에게 치료제가 되는 것이 바로 사랑입니다.

받는 사랑도 좋지만 주는 사랑은 더 행복합니다. 꽃을 선물로 받는 사람보다 꽃을 주는 사람이 더 먼저 향기를 맡습니다. 사랑을 받아 본 사람은 베푸는 사랑도 잘합니다. 사랑의 따뜻함과 사랑의 달콤한 맛을 잘 알기 때문입니다.

사랑은 '고마워' '미안해' '잘했어' '축하해'라는 말로도 충분합니다. 사랑은 그윽한 눈빛과 미소, 공감의 끄덕임과 따스한 손길만으로도 전할 수 있습니다. 작은 행동이 사랑을 전하기도 합니다. 언덕에서 할머니의 손수레를 밀어주는 것, 목마른 사람에게 물 한 잔 주는 것, 엘리베이터 문을 잡아주는 것, 급한 사람에게 길을 양보해주는 것, 이 모든 것들이 사랑을 전하는 훌륭한 도구들입니다.

*God bless you*

*Miracle*
# 5

## 깊은 반성은 변화를 이끈다.
*Deep reflection leads to change.*

이루고 싶은 오늘의 **비전** *(Vision)*

오늘을 살면서 누군가 또는 세상에 베푼 **사랑** *(Love)*

오늘을 돌아보며 부족했던 점에 대한 **반성** *(Reflection)*

오늘 나에게 행복이 되어 준 **감사** *(Thanks)*

년    월    일

*God bless you*

반성은 자신의 지나간 일들에 대해서 뒤돌아보고 깊이 생각하는 시간을 갖는 것을 뜻합니다. 반성은 잘못된 것을 되풀이하지 않도록 도움을 줍니다. 반성은 부족함을 채움으로 성장의 밑거름이 됩니다.

반성을 통해 '뒤돌아본다'거나 '돌이켜본다'는 것은 스스로가 했던 생각, 표정, 행동들에 대해서 뭔가 잘못되었거나 실수가 있었다는 것을 인지했고 또한 인정한다는 의미입니다. 그래서 반성은 '지난 잘못이나 실수 그리고 부족함을 개선하여 앞으로는 다시 반복하지 않아야겠다.'라고 하는 개선의 결단과 다짐을 포함하고 있습니다.

완벽한 사람은 없습니다. 완벽한 삶 또한 없습니다. 그래서 누구든 자신의 부족한 것을 채워가고, 잘못된 점을 개선해 나가려는 노력과 과정이 필요합니다. 자신의 부족함이나 잘못을 아는 사람은 성장할 가능성이 높습니다. 부족함과 잘못을 안다는 것은 부족함을 채우고 잘못을 개선하기 위해서 부단한 노력을 하는 사람일 확률이 높기 때문입니다.

성장하지 못하고 정체된 사람들을 보면 본인에게 무엇이 부족한 것인지조차 느끼지 못하고, 깨닫지 못하는 사람들이 대부분입니다. 다행히도 부족함을 느끼고 깨달았다고 해도 개선의 의지와 노력을 하지 않는 사람들은 성장하기 어렵습니다.

부족함이 잘못은 아닙니다. 부족함을 채우려 노력하지 않는 것이 잘못입니다. 실수는 잘못이 아닙니다. 실수를 개선하려 하는 의지와 실행이 없는 것이 잘못입니다. 어제 범했던 실수를 오늘도 내일도 반복해서 되풀이하는 것이 잘못입니다. 흉내만 내는 반성은 필요가 없습니다. 반성이 반복된 습관이 되지 않으려면 깊은 반성을 해야만 합니다. 그래야 그 반성이 성장을 향한 변화의 디딤돌이 됩니다.

*God bless you*

## Miracle 6

## 감사의 습관은 삶에 행복을 공급한다.
*The habit of appreciation supplies happiness in life.*

이루고 싶은 오늘의 **비전** *(Vision)*

오늘을 살면서 누군가 또는 세상에 베푼 **사랑** *(Love)*

오늘을 돌아보며 부족했던 점에 대한 **반성** *(Reflection)*

오늘 나에게 행복이 되어 준 **감사** *(Thanks)*

년    월    일

*God bless you*

감사는 습관입니다. 감사의 습관은 삶에 행복을 공급합니다. 습관은 생각이나 행동을 오랫동안 반복하여 몸에 굳어진 현상을 뜻합니다. 그런 이유로 감사의 습관은 사람을 판단하는 잣대가 되기도 합니다.

습관에는 좋은 습관이 있고 나쁜 습관도 있습니다. 누구라도 나쁜 습관보다는 좋은 습관의 소유자가 되고 싶어 합니다.

생각이나 행동이 반복되면 습관으로 굳어지기 때문에 행여 나쁜 생각이나 행동을 감지했다면 습관으로 자리 잡기 전에 그 생각이나 행동을 빨리 고치거나 버려야 합니다.

좋은 습관은 사람을 성장시킵니다. 일찍 일어나는 습관은 성실하고 부지런한 사람을 만들고, 계획하여 살아가는 습관을 들이면 하루를 훨씬 더 보람차게 살아갈 수 있습니다. 말을 예쁘게 전하는 습관을 들인 사람은 매력이 넘쳐 주변의 사람들을 끌어들입니다.

좋은 습관 중 으뜸은 감사하는 습관입니다. 감사의 습관은 사람을 행복하게 만듭니다. 음식을 먹을 때에 반찬이 없음을 불평하기보다 식탁에 있기까지 수고한 사람을 떠올리며 감사하면 감사는 맛있는 양념이요, 반찬이 됩니다. 목적지까지 걸어야 할 때 짜증 내기보다 걸을 수 있는 두 다리가 있음에 감사하면 참 행복해집니다.

제가 존경하는 의사 선생님은 감사 습관이 있습니다. 진료 중에 시도 때도 없이 '감사합니다'를 입모양으로 속삭입니다. 그분은 분명히 그 속삭이는 감사로 순간순간마다 행복을 누리실 겁니다.

'범사에 감사하라'는 말씀처럼 언제 어디서든 감사를 습관적으로 속삭이는 사람은 날마다 천국의 삶을 살게 되는 것입니다.

*God bless you*

*Miracle*
## 7

## 기회와 행운은 스스로 만든다.
*Opportunities and luck make themselves.*

이루고 싶은 오늘의 **비전** *(Vision)*

오늘을 살면서 누군가 또는 세상에 베푼 **사랑** *(Love)*

오늘을 돌아보며 부족했던 점에 대한 **반성** *(Reflection)*

오늘 나에게 행복이 되어 준 **감사** *(Thanks)*

년      월      일

*God bless you*

기회와 행운은 하늘이 우리에게 선물로 주는 것이 아닙니다. 누가 이유 없이 거저 주는 것도 아닙니다. 스스로가 씨를 뿌리고 스스로 일구어 가는 결실의 과정입니다. 그렇게 기회와 행운은 자기 자신의 노력과 준비의 대가로 값지게 받는 보답입니다.

땀 흘려 준비하는 사람은 자신이 소망한 목표에 다가가는 기회를 포착할 확률을 높입니다. 고난을 이겨 내고 맡겨진 현실에 충실한 사람에게는 뜻하지 않은 행운을 만나게 될 확률이 높아집니다.

기회는 때때로 위기의 상황에서 찾아오기도 합니다. 위기에 직면할 때 많은 사람은 그것을 위험으로 받아들이며 좌절하고 포기합니다. 하지만 어떤 사람들은 그 위기를 현실의 고통으로 바라보지 않고 새롭게 적응해야 하는 미래 성장의 기회가 될 수 있다고 생각하여 적극적이고도 긍정적인 대책을 세웁니다.

성장을 향한 사다리에 공짜로 오르는 기회는 없습니다. 성공으로 향하는 탄탄대로에 땀방울을 흘리지 않는 행운은 없습니다. 모두 다 그럴만한 땀과 준비가 되어있어야 합니다. 씨를 뿌려야 열매를 맺는 것이지 저절로 맺히는 열매가 어디 있겠습니까?

기회와 행운은 슬그머니 다가왔다가 소리 없이 달아나기 때문에 많은 사람이 온 줄도 모르다가 귀한 것을 놓친 후에야 후회합니다. 기회와 행운의 손님들을 놓치지 않기 위해서는 우리의 눈과 귀와 마음을 지금 내 앞에 놓인 현재의 해야 할 일에 집중해야 합니다.

내게 날아든 멋진 기회와 행운을 '준비와 노력 부족'으로 날려버린다면 정말로 안타까운 일일 겁니다. 절호의 기회와 근사한 행운을 놓치지 않기 위해 우리는 만반의 준비를 해야 합니다.

*God bless you*

*Miracle*
**8**

**거의 죽을 만큼 노력하는 것이 최선이다.**
*It's best to try almost to death.*

이루고 싶은 오늘의 **비전** *(Vision)*

오늘을 살면서 누군가 또는 세상에 베푼 **사랑** *(Love)*

오늘을 돌아보며 부족했던 점에 대한 **반성** *(Reflection)*

오늘 나에게 행복이 되어 준 **감사** *(Thanks)*

년      월      일

*God bless you*

우리는 가끔 '최선의 노력을 다했다'라는 표현을 말하기도 하고, 듣기도 합니다. '최선의 노력'이라는 표현이 너무 쉽게 사용되는 건 아닌지 돌아봐야 합니다. 이 표현을 전하는 사람들은 이제부터라도 더 많은 열정과 노력이 준비되어야 할 것입니다.

'최선의 노력을 다했다'라는 표현에는 어떤 의미가 담겨있을까요? 잠시 들여다볼까요? 먼저 최선이라는 단어의 사전적인 의미를 보면 '가장 좋고 훌륭하다.' '여럿 가운데서 가장 앞선다.' '온 정성과 힘'이라는 좋은 의미들을 가지고 있습니다.

다시 여기에 '노력'이라는 단어를 결합해 보자면 '최선의 노력'은 '가장 좋고 훌륭한 노력', '여럿 가운데 가장 앞선 노력', '온 정성과 힘을 다한 노력'이라는 멋진 합성어가 될 것입니다.

결국 '최선의 노력을 다했다'라는 표현은 '더 이상 나의 힘으로는 어떻게 할 수 없을 만큼 노력했다.'라는 의미이며, 더 나아가 '거의 죽을 만큼의 노력을 다했다'라는 의미가 되는 것입니다.

'최선의 노력을 다했다'라는 표현에 나 자신을 냉정하게 돌아보는 시간을 가져봐야 합니다. '과연 난 공부할 수 있는 환경에서 최선의 노력을 다하고 있는가?', '성장과 성공을 위해 나에게 맡겨진 일에 최선의 노력을 다하고 있는가?'라는 질문을 스스로 해보고, 결핍이 느껴진다면 더 많은 열정과 노력으로 준비하며 나아가야 합니다.

지금까지의 노력과는 비교할 수 없는 나 스스로가 인정할 만큼의 확실한 최선의 노력을 다한다면 지금보다는 훨씬 더 많은 성취의 결과들을 얻어낼 것입니다. 자기 스스로도 칭찬할 수 있는 진정한 최선의 노력을 다한다면 못 이룰 것은 없을 것입니다.

*God bless you*

## Miracle
### 9

## 가능은 불가능에서 시작된다.
*Possibilities begin with impossibility.*

이루고 싶은 오늘의 **비전** *(Vision)*

오늘을 살면서 누군가 또는 세상에 베푼 **사랑** *(Love)*

오늘을 돌아보며 부족했던 점에 대한 **반성** *(Reflection)*

오늘 나에게 행복이 되어 준 **감사** *(Thanks)*

년    월    일

*God bless you*

가능은 불가능에서 시작됩니다. 시작부터 가능한 일은 어디에서도 찾아보기 어렵습니다. 첫 출발부터 만족할 만한 상황은 누구에게도 주어지지 않습니다.

시작은 아무것도 없는 100 퍼센트 무(無)에서 출발하거나, 무언가 부족한 미완성에서 도전의 문을 엽니다. 그런 불가능 상태가 가능의 결실로 맺어지는 건 해내고 말겠다는 집념과 매일매일 성장하고자 하는 건강한 욕심 덕분입니다.

불가능을 가능의 결과물로 이끌어 내기 위해서는 어떤 상황에서도 포기하지 않아야 합니다. 아기가 갓 태어났을 때는 일어서는 것조차 가능하지 않습니다. 걷는 것은 더욱 더 불가능한 일입니다. 하지만 갓난아기는 본능적으로 좌절과 포기가 아닌 배우지도 않은 희망과 도전을 선택합니다. 수없이 넘어지고 또 넘어져도 일어서고 다시 또 일어섭니다. 그리고 일어선 채 가만히 서 있는 것이 아니라 한 걸음 한 걸음 전진의 발걸음을 옮겨 놓습니다.

나에게 불가능이 엄습해 올 때, 우리에게 가능이라는 골인 지점이 아득히 멀어 보일 때, 갓난아기처럼 본능적으로 일어서야 합니다. 좌절과 포기라는 실패의 길이 아닌 희망과 도전이라는 승리의 길을 강한 의지로 선택해야 합니다.

그렇습니다. 불가능의 상태에서 시작했다고 하더라도 좌절하거나 포기하지 않고 나가면 가능이라는 크고 멋진 결실로 마무리할 수 있습니다. 그래서 무슨 일을 하든 가능하다고 믿고 시작하는 것이 좋습니다. 아니, 그렇게 시작해야 합니다. 그런 사람은 어떤 불가능 속에서도 가능의 수확을 일구어냅니다. 그런 사람은 땀으로 성취한 황홀한 성취감을 맛볼 수 있는 것입니다.

*God bless you*

*Miracle*
**10**

## 오늘은 부와 명예보다 값진 재산이다.
*Today is worth more than wealth and honor.*

이루고 싶은 오늘의 **비전** *(Vision)*

오늘을 살면서 누군가 또는 세상에 베푼 **사랑** *(Love)*

오늘을 돌아보며 부족했던 점에 대한 **반성** *(Reflection)*

오늘 나에게 행복이 되어 준 **감사** *(Thanks)*

년    월    일

*God bless you*

오늘은 부와 명예보다 값진 재산입니다. 부와 명예가 아무리 좋고 귀하다고 해도 오늘의 가치와 비교할 수는 없습니다. 오늘이 없다면 어느 누구에게도 부와 명예는 무의미합니다. 오늘이라는 특별하고도 귀한 삶이 주어지지 않는다면, 세상 그 어떤 소유들도 주인을 잃은 존재가 되기 때문입니다.

오늘이라는 현재는 우리가 받는 선물 중에서도 최고의 선물입니다. 선물이라는 존재는 사람들의 기분을 설레게 합니다. 선물은 날마다 받아도 마음을 들뜨게 합니다. 하지만 많은 사람들에게 오늘이라는 매일의 선물들은 어떤 설렘을 주고 있을까요? 오늘이라는 최고의 선물들이 사람들에게 어떻게 대접받고 있을까요?

많은 사람이 선물 중에서 최고의 선물인 오늘의 소중함을 모른 채 살아갑니다. 나아가 어떤 사람들은 오늘이라는 선물의 시간이 빨리 지나가기를 소망하기도 합니다. 오늘에 존재하는 순간들에 충실하지 않고, 오늘이라는 귀한 시간을 허비하며 인생을 낭비합니다.

"네가 헛되이 보낸 오늘은 어제 죽은 이가 그토록 바라던 내일이다." 이 명언은 오늘의 가치가 얼마나 크고 오늘의 삶이 얼마나 귀한지 표현하고 있습니다. 오늘은 그렇게 소중한 가치가 있는 존재입니다. 오늘이라는 생명의 선물이 내일도 당연하게 주어진다고 생각하는 것은 착각입니다. 누군가에게는 오늘이 그가 맞이할 마지막 날이 될 수도 있습니다.

오늘이 없는 내일은 없습니다. 오늘의 땀 흘린 삶이 없다면 미래의 희망도 없습니다. 오늘은 씨앗이 되고 미래는 열매가 됩니다. 세상 그 어떤 것을 주고도 바꿀 수 없는 오늘을 진정 최고의 선물이라 여기며 충실히 가꾸며 살아가야 합니다.

*God bless you*

# Miracle
## 11

## 소망은 간절히 구하고 찾아야 이뤄진다.
*Wishes come true when desperately ask and seek.*

이루고 싶은 오늘의 **비전** *(Vision)*

오늘을 살면서 누군가 또는 세상에 베푼 **사랑** *(Love)*

오늘을 돌아보며 부족했던 점에 대한 **반성** *(Reflection)*

오늘 나에게 행복이 되어 준 **감사** *(Thanks)*

년    월    일

*God bless you*

소망은 간절히 구하고 찾아야 이루어집니다. 원하는 무엇이 있다면 대충 바라거나 수박 겉핥기식으로 찾아서는 이룰 수 없습니다.

'간절히 구한다.'라는 뜻은 갈망의 크기를 말하는 것으로 평생의 소원처럼 간절하고도 애타게 원해야 한다는 뜻입니다. 또한 간절히 찾아야 한다는 의미는 인생의 꿈을 이루어 줄 보물을 찾는 것처럼 적극적이고도 열정적으로 찾아야 한다는 의미입니다.

소망을 향해 달려가는 사람에게 간절함은 씨앗과도 같습니다. 별을 따는 소망이 내게 있다면 가장 먼저 그 별을 딸 수 있다는 확신의 씨앗을 내 머리와 가슴에 심어야 합니다. 두 번째는 매일 매일 별을 바라보면서 그 별들을 품에 안는 상상을 시시때때로 해야 합니다. 세 번째는 별을 따기 위해 하늘에 오르는 사다리를 만들어야 하고, 마지막 네 번째로는 그 사다리를 오늘도 내일도 모레도 오르고 또 올라야 합니다.

소망은 황량한 사막 위에 켜진 등불과도 같아서 잠시라도 소홀히 하면 불어오는 모래바람에 힘없이 꺼지게 됩니다. 소망은 갈대와도 같아서 목표라는 끈을 단단히 붙잡지 않으면 수많은 세상 유혹의 바람에 위태하게 흔들리고 이리저리 방황하게 됩니다.

아기는 부모의 간절한 소망으로 탄생하고 부모의 간절한 사랑과 보살핌으로 성장합니다. 진학을 위해서든, 취업을 위해서든, 아니면 필요한 자격증을 따기 위해서든 통과해야 하는 어떤 어려운 시험도 간절한 소망과 노력이 있어야만 합격의 영광을 누리게 됩니다.

그대 마음을 설레게 하는 소망이 있다면 간절히 원하고 바라세요. 그리고 그 소망을 이루기 위해 간절한 마음으로 찾고 또 찾으세요.

*God bless you*

*Miracle*
**12**

## 무능한 사람은 실수를 반복한다.
*Incompetent people repeat mistakes.*

이루고 싶은 오늘의 **비전** *(Vision)*

오늘을 살면서 누군가 또는 세상에 베푼 **사랑** *(Love)*

오늘을 돌아보며 부족했던 점에 대한 **반성** *(Reflection)*

오늘 나에게 행복이 되어 준 **감사** *(Thanks)*

년    월    일

*God bless you*

무능한 사람은 실수를 반복합니다. 물론 유능한 사람이라도 실수를 할 때가 있지만 유능한 사람은 실수를 반복하지는 않습니다. 여기서 '실수를 반복한다.'라는 의미는 같은 실수를 되풀이한다는 뜻입니다. 같은 실수를 계속해서 반복하는 사람은 관련된 일에 관심과 정성이 부족하다는 증거이며, 결국 무책임하고 무능한 존재로 낙인찍히게 됩니다.

실수라는 단어를 전제로 유능한 사람과 무능한 사람을 비교할 때 또 하나의 차이점은 실수한 후의 태도입니다. 무능한 사람은 실수한 후에 움츠러들고 자신감을 잃습니다. 반면에 유능한 사람은 지나간 실수를 통해서 자신의 부족함을 깨닫고 배우며 개선합니다. 실수를 자신의 앞길을 방해하는 걸림돌로 생각하지 않고, 오히려 부족했던 능력을 업그레이드할 디딤돌로 여깁니다.

실수를 반복하지 않으려면 실수했을 때 자신의 실수를 인정해야 합니다. 실수를 인정한다는 것은 자신의 어떤 점이 잘못되었는지를 알게 되었고, 자신에게 무엇이 부족한지를 깨달았으며, 다음에는 '그 실수를 반복하지 않겠다.'라는 의지의 표현이기 때문입니다.

그리고 이왕 하는 것이라면 실수는 즉시 인정하는 것이 좋습니다. 때를 놓치면 상대에게는 불필요한 오해를 줄 수가 있고, 자신에게는 실수에 대한 변명을 만들 시간이 될 수도 있기 때문입니다.

또한 상대방이 실수를 인정했다면 그것을 듣는 사람의 입장에서는 상대방의 실수를 사람들 앞에서 부각하지 않아야 합니다. 계속해서 지적하지 않도록 주의해야 합니다. 오히려 '나도 그런 적이 있어, 괜찮아.'라며 위로하고, 격려를 해줘야 합니다. 그렇게 해야 실수로 인해 주눅 들지 않고, 다시 힘을 낼 수 있게 됩니다.

*God bless you*

## Miracle 13

## 성공의 가장 무서운 적은 게으름이다.
*The scariest enemy of success is laziness.*

이루고 싶은 오늘의 **비전** *(Vision)*

오늘을 살면서 누군가 또는 세상에 베푼 **사랑** *(Love)*

오늘을 돌아보며 부족했던 점에 대한 **반성** *(Reflection)*

오늘 나에게 행복이 되어 준 **감사** *(Thanks)*

년    월    일

*God bless you*

성공의 가장 무서운 적 중에 게으름이 있습니다. 성공을 방해하는 원인은 참으로 많겠지만 그중에서도 게으름은 성공의 천적이라 할 만큼 성공으로 가는 길 위에 있어서는 안 될 존재입니다.

게으름은 승리라는 멋진 목표가 아닌 편안함으로 위장하여 누구나 피하고 싶어 할 패배의 수렁으로 끌어들이는 괴물 같은 존재입니다. 게으름은 희망을 향한 전진의 발걸음이 아닌 정체와 퇴보의 수렁과 절망으로 유혹하는 안일함의 걸음걸이입니다.

물론 게으른 사람이라고 해서 성공하지 못하는 것만은 아닙니다. 하지만 성공한 대다수의 사람들이 부지런했다는 사실은 동서고금을 막론하고 검증된 결과이며, 부지런한 사람의 성공 확률은 미래에도 크게 변하지 않을 것입니다.

과거나 현재나 게으른 천재의 끝은 좋지 않습니다. 예나 지금이나 사람들은 게으른 천재보다 능력은 조금 부족하더라도 부지런하고 성실한 사람을 선호합니다. 아무리 훌륭한 천재적인 재능을 가지고 태어났다고 하더라도 땀과 노력으로 갈고닦지 않으면 성공의 멋진 결실을 얻기가 어렵습니다. 처음에는 좋았으나 나중에는 초라해지는 용두사미의 인생이 되고 맙니다.

게으름을 물리치기 위해서는 계획성 있는 삶을 살아가는 습관이 필요합니다. 게으름을 멀리하기 위해서는 짧은 시간이라도 헛되이 낭비하지 않는 시간관리의 습관을 들여야 합니다. 게으름의 노예가 되지 않으려면 어떤 일이든 적극적이고 자발적으로 임해야 합니다.

게으름의 유혹을 물리치면 인생 속에는 성취의 선물이 넘쳐납니다. 게으름을 멀리하면 누구에게라도 성공이 다가갑니다.

*God bless you*

## Miracle
## 14

### 지구의 주인공은 나 자신이다.
*The protagonist of the earth is myself..*

이루고 싶은 오늘의 **비전** *(Vision)*

오늘을 살면서 누군가 또는 세상에 베푼 **사랑** *(Love)*

오늘을 돌아보며 부족했던 점에 대한 **반성** *(Reflection)*

오늘 나에게 행복이 되어 준 **감사** *(Thanks)*

년    월    일

*God bless you*

지구의 주인공은 자신입니다. 나 없는 세상에 무엇이 있을까요? 내가 없다 해도 세상은 여전히 존재하겠지만 내가 없는 세상에서는 사람도, 우주도, 평화도 나 자신에게는 의미가 없습니다.

내 생명이 있기에 친구도 만날 수 있고, 멋진 자연도 볼 수 있으니 내가 세상의 주인공입니다. 내가 살아 있기에 찬란한 우주 속에서 해와 달과 별과 살아갈 수 있으니 내가 이 우주의 주인공입니다.

우리는 태어날 때부터 주인공으로 시작합니다. 아기는 태어나는 그 순간부터 이미 주인공이 되어 사람의 이목을 집중시킵니다. 하지만 점점 자라면서, 나이가 들어가면서 그 귀한 주인공은 온데간데없고 조연으로, 엑스트라로 살아가는 사람들이 너무 많습니다. 심지어는 청중으로, 방관자로 사는 사람들도 있습니다.

세상의 주인공임에도 엑스트라로 살아가는 사람들, 언제 어디서든 주인공이나 핵심 인물이 되지 못하고 보조자로 살아가는 사람들이 너무나도 많습니다. 부와 명예를 가진 누군가가 있다고 해도 자신의 관점에서 그 사람은 한낱 조연이요, 엑스트라요, 행인일 뿐입니다. 나 자신이 이 세상의 주인공인데, 내가 없으면 이 세상의 그 무엇도 존재 의미가 없는데 실제로는 엑스트라처럼 살아갑니다.

인생은 짧은 무대이고, 세상 만인은 나를 위한 청중일 뿐입니다. 너와 나는 인생이라는 무대의 연극이 끝나는 그날까지 주인공답게 살아가야 합니다. 생명 다하는 그날까지 조연이나 엑스트라가 아닌 주연처럼 당당하고도 멋진 인생을 살아가야 합니다. 자기 입장에서 보면 이 세상 사람들 각자는 단 한 사람도 제외함이 없이 모두가 주연배우입니다. 인생이라는 무대에서 우리 각자는 누구와도 비교할 수 없는 지구의 주인공으로 살아가야 합니다.

*God bless you*

## Miracle
### 15

**감사는 불만을 밀어내고 만족을 부른다.**
*Appreciation pushes out discontent and calls for satisfaction.*

<u>이루고 싶은 오늘의 **비전** (Vision)</u>

<u>오늘을 살면서 누군가 또는 세상에 베푼 **사랑** (Love)</u>

<u>오늘을 돌아보며 부족했던 점에 대한 **반성** (Reflection)</u>

<u>오늘 나에게 행복이 되어 준 **감사** (Thanks)</u>

년    월    일

*God bless you*

감사는 불만을 밀어내고 만족을 부릅니다. 감사는 마음속에서부터 불만의 씨앗이 싹트지 못하게 하여 입술 밖으로 튀어나오는 불평을 원천 차단합니다. 감사는 마음의 밭에 자족의 씨앗을 심어 척박한 세상에서도 만족의 열매를 거두게 합니다.

이런 사람은 행복하기 어렵습니다. 비가 내리는 날에는 축축해서 싫고, 바람이 부는 날에는 머리카락이 흩날려서 싫다고 하는 그런 사람 말입니다. 같은 상황에서 비가 내리니까 운치가 있어서 좋고, 바람이 불어오니까 시원해서 좋다고 말하는 사람도 있습니다. 이런 사람에게는 날마다 행복의 열매가 주렁주렁 열리게 됩니다.

감사하는 사람이 되기 위해서는 불만과 불평으로 얼룩진 헌 옷을 과감히 벗어버려야 합니다. 그러고 나서 '이래서 좋고, 저래서 좋아'라고 말하는 호감의 언어로 지어진 새 옷으로 갈아입어야 합니다.

감사의 사람으로 살아가기 위해서는 채워도 채워도 채워지지 않는 결핍의 외로운 섬에서 탈출해야 합니다. 욕심으로만 가득한 결핍의 섬에서는 감사할 수도 없고 만족할 수도 없습니다. 결핍의 섬에서 탈출한 후에는 풍족하지 않아도, 아주 작은 것에도 감사하며 기쁨을 누릴 수 있는 자족의 섬으로 이사해야 합니다. 자족으로 얻어낸 그 땅은 마음의 풍요가 넘치는 인생의 보물섬이 됩니다.

불만과 불평을 곁에 두지 않고 만족을 끌어당기기 위해서 우리는 틈만 나면 감사를 생각하고, 시시때때로 감사를 표현하면 좋습니다. 불만은 불행으로 가는 우울한 길입니다. 감사는 행복으로 안내하는 웃음의 길입니다. 감사의 달인들은 감사할 일이 아닌 것 같은데도 감사하다고 말합니다. 감사의 달인들은 좋지 않은 상황에도 감사를 느낍니다. 감사는 행복을 부르는 요술램프입니다.

*God bless you*

*Miracle*
## **16**

## 오늘의 한 걸음은 내일의 열 걸음이다.
*Today's one step is tomorrow's ten steps.*

이루고 싶은 오늘의 **비전** *(Vision)*

오늘을 살면서 누군가 또는 세상에 베푼 **사랑** *(Love)*

오늘을 돌아보며 부족했던 점에 대한 **반성** *(Reflection)*

오늘 나에게 행복이 되어 준 **감사** *(Thanks)*

년    월    일

*God bless you*

오늘의 한 걸음은 내일의 열 걸음입니다. 오늘 한 걸음의 가치가 내일 열 걸음의 가치보다 클 수 있습니다. 오늘 가야 할 한 걸음을 걷지 않으면 내일은 열 걸음을 걸어야 할 수도 있습니다. 그리고 때 지난 열 걸음은 때때로 슬픈 헛걸음이 되기도 합니다.

우리는 살아가는 동안 직면한 지금의 때를 맞추는 일 즉, 적시성이 얼마나 중요한지 수없이 경험하게 될 것입니다. 소 잃고 외양간을 고치는 일은 오늘 내가 걸어가야 할 한 걸음을 걷지 않은 이유로 감수해야 하는 뼈아픈 손실입니다.

아무리 맛있는 요리라도 때를 놓치면 맛있게 먹기가 어렵습니다. 지금 맛있는 한 그릇의 요리가 식어 빠진 내일의 열 그릇보다 훨씬 더 가치가 있습니다. 아무리 예쁜 꽃도 때를 놓치면 보기 흉합니다. 오늘 활짝 핀 한 송이의 꽃이 내일의 시든 열 송이 꽃보다 훨씬 더 아름답습니다.

그래서 우리는 똑같은 일이라도 제때에 해야 합니다. 제때에 해야 그 공로를 인정받을 수 있습니다. 데드라인을 넘긴 제안서는 노력한 대가를 얻지 못합니다.

매력적인 청춘 남녀라도 결혼 적령기를 놓치면 그 이후에는 맘에 드는 연인을 만나는 것조차 힘들어집니다. 결혼에 골인하는 것은 더더욱 쉽지 않은 일이 되고 맙니다. 여행도 시기에 맞는 여행을 해야 좋습니다. 나이 들어 돈 많이 벌어서 가는 여행도 좋지만, 넉넉하지 않아도 청춘 시절에 떠나는 여행에는 소중한 추억이 가득합니다.

오늘의 한 걸음은 어렵지 않습니다. 한 걸음이 어렵지 않을 때 그 걸음을 걷는 것이 우리의 인생을 풍요롭게 합니다.

*God bless you*

## Miracle
### 17

**기회는 준비된 사람을 기다린다.**

*Opportunities await those who are ready.*

이루고 싶은 오늘의 **비전 (Vision)**

오늘을 살면서 누군가 또는 세상에 베푼 **사랑 (Love)**

오늘을 돌아보며 부족했던 점에 대한 **반성 (Reflection)**

오늘 나에게 행복이 되어 준 **감사 (Thanks)**

년    월    일

God bless you

기회는 준비된 사람을 기다립니다. 기회는 매의 눈과 같아서 멀리서든 어디에서든 준비된 사람을 알아봅니다. 벌과 나비들이 꽃으로 날아가듯이 기회는 매력에 이끌리어 준비된 사람에게 자연스럽게 다가갑니다. 그런 다음 기회는 준비된 사람의 손을 꼭 잡고 승리가 있는 목적지로 안내합니다.

 땅에 꽃씨가 뿌려져 있지 않으면 태양과 빗방울이 아무리 능력이 많더라도 꽃씨는 아름다운 꽃으로 필 기회를 얻지 못합니다. 거미는 먹이 사냥하는 기회를 잡기 위해 열심히 거미줄을 칩니다. 독수리는 하늘을 나는 준비 활동으로 사냥감을 낚아챌 기회를 살핍니다.

 기회라는 건 참여한 누구에게든 무조건적으로 나누어주고 퍼주는 참가상의 개념이 아닙니다. 단순한 참여의 개념을 넘어 더 열심히 활동하고, 승리를 위해 땀 흘려 준비한 이에게 조건적으로 주어지는 시상품과 같은 개념이 기회의 속성입니다.

 성장과 발전의 기회가 없었다고 말하는 사람은 주로 남이나 환경 탓을 합니다. 자기에게 성공할 기회조차 주어지지 않았다고 말하는 사람들은 대부분 준비에 소홀했던 사람들입니다. 그러면서 그들은 오히려 불공평한 세상이라고 불평합니다.

 '개천에서 용 나는 시대는 지났다'라고 말들 합니다. 그만큼 어려워졌다는 시대 상황에는 공감하지만, 전적으로 동의하지는 않습니다. 조선시대처럼 양반만 출세를 독점하는 시대는 아니기 때문입니다.

 감나무 밑에서 감이 떨어지는 요행을 바라지 않아야 합니다. 그럴 시간에 감을 따는 도구를 만들거나 감나무에 힘차게 오르면 풍성한 수확의 기회를 잡을 수 있습니다.

*God bless you*

*Miracle*
## 18

## 도전하면 구경꾼에서 주인공으로 바뀐다.
*If you try, you change from a spectator to a main character.*

이루고 싶은 오늘의 **비전** *(Vision)*

오늘을 살면서 누군가 또는 세상에 베푼 **사랑** *(Love)*

오늘을 돌아보며 부족했던 점에 대한 **반성** *(Reflection)*

오늘 나에게 행복이 되어 준 **감사** *(Thanks)*

년    월    일

*God bless you*

도전하면 구경꾼에서 주인공으로 바뀝니다. 도전을 즐기는 사람은 인생이라는 무대에서 주연배우로 우뚝 서게 됩니다. 도전을 반기는 사람들은 주인공으로 살아가겠지만 훨씬 더 많은 사람이 주인공을 부러워만 하며 구경꾼으로 살아갑니다.

인생이라는 무대에서 주인공이 되고자 한다면 지금 바로 도전의 문을 두드려야 합니다. 도전의 세상으로 박차고 나아가야 합니다. 비록 작은 도전이라도 용기를 내고 시도를 해야 합니다.

도전이 없는 성취는 없습니다. 도전이 없는 전진은 없습니다. 세상 많은 주인공이 도전을 통해 성장했고, 박수를 받았습니다. 도전을 통해 자신의 브랜드를 만들어 냈고, 그들의 무대에서 주인공이 되는 감격의 성취를 누렸습니다.

지금 우리가 살아가는 현실의 세상 속에서 상상으로나 가능했던 달나라도 가고, 우주를 여행하는 시대가 되었습니다. 꿈에 도전했던 사람들은 지역과 국가의 주인공을 넘어서 지구와 우주의 주인공이 되는 기쁨을 맛보기도 했습니다.

도전하기만 하면 이뤄가는 과정에서 실패가 있을지라도 머지않은 미래에 꿈꾸던 목표를 현실로 만나게 됩니다. 도전하는 시간 동안 엎어지고 깨져도 포기하지 않으면 꿈의 주인공이 될 수 있습니다.

스포츠 분야에서 주인공으로 살아가는 스포츠 스타가 부럽습니까? TV 속에서 열광적인 환호를 받는 연예계 스타가 부럽습니까? 세상 어느 분야에서라도 주인공의 감격을 누리며 살아가고 싶다면 지금 꿈꾸는 그것에 도전하세요. 그런 도전은 그대가 서고 싶은 세상의 무대 위에 그대를 주인공으로 올려놓을 것입니다.

*God bless you*

*Miracle*
**19**

## 열정은 성장의 사다리다.
*Passion is the ladder of growth.*

이루고 싶은 오늘의 **비전** *(Vision)*

오늘을 살면서 누군가 또는 세상에 베푼 **사랑** *(Love)*

오늘을 돌아보며 부족했던 점에 대한 **반성** *(Reflection)*

오늘 나에게 행복이 되어 준 **감사** *(Thanks)*

년    월    일

*God bless you*

열정은 성장의 사다리입니다. 열정은 꿈을 이루는 성장의 사다리가 되어 낮고 천한 바닥의 삶에서 희망과 보람이 넘치는 꿈의 무대로 올라갈 수 있도록 도와줍니다.

열정이 없이 의무적으로만 공부하는 사람은 혹여 성적은 오를지 몰라도 배움의 즐거움과 배움의 깊이를 경험할 수 없습니다. 열정의 유니폼을 입지 않고 일하는 사람들은 직장생활이 다람쥐의 쳇바퀴 돌 듯 제자리걸음입니다. 열정이 없이 살아가는 사람에게 삶은 매일 매일이 같은 날의 반복이며 의욕도 없습니다. 전진을 위한 창조도 기대할 수 없습니다.

열정을 가진 사람의 눈에서는 빛이 납니다. 열정의 사람들은 어떤 상황 속에서도 초점을 잃은 시선을 보이지 않습니다. 열정이 넘치는 사람은 걸음걸이에 활력이 있습니다. 활력의 걸음걸이는 그 사람이 뭔가를 해낼 것 같은 기대 마저 갖게 합니다. 열정이 가득한 사람은 삶에서 희망의 향기를 전하기 때문에 동료나 주위 사람에게 비타민 같은 존재가 됩니다.

열정의 대가는 분명합니다. 하지만 의무적이고 피동적인 열정에는 대가가 따르지 않습니다. 수동적으로 생산되는 열정은 인정받기도 어렵습니다. 자발적인 열정을 쏟을 때 인정을 받습니다. 능동적인 열정을 보일 때 성과가 큽니다.

열정은 광고가 필요 없습니다. 열정은 요란하게 홍보하지 않아도 사람들이 먼저 느낍니다. 굳이 강조하지 않아도 사람들이 먼저 알아봅니다. 열정의 소유자임을 보여주려 애쓰지 않아도 됩니다. 열정은 그윽한 향기와 같아서 곁에 있으면 자연스럽게 그 열정의 향기가 전해집니다.

*God bless you*

## Miracle
### 20

## 사색은 아이디어의 샘이다.
*Thought is a fountain of ideas.*

이루고 싶은 오늘의 **비전** *(Vision)*

오늘을 살면서 누군가 또는 세상에 베푼 **사랑** *(Love)*

오늘을 돌아보며 부족했던 점에 대한 **반성** *(Reflection)*

오늘 나에게 행복이 되어 준 **감사** *(Thanks)*

년    월    일

*God bless you*

사색은 아이디어의 샘입니다. 사색은 생각의 힘을 길러주고 지혜의 근육을 단련시켜 기발하고도 번뜩이는 창조의 세계로 이끌어 줍니다.

사색은 깊고 넓은 생각을 통해 현실의 세상을 뛰어넘는 또 다른 세상으로 여행하도록 도와줍니다. 사색하는 사람은 깊은 생각이라는 멋진 타임머신을 타고 과거의 다양한 인물과 역사를 생생하게 만날 수도 있고, 아직 다가오지 않은 미래의 세상도 앞당겨서 경험할 수 있습니다.

사색은 내면에 존재하는 나와의 깊은 대화입니다. 내면 깊은 곳에 존재하여 세상 어떤 것에도 휘말리지 않는 진정한 자아를 사색을 통해 만날 수 있습니다. 사색은 사람과 신을 연결하는 다리이기도 합니다. 사색은 깊은 생각 속에서 신과의 만남을 주선해주고 신과의 소통을 도와주는 통신의 채널이기도 합니다.

사색하면 누구라도 철학자가 될 수 있습니다. 깊은 생각을 한다는 것 자체가 철학자의 길이며, 철학자와 동행하는 여정입니다. 사색을 경험하는 누구라도 인생을 통찰하는 소크라테스가 되는 것입니다.

사색하는 어린이는 대견스러운 말과 의젓한 행동을 합니다. 사색이 없는 어른은 말이 많아도 남는 게 없고, 행동에도 품격이 없습니다. 사색이 없는 가르침은 겉으로는 요란하지만 실제로는 공허합니다. 사색을 통한 가르침은 그 공간을 떠나도 진한 잔상이 남고, 시간이 지나도 지속적인 교훈과 힘을 줍니다.

사색의 습관을 기르기 위해 고요한 시간을 가질 필요가 있습니다. 사색의 힘을 기르기 위해 하루 중 잠시라도 나만의 시간을 가져야 합니다. 그런 사색은 우리에게 넓고도 깊은 세상을 열어줍니다.

*God bless you*

*Miracle*
## 21

## 반복된 연습은 숙련의 지름길이다.
*Repeated practice is a shortcut to proficiency.*

이루고 싶은 오늘의 **비전** *(Vision)*

오늘을 살면서 누군가 또는 세상에 베푼 **사랑** *(Love)*

오늘을 돌아보며 부족했던 점에 대한 **반성** *(Reflection)*

오늘 나에게 행복이 되어 준 **감사** *(Thanks)*

년    월    일

*God bless you*

반복된 연습은 숙련의 지름길입니다. 물론 반복된 연습은 답답하고 지루할 수 있지만 조금씩 조금씩 완성으로 나가는 성장의 길입니다. 반복된 연습은 실패와 인내의 길들을 지나고 지나서 승리와 성공의 성으로 이끄는 희망의 길입니다.

처음부터 숙련된 사람은 없습니다. 처음은 서투를 수밖에 없습니다. 아가의 첫걸음은 미숙하고 불안정합니다. 하지만 걷고 또 걷다 보면 비틀비틀 아장아장 걷다가 어느새 안정적인 걸음을 걷게 됩니다.

반복적으로 연습한다는 것은 결코 쉬운 과정이 아니지만 숙련된 실력은 모두 반복된 연습을 통해 갈고 닦아진 성과물입니다. 대개의 실력자들은 혹독하고도 기나긴 연습의 과정을 견뎌낸 사람들입니다. 사람들이 인정하는 한 분야의 전문가들과 달인들은 반복의 권태를 이겨 낸 사람들입니다.

빙판 위에서 수백 번을 넘어지고 수천 번을 넘어져도 좌절하거나 포기하지 않고 일어서고 또 일어서는 집념의 연습이 뒷받침되어야 아이스링크 위에서 멋진 피겨 스케이팅을 선보일 수 있습니다.

반복된 연습의 과정에서 지치고 힘겨울 때 장차 성취될 꿈의 멋진 장면을 상상하는 것은 지겨운 훈련의 과정을 이겨 내는 에너지가 됩니다. 외로운 훈련의 과정에서 쓸쓸함이 밀려올 때 그것이 나에게 가져다줄 보상과 혜택들을 생생하게 떠올리게 되면 고독한 훈련의 과정들을 이겨 낼 수 있는 동력이 됩니다.

반복된 연습이 쉽다면 아무나 승리할 수 있습니다. 반복된 연습이 어렵고 고단한 일이기에 그만큼 가치가 있고 인정을 받는 것입니다. 반복된 연습은 멋진 트로피를 손에 쥐게 하는 승리의 여정입니다.

*God bless you*

### Miracle
## 22

**어제의 해는 지고 오늘은 새로운 해가 뜬다.**
*Yesterday's sun sets and a new sun rises today.*

이루고 싶은 오늘의 **비전** *(Vision)*

오늘을 살면서 누군가 또는 세상에 베푼 **사랑** *(Love)*

오늘을 돌아보며 부족했던 점에 대한 **반성** *(Reflection)*

오늘 나에게 행복이 되어 준 **감사** *(Thanks)*

년    월    일

*God bless you*

어제의 해는 지고 오늘은 새로운 해가 뜹니다. 어제의 태양은 어제로 삶을 다한 것이고, 오늘은 새로운 오늘만의 태양이 탄생한 것이라고 생각하면서 하루하루를 반갑고 새롭게 맞이해야 합니다.

학교에서의 배움이나 회사의 일을 대하는 정신적 태도에서 '어제의 같은 배움과 업무를 오늘도 똑같이 반복한다.'라고 생각하는 사람이 있습니다. 그런 마음가짐의 소유자는 배움이나 업무에서 어제보다 한 발 나아가려는 성장과 창조의 요소를 찾으려고 애쓰지 않습니다. 그런 사람들은 시간만 보내려고 궁리하기 때문에 유의미한 성과를 내기가 참 어렵습니다.

공부나 일을 단순히 '한다.'라는 개념으로 접근하면 특별한 발전이 없습니다. 그것은 영혼이 없는 반복이기 때문에 시간이 지나도 눈에 띌만한 성장이 없습니다. '공부나 일을 창조한다.'라는 마음가짐을 가져야 맡겨진 상황에 관심과 열정을 쏟게 됩니다. 그런 사람들은 지루함과 권태에 빠지지 않습니다.

우리가 마주하게 될 어떤 상황에서든 '어제보다 아주 조금이라도 성장해야지. 발전시켜야지.'라고 생각하면 배움이나 일들은 날마다 새롭고도 반가운 존재로 다가옵니다. 배움으로 성숙하고 일에서는 성과를 내게 됩니다.

만나는 사람에게 권태를 느끼면 귀한 인연을 잃을 수도 있습니다. 과거의 인연을 때마다 소중히 여기며 만날 때마다 새로운 가치를 찾아내야 인간관계에서 성공할 확률이 높아집니다.

우리가 만나는 사람, 우리가 대하는 일, 우리가 마주치는 상황들을 새로움으로 인식하면 매일의 일상이 반갑고 고맙게 느껴집니다.

*God bless you*

*Miracle*
## 23

## 주도적인 사람은 언제나 한발 앞선다.
*A leading man is always one step ahead*

이루고 싶은 오늘의 **비전** *(Vision)*

오늘을 살면서 누군가 또는 세상에 베푼 **사랑** *(Love)*

오늘을 돌아보며 부족했던 점에 대한 **반성** *(Reflection)*

오늘 나에게 행복이 되어 준 **감사** *(Thanks)*

년    월    일

*God bless you*

주도적인 사람은 언제나 한발 앞서갑니다. 많은 걸음이 아닌 불과 몇 걸음 앞서가는 차이일 뿐인데도 다른 사람들보다 조금 더 빨리 상황을 인식하고, 한 템포 빠르게 그 상황을 대처해 나갑니다.

개인의 내면적인 측면에서 볼 때 주도적인 사람은 진취적 성향이 강합니다. 그래서 도전을 두려워하지 않고 실수나 실패들을 만나도 좀처럼 좌절하지 않습니다. 늘 '할 수 있다.'라는 자신감으로 충만해 있어서 주변의 사람들과 상황에 긍정의 에너지를 전파합니다. 또한, 자신이 가야 할 길에 대한 확신이 크기 때문에 '다른 길로 가볼까?'라는 유혹이 있어도 웬만해서는 흔들리지 않습니다.

사람들과의 관계적인 측면으로 본다면 주도적인 사람은 타인들을 리드하는 경우가 많습니다. 리더의 역량도 가지고 있어서 책임감이 강하고 솔선수범의 행동이 몸에 배어있습니다. 성취에는 타인들에게 공을 돌리고, 실패할 때는 자신의 탓으로 돌리는 성향이 강합니다.

공동의 프로젝트나 공동체 생활의 상황으로 접근해볼 때 주도적인 사람은 누구보다도 신선한 아이디어를 많이 제시합니다. 아이디어를 많이 낸다는 것은 공동체의 발전에 관심과 의욕이 많다는 증거이며, 변화와 성장을 갈망한다는 의미입니다.

주도적인 사람은 뒷자리에 앉는 경우가 거의 없습니다. 주도적인 사람은 웬만해서는 뒤에 서지 않습니다. 주도적인 사람은 변화하는 세상에 능동적으로 대처합니다. 그런 적극적인 자세 덕분에 사람과 세상의 변화를 이끌어가는 사람으로 살아갑니다.

주도적인 사람은 주저함과 머뭇거림으로 시간과 인생을 낭비하지 않습니다. 주도적인 삶은 지금 시작해도 결코, 늦지 않습니다.

*God bless you*

## Miracle
## 24

### 미루는 습관은 재능을 갉아먹는다.
*The habit of procrastination eats away at talent.*

이루고 싶은 오늘의 **비전** *(Vision)*

오늘을 살면서 누군가 또는 세상에 베푼 **사랑** *(Love)*

오늘을 돌아보며 부족했던 점에 대한 **반성** *(Reflection)*

오늘 나에게 행복이 되어 준 **감사** *(Thanks)*

년    월    일

*God bless you*

미루는 습관은 재능을 갉아먹습니다. 세상에는 천부적으로 타고난 재능도 있겠지만 훨씬 더 많은 사람의 재능이 매일매일 훈련되고 육성되어 가고 있습니다. 그러한 이유로 우리에게 주어지는 '재능의 훈련시간'을 우리는 끊임없이 갈고 닦으며 채워가야 합니다. 재능의 훈련시간을 하루라도 미루거나 쉬게 되면 타고난 재능이든 육성된 재능이든 순식간에 녹이 슬기 시작합니다.

재능은 눈사람같이 천적이 있습니다. 눈사람의 천적은 태양입니다. 눈사람을 만든 후 태양이 떠오르면 눈사람은 서서히 그리고 힘없이 녹아내리기 시작합니다. 재능의 천적은 미루는 습관입니다. 미루는 습관은 눈사람을 녹이는 태양처럼 재능을 사라지게 합니다.

아름다운 해변에서 즐겁게 놀다가 자칫 밀물의 때를 놓치게 되면 생명이 위험해질 수 있습니다. 미루는 습관은 부지불식간에 우리를 습격하는 밀물과도 같습니다. 작은 파도처럼 밀리고 밀려 만들어진 게으름의 밀물은 우리의 삶과 미래를 가로막는 큰 장벽이 됩니다.

오늘 해야 할 일을 내일로 미루는 사람은 오늘이라는 인생의 시간 동안에만 주어지는 성장의 기회를 잃게 됩니다. 오늘 일을 내일로 미루는 나무는 오늘에 해당하는 성장의 나이테가 만들어지지 않아 건강한 나무로 자라기도 어렵고, 좋은 열매를 맺기도 어렵습니다.

오늘을 사랑하면 버려지는 시간들이 아깝고 소중하게 느껴집니다. 미래를 기대하며 살면 내게 주어진 일들이 얼마나 중요한지 알게 되고, 오늘 일을 미루는 것이 얼마나 어리석은지 깨닫게 됩니다.

다시 오지 않는 오늘을 충실히 살면서, 오늘의 일을 내일로 미루지 않는 습관으로 산다면 우리는 날마다 성공한 삶을 경험하게 됩니다.

*God bless you*

## Miracle
## 25

### 풍경도 사람도 멀리서 보면 흠이 없다.
*The scenery and people are flawless from a distance.*

이루고 싶은 오늘의 **비전** *(Vision)*

오늘을 살면서 누군가 또는 세상에 베푼 **사랑** *(Love)*

오늘을 돌아보며 부족했던 점에 대한 **반성** *(Reflection)*

오늘 나에게 행복이 되어 준 **감사** *(Thanks)*

년    월    일

*God bless you*

멀리 떨어져서 보이는 단풍은 참으로 아름다워서 그야말로 그림이 따로 없습니다. 신이 그린 그림이라며 아낌없는 찬사들을 보내기도 합니다. 어떤 사람들은 눈에 담은 풍경으로 마음을 정화시킵니다. 또 어떤 사람들은 멋진 추억으로 남기기 위해 정성을 담아 카메라 셔터를 누릅니다.

하지만, 그림 같은 풍경에 이끌려 가까이 다가가 단풍을 보기라도 하면 아름다움 뒤에 숨어있는 추함에 실망하기도 합니다. 어떤 나뭇잎은 벌레가 먹어 구멍이 있고, 어떤 단풍잎은 찢어지고 오염되어 볼품이 없습니다. 가까이서 하나하나를 자세히 들여다보니 이쁘지 않은 것들도 많음을 알게 됩니다.

사람도 마찬가지입니다. 겉으로 보이는 아름다운 모습들에 마음이 끌려 가까이 다가갔다가 고개를 떨구기도 합니다. 저 멀리서 보이던 매력적인 모습과 달리 실망스러운 곳곳이 눈에 들어옵니다. 눈으로 볼 수 없었던 못난 내면도 마음으로 느껴집니다.

아무리 가까운 사람이라도 너무나 많은 것을 알려고 하거나 너무 많은 걸 알려주려고 하는 것은 좋지 않습니다. 가까이서 들여다보면 흠과 티가 훤히 보이기 때문입니다. 가까운 사람이라도 자신의 삶을 너무 많이 공유하면 실망을 줄 요소들이 많아지기 마련입니다.

상대방의 흠과 티가 보여도 그의 장점만 보면 좋겠지만 실제로는 그러기가 어렵습니다. 나의 허물이 상대방에게 보일 때 나의 좋은 점만 기억해주면 좋겠지만 현실에서는 그러기가 쉽지 않습니다.

풍경도 사람도 조금은 떨어져서 보아야 더 아름답습니다. 조금의 떨어진 공간은 아름다움을 유지하는 사랑의 통로입니다.

*God bless you*

## Miracle
### 26

**버리지 못하면 낡은 것들을 모시고 산다.**
*If you can't throw it away, you live with old things.*

이루고 싶은 오늘의 **비전** *(Vision)*

오늘을 살면서 누군가 또는 세상에 베푼 **사랑** *(Love)*

오늘을 돌아보며 부족했던 점에 대한 **반성** *(Reflection)*

오늘 나에게 행복이 되어 준 **감사** *(Thanks)*

년    월    일

*God bless you*

버리지 못하면 낡은 것들을 모시고 살게 됩니다. 낡고 오래된 것을 비워야 새로운 것으로 채울 수 있습니다.

옷장에 입지도 않는 옷이 가득 쌓여 있는 집이 있습니다. 신발장엔 20년 전에 신었던 신발들을 처분하지 못하여 터줏대감처럼 자리만 차지하고 있는 집들도 있습니다. 책장에 진열된 책들은 수십 년이 지나도 읽기는커녕 거들떠보지도 않으면서 장식품으로만 자리하고 있는 집도 있습니다.

낡고 오래되어 입지 않는 옷이나 신발은 필요한 사람에게 주거나 버려야 합니다. 그렇게 하지 못하는 것은 자기 물건에 대한 애착의 증거라기보다는 지난 과거의 끈을 놓지 못하는 궁상맞고 불필요한 집착의 증거입니다.

책장에 읽지도 않는 책들이 빼곡히 진열되어 있으면 자기 자신이 평소에 독서를 많이 하는 것 같은 착각에 빠져 살게 됩니다. 그래서 새로운 책을 사서 읽고 싶다는 생각이 좀처럼 들지 않고, 그 결과로 독서에 소홀해지기 쉽습니다.

우리들의 머릿속에서도 낡고 오래된 생각을 과감히 버려야 합니다. 그래야 새로운 세상에 맞는 신사고가 머릿속에 채워집니다. 그렇게 되면 기성세대라도 신세대의 세상에 어울리는 적응력과 기술들을 장착하게 됩니다. 젊은 세대와의 소통과 융합은 덤으로 얻습니다.

옷장의 쓸모없는 과거를 비우지 못하면 새 옷이 선물로 들어와도 아끼느라 입지 못합니다. 머릿속에 있는 낡고 오래된 생각을 버리지 못하면 기발한 생각이 떠오르거나 입력되어도 저장할 공간이 없고 제대로 활용하지도 못합니다. 비워야 채워집니다.

*God bless you*

*Miracle*
**27**

**주저하면 늦어진다.**
*If you hesitate, you will be late.*

이루고 싶은 오늘의 **비전** *(Vision)*

오늘을 살면서 누군가 또는 세상에 베푼 **사랑** *(Love)*

오늘을 돌아보며 부족했던 점에 대한 **반성** *(Reflection)*

오늘 나에게 행복이 되어 준 **감사** *(Thanks)*

년    월    일

*God bless you*

주저하면 늦어집니다. 주저함의 멈춤은 빠른 판단과 신속한 선택을 방해하고 부지런한 실행을 가로막는 걸림돌이 됩니다.

주저하는 만큼 나아가야 할 방향에서 속도의 손해를 보게 됩니다. 우리의 삶에서 신속함이 방해를 받으면 좋은 상황과 좋은 기회를 놓칠 확률이 높아집니다.

우리가 살면서 주저함을 많이 경험하는 경우는 선택의 주저함일 것입니다. 이것을 선택해야 할지, 저걸 선택해야 할지 주저합니다. 계속 갈 것인지, 여기서 멈출 것인지 주저할 때도 있습니다.

주저함을 이겨내기 위해서는 사소한 상황에서라도 주저하지 않는 습관을 들여야 합니다. 나는 '결정장애가 있다'라고 생각하지 말고 이제는 '결정의 달인이다.'라고 자신하는 마음가짐이 필요합니다. 51:49로 판단이 기울었다면 조금이라도 기운 쪽을 택하면 됩니다. 그러고 나서 선택한 쪽의 장점만 생각하고, 선택한 쪽만 바라보는 게 좋습니다. 선택하지 않은 쪽을 바라보면 아쉬움만 남습니다.

주저함은 빠름이 경쟁력이 되는 이 시대에 극복하고 정복해야 할 높은 산입니다. 주저함은 성장과 행복을 위해 맹렬히 싸우는 인생의 전투에서 제거해야 할 적입니다. 주저함은 생각의 물길이 시원하게 흘러가도록 청소하고 정비해야 할 뇌혈관 속의 질병입니다.

중요하지 않거나 긴급하지 않은 상황이라도 주저함이 반복된다면 대수롭지 않게 여겨서는 안 됩니다. 주저함이 반복된다면 고질적인 습관의 병으로 굳어질 수 있습니다. 주저함의 습관은 판단과 선택의 질병을 넘어 실행을 무력화시키는 악성 종양으로 번질 수 있습니다. 주저함의 질병을 치료해야 할 때는 바로 지금입니다.

*God bless you*

## Miracle
## 28

### 잠재력은 열정의 노력으로 깨어난다.
*Potential is awakened by the effort of passion.*

이루고 싶은 오늘의 **비전 (Vision)**

오늘을 살면서 누군가 또는 세상에 베푼 **사랑 (Love)**

오늘을 돌아보며 부족했던 점에 대한 **반성 (Reflection)**

오늘 나에게 행복이 되어 준 **감사 (Thanks)**

년    월    일

*God bless you*

잠재력은 열정의 노력으로 깨어납니다. 어떤 사람은 자신의 귀한 잠재력을 평생 깨우지 못하고 생을 마감하기도 합니다. 반면에 또 어떤 사람은 자신의 빛나는 잠재력을 깨워 삶의 무대에서 능력을 마음껏 발휘합니다. 그로 인해 많은 사람의 칭송을 받게 되고, 세상 발전에도 기여하는 멋진 삶을 살게 됩니다.

잠재력을 깨우는 방법은 줄탁동시라는 사자성어에서 힌트를 얻을 수 있습니다. 병아리가 세상 밖으로 나오기 위해 알 속에서 부리로 쫄 때, 동시에 어미 닭도 밖에서 함께 알을 쪼아 병아리가 세상을 보게 하는 탄생의 비결이 줄탁동시(啐啄同時)입니다.

사람들의 잠자는 잠재력을 깨우는 방법도 마찬가지입니다. 내면의 준비와 외부의 자극이 함께 진행되어야 깊은 잠을 자는 잠재력을 깨울 수 있습니다. 내면에서 꿈틀거리는 마음가짐만으로는 잠재력을 깨울 수 없고, 외부 자극만으로도 깨우지 못합니다. 안으로 내면과 외부에서 솟구치는 열정의 노력이 동시에 일어날 때 잠자고 있는 거대한 잠재력을 깨울 수 있습니다.

내면의 준비는 세 가지입니다. 잠재력을 깨울 수 있다는 자신감과 깨어난 세상을 맛보고 싶다는 의지 그리고 크고 넓은 세상 밖으로 나가기 위한 실행, 이 세 가지를 위해 열정의 노력이 필요합니다.

외부 자극을 위해서도 세 가지가 필요합니다. 목표를 통한 도전의 자극과 롤모델을 통한 사람의 자극, 독서나 영상 등 동기부여를 해 줄 지속적인 환경의 자극을 위해 열정적인 노력이 필요합니다.

내면의 준비와 외부의 자극을 위해 열정적인 노력이 뒷받침되다 보면 잠재력은 깨어나고 개발되어 빛나는 브랜드를 만들어 줍니다.

*God bless you*

## Miracle
## 29

### 무관심이 회초리보다 훨씬 더 아프다.
*Indifference hurts a lot more than a whip.*

이루고 싶은 오늘의 **비전** *(Vision)*

오늘을 살면서 누군가 또는 세상에 베푼 **사랑** *(Love)*

오늘을 돌아보며 부족했던 점에 대한 **반성** *(Reflection)*

오늘 나에게 행복이 되어 준 **감사** *(Thanks)*

년    월    일

*God bless you*

무관심은 회초리보다 훨씬 더 아픕니다. 무관심의 대상이 되면 길 위에 굴러다니는 돌멩이처럼 눈길조차 받지 못하는 존재가 됩니다.

사랑의 반대말은 미움이 아닙니다. 미움이 있다는 것은 아직도 그 존재에게 연민이라도 남았다는 증거니까요. 사랑이 식기 전에 먼저 무관심이 싹트기 마련입니다. 무관심이 싹트면 사랑은 철저히 외면당하고 맙니다. 무관심은 그렇게 사랑을 향한 사람의 마음 씨앗을 무참히 짓밟는 무서운 괴물입니다.

꽃밭을 망치는 것은 짓밟음이 아닙니다. 미움으로 꽃밭을 짓밟는 행동은 아직도 향기와 아름다움에 미련을 품고 있다는 증거입니다. 배추밭을 갈아엎는다는 것은 배추에 미련이 남았다는 증거입니다. 꽃밭을 망치고 싶으면 그냥 방치하면 됩니다. 그렇게 하면 순식간에 그것도 저절로, 잡초들로 무성한 잡초밭이 되어버립니다. 무관심은 그렇게 소리 없는 파괴자입니다.

자녀의 미래도 부모의 무관심으로 망쳐질 수 있습니다. 자녀들을 단순히 학원만 보내는 것보다 더 중요한 일은 관심을 갖는 일입니다.

자녀들의 흥미는 무엇인지, 재능은 무엇인지, 소망은 무엇인지를 어린 시절부터 지속적으로 관심을 가져서 유심히 관찰하고 기록해 두어야 합니다. 그 기록은 자녀의 진로와 미래를 설계하는데 귀중한 빅데이터가 됩니다. 그 자료들의 조합으로, 그 자료들의 교집합으로 자녀들의 꿈을 설계해야 합니다.

사람들의 생각 하나하나에, 그들의 언어 하나하나에 관심을 가져야 합니다. 사람들의 몸짓 하나하나에, 그들의 변화 하나하나에 관심을 가져야 합니다. 그 관심은 그들의 성장과 행복의 밑거름이 됩니다.

*God bless you*

## Miracle
### 30

### 때로는 행동이 생각을 이끈다.
*Sometimes action leads to thought.*

이루고 싶은 오늘의 **비전** *(Vision)*

오늘을 살면서 누군가 또는 세상에 베푼 **사랑** *(Love)*

오늘을 돌아보며 부족했던 점에 대한 **반성** *(Reflection)*

오늘 나에게 행복이 되어 준 **감사** *(Thanks)*

년    월    일

God bless you

보통은 생각이 행동을 이끕니다. 생각이 행동을 이끈다는 사실은 자연스러운 법칙처럼 느껴집니다. 그리고 실제로 삶에서 일어나는 행동들은 대부분 먼저 마음을 먹은 후에 실행으로 이어집니다.

하지만 때로는 행동이 생각을 이끌 때가 있습니다. 굳게 마음먹은 생각이 행동으로 이어지지 못할 때는 오히려 거꾸로 과감하게 먼저 행동함으로써 머뭇거리는 생각을 이끌어갈 수 있습니다.

새벽 이른 시간에 일어나는 것은 쉽지 않습니다. 잠에서 깨려고 할 때 '일어나야지. 일어나야지'하고 여러 번 생각해도 기상에 실패할 때가 많습니다. '일찍 일어나서 아침형 인간으로 살아야지'라면서 마음먹고 또 마음먹어도 실제로는 내 몸을 깨우기가 어렵습니다.

그럴 때는 그냥 아무 생각 없이 벌떡 일어나야 합니다. 이런저런 잡다한 생각을 하지 말고 벌떡 일어나면 행동이 생각을 지배하는 효과를 맛볼 수 있습니다. 생각을 많이 한다고 기상으로 이어지지 않습니다. 생각하고 생각하다가 오히려 잠만 설치게 됩니다.

일상에서 행동이 생각을 이끄는 사례를 많이 경험할 수 있습니다. 평상복을 입고 마트에 갈 때와 멋진 정장을 입고 결혼식장에 갈 때, 걸음걸이가 다릅니다. 슬리퍼를 끌고 분리수거를 하러 갈 때와 멋진 구두를 신고 데이트를 하러 갈 때의 눈빛은 분명히 다릅니다.

번지점프를 할 때 생각을 많이 하면 뛰어내리기 어렵습니다. 생각 없이 몸을 던져야 좀 더 쉽게 뛰어내릴 수 있습니다. 안중근 의사가 손가락을 자른 것은 행동으로써 약한 내면을 강하게 했던 결단의 사례입니다. 생각으로 행동을 이끌기 어려울 때, 그럴 때는 과감한 행동으로써 나약한 생각을 이끌어가야 합니다.

*God bless you*

## Miracle
## 31

### 미지근한 것에는 매력이 없다.
*There is no charm to tepid things.*

이루고 싶은 오늘의 **비전** *(Vision)*

오늘을 살면서 누군가 또는 세상에 베푼 **사랑** *(Love)*

오늘을 돌아보며 부족했던 점에 대한 **반성** *(Reflection)*

오늘 나에게 행복이 되어 준 **감사** *(Thanks)*

년    월    일

God bless you

미지근한 것에는 매력이 없습니다. 뜨겁든지 차든지 나의 정체성이 확실해야 합니다. 이쪽의 편도 되고 싶고, 저쪽의 편도 되고 싶다는 마음은 헛된 욕심일 뿐입니다. 인간관계에서 이것도 아니고 저것도 아닌 성향의 소유자는 대체로 인기가 없습니다.

한쪽만을 선택할 때 손해가 될 것 같은 불안한 마음이 들더라도 그것은 담대하게 감당해야 할 몫입니다. 미지근한 성향은 자신만의 뚜렷하고 당당한 정체성을 만들어 주지 못합니다. 더 나아가 성숙한 인간으로서의 존재 가치마저 떨어뜨립니다.

가위바위보에서 가위를 선택했다면 바위와 보의 존재는 잊는 것이 좋습니다. 바위와 보를 선택하지 않은 아쉬움으로 인해 불안해하는 것은 지혜롭지 못합니다. 가위의 장점만을 생각하고, 가위의 장점을 강화시키는데 모든 에너지를 쏟아야 합니다.

소속이나 정치적 노선, 사상적 경향이나 색깔 등이 뚜렷하지 않은 사람을 회색분자라고 부릅니다. 회색분자라는 단어는 듣기만 해도 기분이 좋지 않습니다. 사람들을 끌어당길 향기 나는 단어가 아닌 사람들을 떠나게 하는 냄새나는 단어입니다.

회색분자를 비유할 때 '박쥐 같은 사람이다', '간에 붙었다 쓸개에 붙었다 한다.'라는 표현을 씁니다. 이런 표현은 좋은 의미로는 거의 쓰이지 않고, 비아냥거릴 때나 질책할 때 쓰는 표현입니다.

노란색, 빨간색, 파란색의 색깔은 자기의 정체성과 매력을 가지고 있습니다. 하지만 검정색과 흰색의 중간인 회색을 좋아하는 사람은 거의 없습니다. 우리도 자기만의 정체성을 가지고 있어야 합니다. 확고한 정체성은 우리의 존재 가치를 높여줍니다.

*God bless you*

# Miracle
## 32

---

## 오늘 나아가지 않으면 내일은 퇴보한다.
*If we don't move forward today, we'll regress tomorrow.*

이루고 싶은 오늘의 **비전** *(Vision)*

오늘을 살면서 누군가 또는 세상에 베푼 **사랑** *(Love)*

오늘을 돌아보며 부족했던 점에 대한 **반성** *(Reflection)*

오늘 나에게 행복이 되어 준 **감사** *(Thanks)*

년    월    일

*God bless you*

오늘 전진하지 않으면 내일은 후퇴하는 결과를 맞이합니다. 퇴계 이황 선생은 자녀교육에서 불진즉퇴(不進則退) 즉, '나아가지 않으면 퇴보한다' 라고 강조하시면서 성장을 위해서는 늘 새롭게 공부해야 하고, 날마다 꾸준히 힘써야 함을 강조했습니다.

많은 경쟁자가 빠른 속도로 뛰어가고 있는 상황을 상상해볼까요? 다들 뛰고 있는데 한 사람만 열심히 걸어가고 있다면, 그 사람은 그 경쟁의 대열에서 뒤처졌다는 평가를 받을 수밖에 없을 겁니다. 물론 자기 나름대로는 열심히 걸어가고 있었기 때문에 '뒤처진 사람이다'라는 평가에 동의하고 싶지는 않겠지만 분명한 사실은 경쟁자에게 상대적으로 뒤처졌고, 그 결과를 인정할 수밖에 없습니다.

차를 타고 가다 보면 산이나 들에 서 있는 나무들을 보게 됩니다. 나무들은 모두 차가 진행하는 방향의 반대쪽으로 움직이는 것처럼 보입니다. 하지만 누구도 땅에 심겨진 그 나무들이 뒤로 움직인다고 생각하는 사람은 없습니다. 나무는 가만히 있는데 차가 앞으로 진행하니까 뒤로 움직인 것처럼 보이는 것입니다.

인생의 경주도 마찬가지입니다. 뛰어야 할 때 뛰지 않으면 열심히 뛰어간 다른 누군가 때문에 자신에게는 후퇴한 결과가 나타납니다. 노력하지 않고 가만히 있으면 정체로 그치는 것이 아니라, 후퇴의 상황이 벌어집니다. 뭔가를 향해 달려가지 않으면, 제로의 상태가 아니라 마이너스의 상황에 처하게 되는 것입니다.

지금은 경쟁을 피하기 어려운 시대입니다. 오늘 나의 삶에 전진이 없다면 오늘도 열심히 달려간 경쟁자들 때문에 결국 나는 경쟁에서 뒤떨어지게 되고 승리의 삶에서 멀어집니다. 오늘 나아가지 않으면 내일은 퇴보합니다. 오늘도 내일도 나아가면 승리할 수 있습니다.

*God bless you*

## Miracle
## 33

### 걸으면 뛰고 싶고, 뛰면 날고 싶다.
*we want to run when we walk, and we want to fly when we run.*

이루고 싶은 오늘의 **비전** *(Vision)*

오늘을 살면서 누군가 또는 세상에 베푼 **사랑** *(Love)*

오늘을 돌아보며 부족했던 점에 대한 **반성** *(Reflection)*

오늘 나에게 행복이 되어 준 **감사** *(Thanks)*

년    월    일

*God bless you*

걸으면 뛰고 싶고, 뛰면 날고 싶은 게 사람들의 심리인가 봅니다. 지금보다 성장하고 싶고, 지금보다 한 계단 더 오르고 싶은 욕심은 인간의 기본적인 욕구입니다. 비단 사람뿐만이 아니라 생명이 있는 존재라면 무엇이라도 성장의 욕구를 품고 있을 것입니다.

걸으면 뛰어야 하고, 뛰면 날아야 합니다. 매일 아주 조금씩이라도 성장으로 가는 걸음을 걸어가야 합니다. 시나브로, 조금씩 조금씩 천천히라도 앞으로 나아가야 합니다. 성장을 위해서 지속적이고도 단계적인 욕심을 가져야 합니다.

물론 욕심은 느낌이 좋은 단어는 아닙니다. 하지만 때에 따라서는 우리가 가져야 할 훌륭하고도 필수적인 마음가짐이기도 합니다.

욕심은 승리의 월계관을 목에 걸고자 하는 열정의 목표들을 갖게 합니다. 욕심은 목표를 달성하기 위한 연료가 되어 강력한 의지를 불태우게 합니다. 그래서 도전하는 사람들에게 게으름을 멀리하게 하고 부지런함을 선택하게 하여 성장과 발전의 확률을 높여줍니다. 결국, 욕심은 성장과 진보를 위한 추진력이 되어 줍니다.

살아가는 동안 욕심이 없는 사람은 좋은 사람으로 평가받을 수는 있습니다. 그리고 마음 편히 좋은 사람으로 살아갈 수도 있습니다. 하지만 경쟁이 있을 수밖에 없는 삶의 무대에서는 무능한 사람이 될 수 있습니다. 경쟁력이 없는 사람으로 취급받을 수 있습니다.

탐욕처럼 과한 욕심은 문제가 됩니다. 옳고 그름이 없는 무분별한 욕심은 문제를 일으킬 수 있습니다. 하지만 건강한 목표와 비전을 위한 긍정의 욕심은 신나는 성장과 발전의 날개가 되어 줍니다.

*God bless you*

*Miracle*
### 34

## 무엇이든 깊이 들여다보면 값진 의미가 보인다.
*If you look deep into anything, you can see valuable meaning.*

이루고 싶은 오늘의 **비전** *(Vision)*

오늘을 살면서 누군가 또는 세상에 베푼 **사랑** *(Love)*

오늘을 돌아보며 부족했던 점에 대한 **반성** *(Reflection)*

오늘 나에게 행복이 되어 준 **감사** *(Thanks)*

년    월    일

*God bless you*

무엇이든 깊이 들여다보면 그 안에 숨겨진 귀한 의미가 보입니다. 세상에 있는 모든 존재와 일어나는 모든 현상은 가치 있는 의미를 품고 있으며, 그 의미들은 사람들이 알아주기를 기다리고 있습니다. 하지만 대부분의 사람은 눈여겨보지 않고 그냥 지나칩니다.

우리는 주로 이렇게 생각합니다. '배움은 학교나 학원 또는 교육원 같은 교육 장소에서 이루어지는 것이다'라고 말입니다. 하지만 그런 교육적 장소에서의 교육만으로는 분명한 한계가 있습니다.

더 많은 배움의 현상이 일상에서 일어납니다. 숨 쉬는 호흡을 멈출 수 없듯이, 배움은 장소와 상황에 상관없이 일상생활 속에서도 진행되어야 합니다. 삶과 현장 속에서, 숨 쉬는 순간마다 주도적이고도 자연스럽게 배워야 합니다. 그것이 살아 있는 교육입니다.

일상 속에서 스스로 깨닫는 배움은 능동적이기 때문에 누군가에 의해 가르침을 받는 교육보다 자부심도 크고 효과도 큽니다.

일상에서 의미를 발견하는 사람은 언제 어디서든 깨달음의 보석을 캐내는 지혜의 광부입니다. 남들이 허투루 보고 지나치는 것에서도 배움과 성찰, 성장과 행복의 요소들을 풍성하게 얻어냅니다.

일상에서 의미 있는 가치를 캐내는 사람에게는 생활하는 곳곳이 황금을 캐는 금광과 다를 바가 없습니다. 그냥 내버려 두면 바람에 날아가고 강물에 떠내려가는 소중한 의미들을 절대로 놓치지 않고 꼭 붙잡으면 성장과 행복을 품에 안을 수 있습니다. 바람에 뒹구는 낙엽에도 의미 있는 가르침이 있고, 허공에 떠도는 소리에도 들리는 깨달음이 있습니다. 지금, 이 순간에도 보석 같은 의미가 존재하며 금쪽같은 의미들이 나타났다 사라집니다.

*God bless you*

*Miracle*
## 35

## 오늘 불평하면 내일은 더 불평한다.
*If you complain today, you complain more tomorrow.*

이루고 싶은 오늘의 **비전** *(Vision)*

오늘을 살면서 누군가 또는 세상에 베푼 **사랑** *(Love)*

오늘을 돌아보며 부족했던 점에 대한 **반성** *(Reflection)*

오늘 나에게 행복이 되어 준 **감사** *(Thanks)*

년    월    일

*God bless you*

오늘 불평하면 내일은 더 불평합니다. 새끼를 많이 낳는 동물처럼 불평은 더 많은 불평의 새끼들을 낳습니다. 또한, 어미의 불평하는 습관은 새끼에게 불평의 유전자를 물려주어 태생부터 무거운 짐을 지고 태어나게 합니다.

사람들은 불평하는 사람 곁에 다가가려고 하지 않습니다. 불평하는 사람은 향기가 아닌 지독한 악취를 풍기기 때문입니다. 불평은 악성 바이러스처럼 같이 있는 사람에게도 강하게 전염을 시키기 때문에 그 사람을 멀리하려고 합니다.

불평은 사납고 공격적인 개가 짖어대는 것과 같아서 불평이 많은 사람에게 가까이 가는 것을 두려워하고 경계합니다. 불평은 사람들 사이의 오해를 부추기고 신뢰를 깨뜨리며 싸움을 일으키는 원인을 제공하여 인간관계에서 암적인 존재가 됩니다.

불평을 줄이거나 없애면 감사와 행복이 다가옵니다. 불평은 삶의 공간에 들어와서 행복을 훔쳐 가기 때문에 불평하지 않으면 행복을 도둑맞는 일이 줄어듭니다. 불평을 자제하면 자신이 스스로에게 쏜 독화살을 피하는 효과로 건강한 삶을 위협하고 삶을 피폐하게 했던 불행의 위험을 미리 제거할 수 있습니다.

불평의 원인은 삶을 바라보는 시선에 있습니다. 불평하는 사람은 긍정이 아닌 부정의 시선으로 삶의 현장을 바라봅니다. 심지어 나쁜 상황이 아닌 좋은 상황에서조차도 불평의 요소를 먼저 바라봅니다.

불평의 수렁에서 빠져나오려면 불만적인 상황들에 시선을 뺏기지 않아야 합니다. 긍정적인 요소에만 시선의 초점을 맞추고, 긍정의 요소에만 마음을 고정해야 합니다.

*God bless you*

## Miracle
### 36

## 서두르면 처음으로 돌아갈 때가 많다.
*If you hurry, you often come back for the first time.*

이루고 싶은 오늘의 **비전** *(Vision)*

오늘을 살면서 누군가 또는 세상에 베푼 **사랑** *(Love)*

오늘을 돌아보며 부족했던 점에 대한 **반성** *(Reflection)*

오늘 나에게 행복이 되어 준 **감사** *(Thanks)*

년    월    일

*God bless you*

서두르면 처음으로 돌아갈 때가 많습니다. 시간에 쫓겨 급히 집을 나섰다가 깜빡하고 빠뜨린 물건 때문에 집으로 다시 돌아간 경험이 있을 겁니다. 서두른 대가로 오히려 시간을 더 지체하게 됩니다.

일할 때도 마찬가지입니다. 꼼꼼하게 일하지 않고 서두른 경우에는 어딘가 모르게 빈틈이 많습니다. 일의 진행은 빠를지 몰라도 제대로 될 리 없습니다. 서두른 일은 탈이 나기 마련입니다. 때로는 끔찍한 대형사고의 원인이 되기도 합니다. 그런 상황들이 반복되면 신뢰는 깨지고 함께 일하는 사람들에게 인정받기 어렵습니다.

서두름의 병을 예방하고 치료하기 위해서는 세 가지를 기억해야 합니다. 첫 번째는 계획입니다. 계획하는 사람은 세밀하게 준비하는 사람입니다. 유비무환 정신으로 다가올 일을 미리 준비하기 때문에 시간에 쫓기지 않습니다. 깜빡할 일도 없고 서두를 일도 없습니다.

두 번째는 방향입니다. 가야 할 방향을 모르면 갈팡질팡 헤매다가 시간을 낭비하여 결국은 서두르게 됩니다. 자칫 반대 방향으로 갔다가는 큰 손실을 입게 됩니다. 출발하기 전에 그리고 일을 시작하기 전에 가야 할 방향이 어딘지 확인하고 또 확인해야 합니다.

세 번째는 차분함입니다. 급할수록 돌아가야 합니다. 늦었을수록 더더욱 차분해야 합니다. 늦었을 때 서두르면 무언가를 빠뜨리고, 놓치며, 사고가 나고 다치기도 합니다. 쫓기는 상황에서 차분하면 자칫 도미노로 이어질 수 있는 서두름의 피해를 막을 수 있습니다.

주어진 시간이 똑같아도 누구는 여유롭고 어떤 사람은 분주합니다. 서두름은 대처하는 사람보다 예방하는 사람이 현명합니다. 조금만 미리 준비하면 서두를 일이 없어집니다.

*God bless you*

## Miracle 37

### 마음이 맑으면 눈빛도 맑다.
*If you have a clear mind, your eyes are clear.*

이루고 싶은 오늘의 **비전** *(Vision)*

오늘을 살면서 누군가 또는 세상에 베푼 **사랑** *(Love)*

오늘을 돌아보며 부족했던 점에 대한 **반성** *(Reflection)*

오늘 나에게 행복이 되어 준 **감사** *(Thanks)*

년    월    일

*God bless you*

눈은 마음의 창이라고 합니다. 눈을 통해 내면의 세계를 들여다볼 수 있습니다. 입은 거짓을 말할 수 있습니다. 하지만 마음을 비추는 눈은 진심을 감출 수 없고, 속일 수도 없습니다.

마음이 깨끗하지 못한 사람의 눈빛은 물때 낀 어항처럼 흐리멍덩합니다. 마음이 갈피를 잡지 못하고 혼란스러우면 눈동자는 초점을 잃은 채 흔들립니다. 마음속에 거짓과 술수가 가득하고, 자신감이 부족하면 눈을 맞추지 못하고 시선을 떨굽니다.

코감기에 걸렸을 때 코만 푸는 것은 근본적인 해결책이 아닙니다. 눈을 수술한다고 해서 흐린 눈빛이 맑은 눈빛으로 변하지 않습니다. 근본적으로 마음을 치료해야 눈빛이 맑아집니다.

마음이 맑은 사람은 아가의 맑은 눈빛으로 살아갑니다. 지금까지 혼탁한 마음으로 살았다면 깨끗이 정화하여 맑은 생각과 정신으로 내면을 가득 채우면 눈빛은 조금씩 맑은 눈빛으로 변해갑니다.

마음을 다스리는 사람은 눈동자가 안정되어 있습니다. 마음이 곧은 사람은 달콤한 유혹에도 눈동자가 흔들리지 않습니다. 이해득실에 따라 마음이 이리저리 흔들리지 않으면 눈동자는 안정됩니다.

눈의 방향은 마음의 상태를 표현합니다. 마음속이 진실한 사람은 눈맞춤을 좋아하고 눈을 피하지 않습니다. 자신감이 충만한 사람은 눈이 아래로 향하지 않고, 눈을 떨구는 일이 거의 없습니다.

마음이 선을 향하면 눈은 평화를 말합니다. 마음에 사랑을 채우면 눈은 온기를 전합니다. 세상에서 가장 아름다운 눈은 선을 향하고, 사랑을 가득 담은 눈입니다.

*God bless you*

## Miracle
### 38

**약속은 신뢰와 존중의 표현이다.**
*A promise is an expression of trust and respect.*

이루고 싶은 오늘의 **비전** *(Vision)*

오늘을 살면서 누군가 또는 세상에 베푼 **사랑** *(Love)*

오늘을 돌아보며 부족했던 점에 대한 **반성** *(Reflection)*

오늘 나에게 행복이 되어 준 **감사** *(Thanks)*

년    월    일

*God bless you*

약속은 마음과 마음이 새끼손가락을 걸어 서로의 생각과 제안에 공감하고 동의하며, 실행의 의지를 전하는 의사표현의 도구입니다.

약속은 신뢰를 표현합니다. 약속하는 당시의 상황에서는 서로에게 약속을 지킨다는 믿음이 있기 때문에 약속을 정하게 됩니다. 정해진 날짜와 시간에 약속을 지키는 사람은 신뢰를 얻게 되지만, 약속을 어기는 사람은 신뢰를 잃게 됩니다.

약속은 상대방을 존중하는 표현이기도 합니다. 상대방을 존중하면 어떤 상황에서도 약속을 지키려고 힘씁니다. 상대방을 무시하거나 별 볼 일이 없는 사람으로 생각하면 약속을 어기는 것을 대수롭지 않게 생각합니다. 약속을 어겨도 아무 문제가 없다고 생각합니다. 하지만 그것은 착각입니다. 약속을 어기는 사람은 그보다 훨씬 더 큰 대가를 치르게 됩니다.

약속은 묶는 것입니다. 한쪽과 다른 한쪽을 하나로 묶는 것입니다. 말과 행동을 하나로 묶는 것이며, 나와 남을 하나로 묶는 것입니다. 약속을 지키면 신뢰와 존중의 끈이 강해져 시너지를 얻고, 약속을 깨뜨리면 신뢰와 존중의 끈은 썩은 동아줄이 되어 낭패를 봅니다.

남과의 약속을 어기면 신뢰가 깨져서 사람과 기회를 잃고, 나와의 약속을 어기면 의지가 깨짐으로 희망을 잃게 됩니다. 그래서 남과의 약속도, 나와의 약속도 모두 생명처럼 지켜야 합니다.

빨간 신호등에서 멈춤의 약속을 어기면 나의 생명도, 타인의 생명도 잃게 할 수 있습니다. 약속을 어기는 사람은 본인의 것뿐만 아니라 타인의 시간, 열정, 재산, 희망, 생명... 등을 잃게 할 수 있습니다. 약속을 소중히 지켜서 생명 같은 신뢰를 지켜가야 합니다.

*God bless you*

## Miracle
## 39

### 시간이 쌓여 인생이 된다.
*Time builds up and becomes a life.*

이루고 싶은 오늘의 **비전** *(Vision)*

오늘을 살면서 누군가 또는 세상에 베푼 **사랑** *(Love)*

오늘을 돌아보며 부족했던 점에 대한 **반성** *(Reflection)*

오늘 나에게 행복이 되어 준 **감사** *(Thanks)*

년    월    일

*God bless you*

시간이 쌓여 인생이 됩니다. 1년은 365일로 12월의 달로 구성되어 있으며, 한 달은 24시간 하루하루를 모은 날들입니다. 결국 인생은 하루, 한 달, 일 년의 시간이 모이고 쌓여 만들어진 시간의 합입니다.

시간은 누구에게나 공평하게 주어집니다. 하지만 시간들을 어떻게 사용하냐에 따라 인생의 깊이는 달라집니다. 어떤 사람은 하루를 30시간처럼 알차게 쓰고, 어떤 사람은 한 시간처럼 헛되게 씁니다.

시간을 낭비하는 사람은 인생을 낭비하고, 시간을 관리하는 사람은 인생을 관리합니다. '이 하루가 빨리 지나갔으면'하는 바람은 청춘과 인생의 시간이 빨리 사라지길 바라는 것과 같으며 늙고, 병들고, 죽는 것을 갈망하는 것과 같은 어리석은 생각입니다.

인생의 시간관리를 위해서는 먼저, 아침에 눈을 뜨는 사람이 아닌 새벽을 여는 사람이 되어야 합니다. 공자는 명심보감에서 "하루의 계획은 새벽에 있다"라고 말하면서 새벽 기상을 강조했습니다. 새벽 기상은 하루의 시작부터 승리감을 만끽하게 합니다. 덤으로 주어진 새벽 시간은 시간의 부자로 살면서 여유로운 하루를 누리게 합니다.

두 번째는 '중요한 일을 먼저 하기'입니다. 사소한 일들에 시간을 허비하면 정작 중요한 일에 투자할 시간이 부족하게 됩니다. 세 번째는 자투리 시간의 활용입니다. 티끌 모아 태산처럼 하루의 조각난 시간들을 아껴서 모으고 쌓아가면 인생의 시간을 벌 수 있습니다.

나폴레옹이 말하기를 "우리가 어느 날엔가 마주칠 재난은 우리가 소홀히 보낸 어느 시간에 대한 보복이다"라고 했습니다. 시간관리를 잘하면 미래의 재난을 미리 막을 수 있습니다. 시간관리를 잘하면 우리의 인생을 멋진 성취와 추억들로 채워갈 수 있습니다.

*God bless you*

Miracle
## 40

### 비전은 눈을 감아도 보이는 영상이다.
*Vision is a video that can be seen even with your eyes closed.*

이루고 싶은 오늘의 **비전** *(Vision)*

오늘을 살면서 누군가 또는 세상에 베푼 **사랑** *(Love)*

오늘을 돌아보며 부족했던 점에 대한 **반성** *(Reflection)*

오늘 나에게 행복이 되어 준 **감사** *(Thanks)*

년    월    일

*God bless you*

비전은 눈을 감아도 생생하게 보이는 영상입니다. 비전은 미래의 소망이나 꿈을 마음의 눈으로 또렷이 보게 하는 멋진 도구입니다.

그림 퍼즐을 맞출 때 빨리 맞추려면 먼저 사각의 꼭짓점을 맞춰야 합니다. 그다음 테두리의 변을 맞춰가면 빠르게 맞출 수 있습니다. 하지만 그 두 가지보다 더 먼저 해야 할 일이 있습니다. 전체적인 그림을 보는 것입니다. 완성된 그림의 모양을 머릿속에 저장해 두면 퍼즐을 훨씬 수월하게 맞춰갈 수 있습니다.

비전을 가진 사람은 그림 퍼즐을 맞출 때 전체적인 그림을 먼저 본 듯한 효과를 얻을 수 있습니다. 비전의 소유자는 마음과 상상의 눈으로 미래의 모습을 생생하게 볼 수 있기 때문에 하루하루라는 삶의 퍼즐 조각들을 충실하게 맞춰갈 수 있습니다.

또한 비전은 위기의 해결사 역할도 합니다. 꿈을 향해 달려가다가 일탈이나 포기 같은 유혹이 엄습해 올 때 비전을 떠올리면 일탈의 부작용을 스스로 깨닫게 되면서, 유혹을 이겨낼 힘도 갖게 됩니다. 결국 마음을 다잡고 회복하여 다시 제자리로 돌아옵니다.

비전이 있는 사람은 길을 헤매지 않습니다. 혹여 길을 헤매다가도 다시 갈 길을 찾아냅니다. 반면에 비전을 품지 못한 이는 안개 속을 걷는 사람과 같습니다. 어디를 향해 가야 하는지, 어디로 향해 가고 있는지 알지 못합니다. 길을 헤매다 길을 잃고 주저앉게 됩니다.

비전은 미래 모습을 볼 수 있는 시간을 초월한 시력입니다. 비전은 마음만 먹으면 언제든지 마음의 서랍장에서 꺼내 볼 수 있는 꿈의 사진입니다. 비전은 내가 걷고자 하는 꿈의 인생길을 헤매지 않고 잘 도착하도록 안내하는 꿈의 지도입니다.

*God bless you*

## Miracle
## 41

### 실망하면 포기하고 열망하면 일어선다.
*If you are disappointed, you give up and if you are eager, you stand up.*

이루고 싶은 오늘의 **비전** *(Vision)*

오늘을 살면서 누군가 또는 세상에 베푼 **사랑** *(Love)*

오늘을 돌아보며 부족했던 점에 대한 **반성** *(Reflection)*

오늘 나에게 행복이 되어 준 **감사** *(Thanks)*

년    월    일

*God bless you*

실망하면 포기하고 열망하면 일어섭니다. 실망은 포기의 수렁으로 스스로 걸어가려는 어리석은 선택입니다. 열망은 승리라는 정상으로 올라가려는 지혜로운 선택입니다.

실망(失望)은 '바라는 바를 잃었다'라는 의미입니다. 일이 바람대로 되지 않거나 기대에 어긋나서 마음이 상한 상태입니다. 결국 실망은 뭔가 이루고자 했던 바람이 꺾였을 때, 더 직설적으로 표현하자면 일이 내 맘대로 되지 않았을 때, 굴욕적이고도 허망하게 포기라는 폐차장으로 들어가는 구겨진 폐차의 마음 상태입니다.

열망(熱望)은 '열렬히 바란다'라는 의미입니다. 열망은 맹렬하고도 뜨겁게 타오르는 불꽃 같아서 실망의 상황에도 끄떡하지 않습니다. 열망의 소유자는 이루고자 했던 바람이 꺾일지라도 고개를 숙이지 않습니다. 오히려 성취의 의지를 더욱 불태우면서 기대와 설렘으로 신차 전시장으로 들어가는 희망찬 새 차의 마음 상태로 무장합니다.

실망과 열망은 모두 바라봄의 의미를 담고 있습니다. 실망은 뭔가 잘못되어 갈 때 안되는 쪽을 바라보는 시선입니다. 그쪽은 포기와 패배라는 나무가 가득한 산이기에 후퇴의 발걸음이 자연스럽습니다. 그와 반면에 열망은 어떤 좋지 못한 상황이 닥치더라도 되는 쪽을 바라보는 시선입니다. 이쪽은 도전정신과 승리라는 나무가 빼곡한 산이기 때문에 전진의 행보가 자연스럽습니다.

인생의 전투에서 승승장구는 없습니다. 패배도 경험하게 됩니다. 어쩌면 승리보다 패배의 날들이 많을 수도 있습니다. 하지만 패배는 승리를 더 빛나게 하는 조연일 뿐 인생의 주연이 될 수는 없습니다. 패배의 때에 포기의 길로 가지 않으면, 패배의 쓴 경험들은 승리의 인생길로 올라가는 든든한 디딤돌이 됩니다.

*God bless you*

## Miracle
## 42

## 사랑이 부족한 사람은 용서가 어렵다.
*Forgiveness is difficult for those who lack love.*

<u>이루고 싶은 오늘의 **비전** (Vision)</u>

<u>오늘을 살면서 누군가 또는 세상에 베푼 **사랑** (Love)</u>

<u>오늘을 돌아보며 부족했던 점에 대한 **반성** (Reflection)</u>

<u>오늘 나에게 행복이 되어 준 **감사** (Thanks)</u>

년    월    일

*God bless you*

사랑이 부족한 사람은 용서가 어렵습니다. 용서는 너그러운 마음을 통해 피는 꽃이고, 너그러운 마음의 씨앗은 사랑이기 때문입니다.

사랑은 용서를 가득 담은 용서 밥그릇입니다. 잡곡밥에 잡곡들이 옹기종기 모여 앉아 있듯이 용서밥에는 이 모양 저 모양의 용서가 여기저기 자리를 잡고 있습니다. 용서밥을 지을 때 실수와 잘못은 싹싹 문질러 씻어내 버리고, 미움과 오해는 채로 걸러내야 합니다. 용서밥이 다 되어 김이 모락모락 피어오를 때, 밥그릇에 용서밥을 담아내면 맛있는 사랑이 완성됩니다.

살다 보면 개똥 같은 사람이 있습니다. 괴팍하고 무례한 사람입니다. 이기적이면서 매사에 부정적인 그런 사람입니다. 정말 잠시도 같이 있고 싶지 않은 사람입니다.

그럼에도 우리는 그런 사람을 사랑의 가슴으로 품어주고, 용서의 손으로 토닥여야 합니다. '개똥도 약에 쓰려면 없다'라는 속담처럼, 그 개똥 같은 사람이 어느 때엔가는 나에게 도움이 되기도 합니다. 또한 어느 때에는 의지가 되기도 합니다.

개똥 같은 사람을 용서하면 용서받는 사람에게는 좋은 사람으로 변해갈 수 있는 계기가 됩니다. 누군가 나를 화나고 힘들게 할 때 '그럴 수도 있지'라고 용서의 손으로 토닥여 주세요. 그에게 전해진 사랑의 향기는 시간이 지나도 잔잔한 감동으로 기억됩니다.

용서가 좋은 건 그 사람만을 위함이 아니기 때문입니다. 누군가를 용서함으로 나의 맘에도 평화가 찾아옵니다. 그 사람을 용서함으로 작은 내가 큰사람이 됩니다. 헌혈의 사랑처럼 용서를 통해 부족한 나에게도 용서받을 자격이 주어집니다.

*God bless you*

## Miracle
### 43

## 휘영청 밝은 달이 내면의 소망을 깨운다.
*The bright moon awakens the inner wish.*

이루고 싶은 오늘의 **비전** *(Vision)*

오늘을 살면서 누군가 또는 세상에 베푼 **사랑** *(Love)*

오늘을 돌아보며 부족했던 점에 대한 **반성** *(Reflection)*

오늘 나에게 행복이 되어 준 **감사** *(Thanks)*

년    월    일

*God bless you*

휘영청 밝은 달은 내면의 소망을 깨웁니다. 예부터 정월 대보름의 보름달은 한 해의 소원을 비는 소망의 상징이었습니다. 달을 보면서 소원을 빌고 흥겹게 놀면서 달맞이를 하는 풍속도 있었습니다. 나쁜 기운은 쫓고 좋은 일만 가득하기를 바라는 소원을 빌 때 보름달은 중요한 역할을 담당했습니다.

하늘의 보름달처럼 우리 마음속에도 빛나는 '마음의 달'을 만들어 놓으면 좋습니다. 마음의 달을 품고 있으면 필요한 때에 긴요하게 활용할 수 있습니다. 도전과 시작의 때에는 설렘과 용기를 북돋고, 지치고 힘이 들 때는 휴식과 회복의 역할을 해줍니다.

언제 어디서든 활력소가 되어 줄 마음의 달은 생각만 해도 미소가 지어지는 존재를 뜻합니다. 보기만 해도 기분이 상쾌해지는 대상을 의미합니다. 꿈, 가족, 소중한 물건, 여행... 등 일상의 많은 것들이 마음의 달이 될 수 있는 후보들입니다.

마음의 달 중에서 첫 번째 '비전의 달'은 우리의 가슴속에 희망의 공기를 채워서 삶의 풍선을 부풀게 합니다. 두 번째 '가족의 달'은 추운 겨울에는 따뜻함으로, 고난의 계절에는 든든함으로 의지할 수 있는 둥지이며 언덕이 되어 줍니다. 세 번째 '소중한 물건의 달'은 산소같이 신선한 에너지를 마음속에 공급해 줌으로써 열정의 삶을 살아가도록 동기부여 해줍니다. 네 번째로 '여행의 달'은 보상이나 휴식으로 지루한 일상에 활력을 주는 비타민의 역할을 해줍니다.

우리는 힘이 되는 마음의 달들을 얼마든지 만들 수 있고, 필요할 때마다 꺼내어 활력의 도구로 사용할 수 있습니다. 우리에게 소망의 문을 열어주는 보름달처럼 잘 만든 마음의 달들은 성장과 행복으로 들어가는 문을 활짝 열어줍니다.

*God bless you*

## Miracle
## 44

### 사람의 향기는 시공간을 초월한다.
*The scent of man transcends time and space.*

이루고 싶은 오늘의 **비전** *(Vision)*

오늘을 살면서 누군가 또는 세상에 베푼 **사랑** *(Love)*

오늘을 돌아보며 부족했던 점에 대한 **반성** *(Reflection)*

오늘 나에게 행복이 되어 준 **감사** *(Thanks)*

년    월    일

*God bless you*

사람의 향기는 시간과 공간을 초월합니다. 사람의 향기는 시간이 지나도 지워지지 않고, 오히려 시간이 흐를수록 진하게 느껴집니다. 사람의 향기는 함께한 공간을 떠나도 전해지고, 아무리 멀리 떨어져 있어도 잔잔한 감동으로 마음을 적십니다.

어떤 사람 곁에 가면 꽃을 품은 듯 향기가 납니다. 그런 향기 나는 사람이라면 어떻게 해서라도 가까이하고 싶고 어울리고 싶습니다. 만나면 반갑고, 잠시의 이별에도 아쉬움이 남습니다.

또 어떤 사람 곁에 가면 상한 생선을 만진 듯이 비린내가 납니다. 그런 냄새 나는 사람은 어떻게 해서든 멀리하고 싶어집니다. 길을 가다가 우연히도 마주치고 싶지 않습니다.

사람이라면 누구나 꽃과 같이 향기 나는 사람으로 살고 싶어 할 것입니다. 만약 지난 시절의 삶 동안 향기가 없었다면 이제부터라도 그렇게 살면 됩니다. 우리의 생각과 말 그리고 행동을 여기저기서 사람들을 끌어당기는 매력적인 향기로 채워야 합니다. 생각과 말과 행동에서 선하고 아름다운 향기가 전해져야 합니다.

빛은 무엇으로 가려도 그 밝음을 잃지 않습니다. 행여 무엇인가로 가려진다 해도 그것은 잠시일 뿐 영원히 가려지지 않습니다. 사람의 향기도 마찬가지입니다. 시간으로 가린다고 해도 향기는 가려지지 않습니다. 공간의 벽으로 막아도 막을 수 없습니다. 사람의 향기는 시간과 공간의 장벽을 초월하여 사람과 세상을 향해 퍼져나갑니다.

나에게서 너에게서 그리고 우리 모두에게서 향기가 넘쳐난다면 이 세상은 온통 향기가 진동하는 향기 세상이 될 것입니다. 이 세상은 온통 천사로 가득한 천국 세상이 될 것입니다.

*God bless you*

## Miracle
## 45

### 부드러운 음성은 초콜릿보다 달콤하다.
*Soft voice is sweeter than chocolate.*

이루고 싶은 오늘의 **비전** *(Vision)*

오늘을 살면서 누군가 또는 세상에 베푼 **사랑** *(Love)*

오늘을 돌아보며 부족했던 점에 대한 **반성** *(Reflection)*

오늘 나에게 행복이 되어 준 **감사** *(Thanks)*

년     월     일

*God bless you*

부드러운 음성은 초콜릿보다 달콤합니다. 선물로 주는 초콜릿보다 연인들이 주고받는 사랑의 밀어가 더 부드럽고 달콤합니다. 아가를 부르는 엄마의 목소리가 솜사탕보다 부드럽고 달콤합니다.

날카로운 쇳소리가 나는 목소리를 좋아할 사람이 없습니다. 석공의 망치 소리 같이 거칠고 파괴적인 목소리는 사람들을 떠나게 합니다. 탁하고 힘이 없는 목소리도 호감을 주지 못합니다. 절제와 정제됨이 없는 시끄럽고 흥분된 목소리도 매력이 없습니다.

목소리는 노력으로 얼마든지 가꿀 수 있습니다. 이미지 메이킹이 가능하듯 보이스 메이킹도 가능합니다. 연인에게서 걸려온 전화를 받을 때, 노래방에서 노래를 부를 때, 면접을 볼 때… 이미 우리는 보이스 메이킹 효과를 경험했습니다. 전문적인 성우나 방송인만큼은 아니더라도 노력하면 호감을 주는 목소리를 만들어낼 수 있습니다.

좋은 목소리를 내는 첫 번째의 방법은 사랑입니다. 연인과 엄마의 마음에 사랑이 가득하기에 달콤하고 사랑스러운 목소리가 나옵니다. 사랑은 좋은 목소리를 만드는 최고의 원료입니다. 두 번째 방법은 표정입니다. 온화한 표정에서 부드러운 목소리가 나옵니다. 사나운 표정에서는 좋은 목소리가 나올 수 없습니다. 세 번째 방법은 쉽게 흥분하지 않으며, 자주 화를 내지 않는 것입니다. 마음을 다스리지 못하면 호흡은 가쁘고, 단어는 거칠어집니다. 그런 환경에서는 좋은 목소리가 나오기 어렵습니다.

목소리를 가꾸는 것은 어려운 일입니다. 그렇다고 해서 불가능한 일도 아닙니다. 비호감의 목소리를 '타고난 것'이라고 변명하거나 포기하지 않아야 합니다. 노력으로 가꾼 좋은 목소리는 우리를 더 매력적인 삶으로 이끌어 줍니다.

*God bless you*

*Miracle*
## **46**

## 날마다 돌아봐야 날마다 성장한다.
*You have to look back every day to grow up every day.*

이루고 싶은 오늘의 **비전** *(Vision)*

오늘을 살면서 누군가 또는 세상에 베푼 **사랑** *(Love)*

오늘을 돌아보며 부족했던 점에 대한 **반성** *(Reflection)*

오늘 나에게 행복이 되어 준 **감사** *(Thanks)*

년    월    일

*God bless you*

날마다 돌아보면 날마다 성장합니다. 어제의 발자취들을 돌아보는 과정은 오늘의 걸어갈 발걸음에 유용한 길잡이가 됩니다. 어제보다 나은 삶을 위해 어제를 돌아보고 분석하며 개선해야 합니다. 매일의 성장을 위해서 하루도 빠짐없이 돌아보는 습관을 들여야 합니다.

어제를 돌아봐야 하는 이유는 어제는 챙기지 못했던 것을 오늘은 빠뜨리지 않고 준비해야 하기 때문입니다. 어제를 돌아보는 시간은 어제의 부족함을 반복하지 않고 오늘은 채울 수 있도록 도와줍니다. 어제를 돌아보는 것이 필요한 이유는 어제의 좋았던 점이 오늘의 더 큰 성장과 더 큰 성과로 이어주는 징검다리가 되기 때문입니다.

과거는 언젠가의 현재였습니다. 또한, 과거는 언젠가의 미래이기도 했습니다. 과거를 돌아보고 과거에서 잘 배우면 과거, 현재, 미래를 모두 잘 살아갈 수 있습니다. 과거를 통한 깨달음은 현재를 더욱더 충실히 일구어가게 하는 동기가 됩니다. 과거를 통한 변화와 개선은 더 멋진 미래로 나아가는 추진력이 됩니다.

돌아보고 깨닫는 습관이 중요한 만큼 꾸준함도 중요합니다. 아무리 좋은 계획도, 아무리 좋은 실행력도 꾸준함이 뒷받침되지 않는다면 의미 있는 성과를 만들어내지 못합니다.

조금 늦어도 꾸준히 그리고 끝까지 해야 합니다. '토끼와 거북이의 경주'는 시대와 나이 상관없이 새겨야 할 교훈입니다. 무엇이든지 꾸준해야 합니다. 노력도, 열정도 기복이 있으면 좋지 않습니다.

과거, 현재, 미래는 하나로 이은 시간의 길입니다. 날마다 과거를 돌아보고 오늘을 반성하며 미래로 나아간다면 성장과 행복의 길은 끊어지지 않고 연결되어 멋진 인생길을 걸어갈 수 있습니다.

*God bless you*

*Miracle*
## 47

## 완벽은 신의 영역에 도전하는 것이다.
*Perfection is a challenge to the realm of God.*

이루고 싶은 오늘의 **비전** *(Vision)*

오늘을 살면서 누군가 또는 세상에 베푼 **사랑** *(Love)*

오늘을 돌아보며 부족했던 점에 대한 **반성** *(Reflection)*

오늘 나에게 행복이 되어 준 **감사** *(Thanks)*

년    월    일

*God bless you*

완벽은 신의 영역입니다. 완벽을 당연하게 여기는 건 신의 영역에 도전하는 무모함이자 교만입니다. 완벽을 추구하는 것은 발전적인 일지만, 완벽을 우습게 여겨서는 안 됩니다. 완벽을 향해 달려가는 것은 좋지만 완벽하지 않다고 해서 실망할 필요는 없습니다.

사람은 완벽할 수 없다는 걸 인정하면 마음이 편해집니다. 100%의 완벽함이 아닌 1%라도 욕심을 내려놓으면 도전과 성취의 과정에서 편안함을 얻을 수 있습니다. 지나친 스트레스를 줄일 수 있습니다.

뭔가를 시작하는 단계에서 완벽의 단점은 출발을 더디게 한다는 것입니다. 갖출 것을 다 갖추고 결혼하려는 청년과 같습니다. 그런 마음을 가진 청년은 결혼하기 어렵습니다. 완벽하게 갖춰 결혼하는 사람은 있지도 않고 있을 수도 없습니다. 완벽하게 갖추려고 할수록 부족함이 자꾸 보이기 때문입니다.

인간관계에서도 완벽함의 욕심을 내려놓으면 편안해집니다. '인정'이라는 단어는 칭찬할 때나, 잘하는 걸 표현할 때 주로 사용됩니다. 하지만 상대방이 못하는 부분을 인정하는 사람은 흔하지 않습니다. 상대방에게 완벽의 기대를 내려놓고, 못하는 것을 인정하면 서로가 편해집니다. 상대방의 약한 부분을 인정하고 이해하며, 강한 부분을 부각하면 관계는 훨씬 더 좋아집니다.

완벽은 극심한 스트레스를 초래합니다. 완벽을 추구하다가 건강을 잃는 사람이 많습니다. 완벽함은 사람들을 힘들게 합니다. 완벽을 추구하다가 소중한 인연을 잃는 사람도 많습니다. 완벽함은 지나친 욕심일 뿐입니다. 완벽은 범접할 수 없는 신의 영역이라고 생각하면 마음이 편해집니다. 완벽의 어려움을 이해하고 인정하면서 다양한 상황과 사람들에게 적용한다면 웃는 날이 훨씬 더 많아질 겁니다.

*God bless you*

## Miracle
## 48

## 편한 사람이라도 예를 갖추면 좋다.
*It's good to be polite even if you're comfortable.*

이루고 싶은 오늘의 **비전** *(Vision)*

오늘을 살면서 누군가 또는 세상에 베푼 **사랑** *(Love)*

오늘을 돌아보며 부족했던 점에 대한 **반성** *(Reflection)*

오늘 나에게 행복이 되어 준 **감사** *(Thanks)*

년    월    일

*God bless you*

편한 사람이라도 예를 갖추면 좋습니다. 아니, 편한 사람일수록 더 예를 갖추는 게 좋습니다. 예를 갖춤으로써 더 견고한 신뢰를 쌓게 되고, 예를 갖춤으로써 더 좋은 관계로 발전될 수 있습니다.

예를 갖추는 행위 속에는 상대방에 대한 존중이나 존경의 의미가 담겨 있습니다. 그렇기 때문에 예는 상대방의 자존감과 가치를 높여줍니다. 누군가가 내게 존중과 존경의 예를 표한다면 싫어할 사람이 없습니다. 누구라도 예를 갖춘 사람에게 호감을 갖게 됩니다.

존중과 존경은 상대방을 향해 내면에서 표현되는 마음의 예입니다. 그 마음의 예가 표현되는 기본이자 바탕은 언어의 예입니다. 상대를 높이는 존칭어와 나를 낮추는 겸양어는 서로의 품격을 높여줍니다. 언어의 예는 조금의 노력만으로도 큰 성과를 거두게 합니다.

존중과 존경이 마음의 예라면 밖으로 표출되어 시각적으로 보이는 행동의 예도 있습니다. 행동의 예 중에서 대표적인 건 인사입니다. 상황에 맞는 인사와 인사말은 사람의 마음들을 흐뭇하게 해줍니다. 이 밖에도 절제되고 다듬어진 언어, 단정한 용모와 옷차림, 올바른 자세와 걸음걸이 등도 마음과 행동으로 표현되는 예입니다.

서양에서의 예는 '매너나 에티켓'이라는 단어로 경험하게 됩니다. 매너나 에티켓은 '상대방을 방해하지 않는 언어와 행위', '상대방의 기분을 나쁘게 하지 않는 것'이라는 의미에서 출발합니다. 동서양을 막론하고 상대방의 기분을 언짢게 하는 것은 무례한 행위가 됩니다.

아랫사람이 윗사람에게 예를 갖추듯 윗사람도 아랫사람에게 예를 갖춰야 합니다. 대하기 어려운 사람에게 예를 생략하기 어렵듯이, 편한 사이라도 예를 생략해서는 안 됩니다.

*God bless you*

## Miracle
### *49*

## 겨울 너머엔 봄꽃이 가득하다.
*Beyond winter, spring flowers are full.*

이루고 싶은 오늘의 **비전** *(Vision)*

오늘을 살면서 누군가 또는 세상에 베푼 **사랑** *(Love)*

오늘을 돌아보며 부족했던 점에 대한 **반성** *(Reflection)*

오늘 나에게 행복이 되어 준 **감사** *(Thanks)*

년    월    일

*God bless you*

겨울 너머엔 봄꽃이 가득합니다. 봄꽃은 겨울의 꽁꽁 언 땅을 이겨 내고 꽃을 피워냅니다. 시린 고통의 계절 끝에는 그렇게 향기로운 봄날이 기다리고 있습니다.

석공이 쪼아대는 정에 돌덩이의 온몸은 피멍이 들지만, 그 고난을 이겨 낸 후에는 근사한 예술작품으로 탄생합니다. 지금을 살아가는 우리들 또한 모진 산통을 견뎌낸 어머니의 작품입니다.

성공한 사람들 중에는 어떤 사람도 쉽게 그 위치에 오른 사람이 없습니다. 견디기 힘든 고난과 치열한 경쟁을 뚫고 빛나는 자리에 오른 것입니다.

무대 위 발레리나의 몸짓은 하나하나가 예술입니다. 축구 경기장에서 내뿜는 선수들의 숨소리는 환호를 만들어냅니다. 하지만 그 예술과 환호를 탄생시킨 그들의 발은 상처투성입니다. 그 상처가 있었기에 무대 위에서 박수를 받습니다. 그 상처들이 있었기에 잔디 위에서 환호를 받습니다.

고난과 시련은 성공의 목적지 앞에 놓인 하나하나의 계단입니다. 한 계단 한 계단을 인내하면서 올라가다 보면 성공이라는 목적지에 도착할 수 있습니다.

어린 시절 우리는 모두 적잖은 성장통을 겪었습니다. 그 성장통은 신체 발달에만 해당하지 않습니다. '인생의 성장통' 또한 있습니다. 고난과 시련은 발전과 성공을 위한 '인생의 성장통'입니다.

불에 달구고, 두드려 강한 쇠가 만들어집니다. 뜨거운 불의 고통과 두드림의 아픔을 이겨 내면 고난은 작품이 됩니다.

*God bless you*

## Miracle
## 50

**거친 말은 센 듯 보이지만 따르는 자가 없다.**
*Rough words seem strong, but no one follows them.*

이루고 싶은 오늘의 **비전** *(Vision)*

오늘을 살면서 누군가 또는 세상에 베푼 **사랑** *(Love)*

오늘을 돌아보며 부족했던 점에 대한 **반성** *(Reflection)*

오늘 나에게 행복이 되어 준 **감사** *(Thanks)*

년    월    일

*God bless you*

거친 말은 센 듯 보이지만 따르는 자가 없습니다. 거친 말을 하면 그 사람 앞에서는 따를지 몰라도 속마음은 다릅니다. 오히려 거친 말은 사람에게 반감을 줍니다.

거친 말은 약한 내면의 반증입니다. 생각 없이 내뱉는 거친 말은 배설물과 같습니다. 욕설과 거친 단어, 그리고 원색적인 표현들은 사람의 가치를 떨어뜨립니다. 머릿속에서 오래 구워낸 말은 한마디 한마디가 훌륭한 예술품입니다. 그래서 무슨 말을 할 때는 내 입에 파수꾼을 세우고 입술의 문을 단속해야 합니다.

말은 사람을 대변합니다. 말로 사람이 평가됩니다. 거친 말을 많이 하면 거칠고 부족한 사람으로 평가되고, 아름다운 말을 많이 하면 아름답고 성숙한 사람으로 평가됩니다.

사람의 신뢰도 말에서 나옵니다. 믿을 신(信)자는 사람인(人)자에 말씀 언(言)자가 서로 결합해 만들어진 글자입니다. 즉, 사람(人)의 말(言)에서 사람과의 신뢰가 쌓여간다는 의미입니다.

입은 물건을 담는 봉투와 같습니다. 같은 봉투라도 선물을 담으면 선물 봉투가 되지만, 쓰레기를 담으면 쓰레기봉투가 됩니다. 입도 마찬가지입니다. 내 입속에 쓰레기같이 더럽고 거친 말들을 담으면 내 입은 쓰레기봉투가 되고, 내 입속에 선물 같은 아름다운 말들을 담으면 내 입은 선물 봉투가 됩니다.

목으로만 내뱉는 말은 강아지 짖는 소리와 같습니다. 가슴속 깊이 익혀내야 사람의 말이 됩니다. 입술로만 퍼지는 말은 딱따구리 부리 소리와 같습니다. 머리에서 구워내야 사람의 말이 됩니다. 절제되고 다듬어진 말은 사람의 품격을 높이는 멋진 예술품이 됩니다.

*God bless you*

*Miracle*
**51**

## 얼굴은 내면을 비추는 거울이다.
*The face is a mirror that reflects on the inside.*

이루고 싶은 오늘의 **비전** *(Vision)*

오늘을 살면서 누군가 또는 세상에 베푼 **사랑** *(Love)*

오늘을 돌아보며 부족했던 점에 대한 **반성** *(Reflection)*

오늘 나에게 행복이 되어 준 **감사** *(Thanks)*

년    월    일

*God bless you*

얼굴은 내면을 비추는 거울입니다. 얼굴은 사람의 내면에 들어있는 다양한 정보들을 속임의 위장술을 뛰어넘어 표현해냅니다. 사람의 감정과 성격, 예절과 인격, 그리고 현재의 건강 상태까지도 얼굴을 통해 들여다볼 수 있습니다.

얼굴에 그려지는 표정은 내면의 상태를 보여주는 신호와 같습니다. 얼굴의 표정을 통해 상대의 기분이 좋은지 나쁜지 알 수 있습니다. 표정을 보면 질문을 이해했는지 어려워하는지 파악할 수 있습니다. 얼굴에 나타나는 표정만 봐도 사람의 두려움과 걱정, 설레는 마음과 용기를 짐작할 수 있습니다.

얼굴은 말보다 더 많은 말을 합니다. 얼굴은 말보다 더 효과적으로 의사를 전달하기도 합니다. 얼굴에 표현되는 표정, 미소, 눈빛, 명암 등은 말로는 표현하기 어려운 감정과 태도, 말로 전달하기 곤란한 의도와 목표까지 더 효과적으로 전달하기도 합니다. 얼굴을 통해서 사람들과 소통하고, 이해하며, 감정을 공유할 수 있습니다. 얼굴은 말보다 많은 정보를, 훨씬 더 효과적으로 전달할 수 있습니다.

이왕이면 자신의 얼굴과 표정이 사람들에게 긍정의 메시지를 전할 수 있도록 노력해야 합니다. 상대방에게 긍정적인 느낌을 전달하기 위해서는 호감을 주는 표정이 중요하고 필요합니다.

미소는 얼굴이라는 도화지에 그린 아름다운 수채화입니다. 미소는 예절과 친절, 호감과 사랑을 전하는 만국의 공통어입니다. 마음이 웃으면 미소는 저절로 만들어집니다. 행복하고 기쁠 때, 긍정적인 생각과 감정을 가질 때 환한 미소는 자연스럽게 지어집니다. 마음이 웃으면 얼굴은 자동으로 미소를 짓게 됩니다. 내면을 비추는 얼굴이 미소로 가득하길 원한다면 감사와 행복을 자주 떠올리면 됩니다.

*God bless you*

## Miracle 52

**무엇을 하든 즐기는 자가 승리에 가깝다.**
*Whatever he does, he who enjoys it is close to winning.*

<u>이루고 싶은 오늘의 **비전** (Vision)</u>


<u>오늘을 살면서 누군가 또는 세상에 베푼 **사랑** (Love)</u>


<u>오늘을 돌아보며 부족했던 점에 대한 **반성** (Reflection)</u>


<u>오늘 나에게 행복이 되어 준 **감사** (Thanks)</u>


년    월    일

*God bless you*

무엇을 하든 즐기는 자가 승리에 가깝습니다. 승자와 패자는 대부분 시작의 단계가 아닌 인내의 단계에서 판가름이 납니다. 인내의 단계를 견디게 하는 힘은 즐거움에 있습니다. 즐거움이 없는 노력은 노예의 노동과 같아서 성취감이 낮고 목표를 달성하기 어렵습니다.

학생들은 좋은 성적을 거두려고 열심히 공부합니다. 이 열심에 공부의 즐거움이 더해진다면 성과는 더 커집니다. 다이어트를 목표로 운동을 하는 것은 좋은 방법입니다. 더 나아가 즐기면서 운동을 한다면 더 좋은 효과를 보게 됩니다. 성적과 다이어트라는 목표만 있고 즐기지 못하면 대개는 진행하는 과정에서 포기하는 경우가 많습니다.

공자는 '지지자(知之者) 불여호지자(不如好之者)요, 호지자(好之者) 불여락지자(不如樂之者)라'고 강조했습니다. '아는 사람은 좋아하는 사람에게 당하지 못하고, 좋아하는 사람은 즐기는 사람에게 당하지 못한다'라는 뜻입니다. 진정한 승리자는 즐기는 자입니다. 무엇이든 즐거움과 함께할 때 멋진 승리를 거둘 확률이 높아집니다.

배우기를 즐기는 학생이 공부도 잘하면서 깨달음과 성취감도 큽니다. 가르치기를 즐기는 선생님이 강의도 잘하고 보람도 크게 느낍니다. 일을 즐기는 사람은 땀방울을 행복으로 느낄 줄 알고, 여행을 즐기는 사람은 고된 여정도 풍성한 인생으로 추억합니다.

뭐든 즐기지 못하면 지속하기 어렵고 성과를 내기도 어렵습니다. 어차피 해야 한다면 그것이 무엇이라도 그 안에서 즐거운 요소를 찾아내야 합니다.

해야 하는 일에서 즐거움을 찾아내면 반복에도 권태를 느끼지 않고, 긴 세월의 노력에도 인내의 힘을 통해 멋진 성과를 이루게 됩니다.

*God bless you*

## Miracle
## 53

### 뒤에서 들리는 칭찬에는 거짓이 없다.
*There is no lie in the compliments heard behind the scenes.*

이루고 싶은 오늘의 **비전** *(Vision)*

오늘을 살면서 누군가 또는 세상에 베푼 **사랑** *(Love)*

오늘을 돌아보며 부족했던 점에 대한 **반성** *(Reflection)*

오늘 나에게 행복이 되어 준 **감사** *(Thanks)*

년     월     일

*God bless you*

뒤에서 들리는 칭찬에는 거짓이 없습니다. 뒤에서 말하는 칭찬은 칭찬하는 상대에 대한 호감과 응원의 마음이 담겨있습니다. 앞에서 듣는 칭찬도 좋지만, 누군가를 통해 뒤에서 들려오는 칭찬은 참으로 흐뭇하고 살맛 나게 합니다.

칭찬은 들어도 들어도 질리지 않는 아름다운 노래입니다. 칭찬은 매일매일 순간순간마다 눈 맞추고 싶은 연인의 눈빛입니다. 칭찬은 삶의 시간과 공간을 향기로 가득 채우는 향긋한 꽃입니다.

사람과 관계를 맺어가는 삶에서 칭찬과 험담은 공존하고 있습니다. 칭찬만 있고 험담이 없는 세상이면 좋겠지만, 아쉽게도 현실에서는 그렇지 못합니다.

사람들은 대부분 칭찬보다는 험담을 더 많이 합니다. 많은 사람이 칭찬보다는 험담에 더 귀를 기울입니다. 안타깝게도 더 많은 사람이 칭찬보다 험담을 더 멀리 퍼뜨립니다.

험담은 주로 뒤에서 합니다. 험담의 의미가 '남의 잘못된 점이나 흉이 될만한 것을 말하는 것'이라는 뜻이기 때문에 앞에서 험담하는 일은 거의 없고 주로 뒤에서 하게 됩니다. 그래서 험담은 당당하지 못하고 비겁하며 못생긴 말입니다. 험담은 가난한 내면을 드러내는 종기이며 부끄러운 자화상을 확인하는 희뿌연 거울입니다.

칭찬은 다릅니다. 칭찬은 당당함과 함께 품격이 있습니다. 앞에서 들으면 힘이 나고 뒤에서 들으면 뿌듯합니다. 앞에서 칭찬하면 입이 웃고, 뒤에서 칭찬하면 마음이 활짝 웃습니다. 좋은 사람이 있다면 그 사람을 위해 칭찬을 많이 하면 좋습니다. 그 칭찬은 보이지 않는 공간과 시간을 넘어 그 사람에게 큰 힘과 행복을 전해줍니다.

*God bless you*

## Miracle
## 54

## 온유함이 부족하다면 인격은 미완성이다.

*Personality is incomplete if gentleness is lacking.*

이루고 싶은 오늘의 **비전** *(Vision)*

오늘을 살면서 누군가 또는 세상에 베푼 **사랑** *(Love)*

오늘을 돌아보며 부족했던 점에 대한 **반성** *(Reflection)*

오늘 나에게 행복이 되어 준 **감사** *(Thanks)*

년    월    일

*God bless you*

온유함이 부족하다면 인격은 미완성입니다. 아무리 많은 인격적인 요소를 갖추었어도 온유함이 부족하면 인격은 완성되기 어렵습니다. 온유함의 결여는 미성숙한 사람의 공통점이며 못난 사람의 확실한 증거입니다.

온유한 사람은 눈빛이 다릅니다. 온유한 사람의 눈빛에는 사랑이 가득하여 눈으로도 다정한 마음을 전할 수 있습니다. 눈빛만 봐도 호감의 언어를 느낄 수 있습니다. 온유한 눈빛은 상대방의 완고한 마음조차도 눈 녹이듯 사르르 녹입니다.

온유한 표정은 말보다 먼저 따뜻한 맘을 전합니다. 온유한 표정은 닫힌 마음의 문마저 미소로 열게 합니다. 온유한 표정은 화장으로 만들어 낼 수 없고, 성형수술로 해결할 수 없습니다. 마음에 사랑과 용서를 담으면 표정이 온유해집니다. 가슴에 배려와 이해로 가득히 채우면 온유한 표정이 만들어집니다.

온유한 말투에는 햇살이 가득합니다. 큰소리를 내지 않으며 음성은 언제나 차분합니다. 온유한 말투는 비록 느리지만 빠르고 정확하게 전달됩니다. 많은 말을 하지 않음에도 고개를 끄덕입니다. 온유한 말투는 생각보다 강해서 속삭임만으로도 세상이 움찔합니다.

날카롭고 매서운 눈빛은 온유한 눈빛을 이길 수 없습니다. 사납고 찡그린 표정은 온유한 표정의 상대가 되지 않습니다. 오염되고 거친 말투는 온유한 말투에 힘없이 제압당하여 부끄러움만 남깁니다.

온유함은 사람에게 안정과 평안을 줍니다. 온유함은 갈등과 싸움을 해결합니다. 온유함은 무엇보다도 값진 내면의 보물입니다. 넉넉한 마음으로 온유함을 갖추면 부드러운 강자로 성장합니다.

*God bless you*

### Miracle
### 55

## 사랑을 전하면 사람이 온다.
*When you deliver love, people come to you*

<u>이루고 싶은 오늘의 **비전** *(Vision)*</u>

<u>오늘을 살면서 누군가 또는 세상에 베푼 **사랑** *(Love)*</u>

<u>오늘을 돌아보며 부족했던 점에 대한 **반성** *(Reflection)*</u>

<u>오늘 나에게 행복이 되어 준 **감사** *(Thanks)*</u>

년    월    일

*God bless you*

사랑을 전하면 사람이 옵니다. 사랑을 건네면 사람들 마음의 문이 열립니다. 어떤 식으로든 사랑을 전하며 사는 사람에게는 사람들이 몰려옵니다. 사랑은 사람을 끌어들이는 아름다운 꽃입니다. 사랑은 먼 곳에 떨어져 있는 사람들까지 끌어들이는 매혹적인 향기입니다. 사랑은 시간이 가도 떨어지지 않는 꽃이요, 세월이 흘러도 옅어지지 않는 향기입니다.

사랑은 한마디 말로도 전할 수 있습니다. '괜찮아요'라는 격려의 말 한마디가 힘과 용기를 솟구치게 합니다. '그럴 수 있어요'라는 위로의 한마디가 용기와 희망을 전합니다. '사랑해요'라는 따뜻한 한마디는 세상의 어떤 보약보다 건강을 주고, 세상의 어떤 보상보다 큰 동기부여가 되어 줍니다.

사랑은 눈빛만으로도 전할 수 있습니다. 무서운 눈빛은 자신감을 잃어버리게 하지만 사랑의 눈빛은 자존감마저 높여줍니다. 사나운 눈빛은 공포와 두려움을 조장하지만 온화한 사랑의 눈빛은 평안과 안정을 조성합니다. 사랑의 눈빛은 생각보다 강력하여 많은 사람의 마음을 끌어당깁니다. 사랑의 눈빛을 전하는 건 누구라도 가능하여 마음만 먹으면 그 멋진 눈빛을 전할 수 있습니다.

사랑은 사소한 글로도 전할 수 있습니다. 말이 입을 통해 사랑을 전한다면 글은 조금 더 감성적인 느낌의 사랑을 전해줍니다. 디지털 문명에 익숙해진 시대에 감성의 글과 손편지는 위력을 발휘합니다. 글로 전한 사랑은 마음 깊이 사랑의 글자를 새깁니다.

사랑이 사람을 끌어당기는 이유는 우리가 살아가는 지금의 세상이 부족한 사랑의 시대이기 때문입니다. 그런 시대에서 사랑은 사람을 따뜻하게 하고, 세상을 풍요롭게 합니다.

*God bless you*

## Miracle
# 56

## 보석도 공짜로 받으면 돌멩이로 보인다.
*Jewelry looks like a stone if you get it for free.*

<u>이루고 싶은 오늘의 **비전** *(Vision)*</u>

<u>오늘을 살면서 누군가 또는 세상에 베푼 **사랑** *(Love)*</u>

<u>오늘을 돌아보며 부족했던 점에 대한 **반성** *(Reflection)*</u>

<u>오늘 나에게 행복이 되어 준 **감사** *(Thanks)*</u>

년    월    일

*God bless you*

보석도 공짜로 받으면 돌멩이로 보입니다. 아무리 값비싼 보석이라 할지라도 아무런 수고와 노력 없이 얻게 되면 그 값어치를 제대로 느끼지 못합니다. 귀한 것을 귀하게 느끼지 못하면 건네준 사람도 손해요 받은 사람도 손해입니다.

반면에 하찮은 선물을 받더라도 고맙고 귀하게 여기면 보석처럼 느껴집니다. 작은 선물이라도 주는 사람의 정성을 고맙게 여기면 그 선물은 참으로 귀하게 느껴집니다.

고마움은 받은 선물에 대한 최소한의 수고와 노력입니다. 고마움은 공짜로 받은 선물을 귀한 선물로 변화시키는 요술램프입니다.

누군가에게서 선물을 받았다면 고마움을 알아야만 합니다. 선물의 크기와 상관없이 나를 위한 따뜻한 마음에 고마움을 느껴야 합니다. 선물을 준비하는 과정에서 나를 생각하며 정성과 사랑을 담은 그 마음에 고마워해야 합니다.

선물을 받아도 고마워하지 않는 사람이 있습니다. 준비하는 정성을 느끼지 못하는 사람이라면 선물을 받을 자격이 없습니다. 고마움이 없는 선물은 귀한 대접은커녕 홀대받기 마련입니다. 선물한 사람의 정성까지 무시하는 못난 행위입니다.

어떤 사람은 작은 선물을 받아도 크게 고마워합니다. 작은 선물로 큰 기쁨을 얻는 지혜로운 사람이며 선물 받을 자격이 충분합니다.

선물을 받았다면 고마움을 표현해야 합니다. 말로든 문자든 다양한 방법으로 고마움을 표현할 수 있습니다. 고마운 마음을 전하면 어떤 선물도 보석이 되고, 선물한 사람의 정성도 마음 깊이 기억됩니다.

*God bless you*

## Miracle 57

## 나 자신을 이기면 뭐든 이길 수 있다.
*I can win anything if I win myself.*

이루고 싶은 오늘의 **비전** *(Vision)*

오늘을 살면서 누군가 또는 세상에 베푼 **사랑** *(Love)*

오늘을 돌아보며 부족했던 점에 대한 **반성** *(Reflection)*

오늘 나에게 행복이 되어 준 **감사** *(Thanks)*

년    월    일

*God bless you*

나 자신을 이기면 뭐든 이길 수 있습니다. 반면 나 자신을 이기지 못하면 그 누구도 이기기 어렵고, 그 무엇도 성취하기 어렵습니다. 나 자신과의 싸움에서 견디고 이겨 내야 세상 속 수많은 경쟁에서 승리할 수 있습니다.

승리의 영광을 위해서 넘어서야 할 무서운 경쟁자는 외부에 있지 않습니다. 최고의 라이벌은 내가 상대해야 할 사람과 선수가 아니라 나 자신입니다. 내가 극복하고 이겨야 할 진정한 경쟁자는 내 안에 존재하고 있습니다.

빛나는 승리의 월계관은 자신의 한계를 넘어선 극기의 주인공들에 대한 성공 스토리들로 가득합니다. 그들은 하나같이 자신의 한계를 극복했기에 가슴 벅찬 성취를 이뤄냈다고 말하며, 자신과의 싸움을 이겨 냈기에 승리할 수 있었다고 말합니다.

우리의 일상에서도 자신의 한계를 넘어선 사람들이 목표한 성과를 달성하는 걸 보게 됩니다. 다이어트나 헬스의 시작은 누구나 할 수 있습니다. 하지만 고통과 유혹의 위기를 만날 때 스스로 넘어서지 못하면 다이어트와 헬스에 성공할 수 없습니다. 다이어트도 헬스도 어느 극한의 한계 지점을 넘어설 때 비로소 운동 효과가 나타나기 때문입니다.

자신을 이기지 못하면 패자가 되기 쉽습니다. 아니, 자신을 이기지 못하면 멋진 상대와 겨뤄볼 기회조차 주어지지 않습니다.

자기를 이기는 사람은 강자의 잠재력을 가지고 있습니다. 자기를 이겨 내려고 노력하는 사람은 멋진 도전의 기회가 많이 주어집니다. 그리고 그 도전의 무대에서 승리의 영광을 누릴 기회도 많아집니다.

*God bless you*

## Miracle
### 58

## 때로는 피하는 것이 맞서는 것보다 낫다.
*Sometimes avoiding is better than confronting.*

이루고 싶은 오늘의 **비전** *(Vision)*

오늘을 살면서 누군가 또는 세상에 베푼 **사랑** *(Love)*

오늘을 돌아보며 부족했던 점에 대한 **반성** *(Reflection)*

오늘 나에게 행복이 되어 준 **감사** *(Thanks)*

년    월    일

*God bless you*

때로는 피하는 것이 맞서는 것보다 낫습니다. 보통의 상황에서는 피하는 행동과 마음가짐은 비겁함으로 치부됩니다. 피하려는 것은 약자의 모습으로 보일 수 있습니다. 하지만 때로는 피하는 것이 더 현명할 때가 있습니다. 지혜로운 강자는 필요에 따라 대적하지 않고 피하는 것을 선택합니다.

맞서는 것보다 오히려 피하는 것이 나은 세 가지는 싸움과 못난 경쟁 그리고 유혹입니다. 첫 번째로 싸움은 피하는 것이 좋습니다. 정의를 위한 싸움이 아니라면 맞서는 것보다 피하는 것이 낫습니다. 싸워서 이기기보다는 싸우지 않고 서로 승자가 될 수 있는 방법을 찾아내야 합니다. 싸우지 않는 것이 서로에게 도움이 된다면 잠시 져주는 것도 좋은 방법이 됩니다.

두 번째는 못난 경쟁입니다. 못난 경쟁은 짧은 기쁨의 대가로 긴 슬픔을 남깁니다. 하지 말아야 할 우매한 경쟁은 다른 사람들에게도 피해를 줍니다. 자신의 육체를 혹사하고 자신의 에너지를 쓸데없이 고갈시키는 못난 경쟁은 피해야 합니다. 나의 이미지를 추락시키는 어리석은 경쟁은 피해야 합니다. 인간 존엄성을 훼손시키고 세상의 질서를 어지럽히는 악의 경쟁은 피해야 합니다.

세 번째는 유혹입니다. 유혹에 맞서는 것은 어리석은 판단입니다. 유혹은 생각보다 힘이 셉니다. 유혹을 이길 힘이 있는 사람은 거의 없습니다. 유혹은 피해 가는 것이 최고의 선택입니다. 유혹의 길은 아예 들어서지 않는 것이 좋습니다. 유혹이 될 만한 것은 처음부터 생각하지 않는 것이 좋습니다.

피할 때를 아는 사람이 진정한 강자입니다. 맞서지 않으면서 서로 승리할 수 있는 방법을 찾고 행하는 사람이 지혜로운 강자입니다.

*God bless you*

## Miracle 59

## 시작이 없는 성취는 없다.
*There is no achievement without a beginning.*

이루고 싶은 오늘의 **비전** *(Vision)*

오늘을 살면서 누군가 또는 세상에 베푼 **사랑** *(Love)*

오늘을 돌아보며 부족했던 점에 대한 **반성** *(Reflection)*

오늘 나에게 행복이 되어 준 **감사** *(Thanks)*

년    월    일

*God bless you*

시작이 없는 성공은 없습니다. 출발이 없는 도착이 없듯이 시작이 없으면 성공의 목적지에 도착할 수 없습니다. 일단 시작해야 성공을 향해 달려갈 수 있고, 시작해야 성공의 길을 걸어갈 수 있습니다. 성공하고자 한다면 반드시 시작해야 합니다.

시작이 없는 승리도 없습니다. 승리를 이루기 위해서는 패기 있는 도전정신으로 자신 있게 시작해야 합니다. 어떤 경기나 대회에서든 승리를 향해 나아가려면 가장 먼저 시작이라는 첫 단추를 끼워야 합니다. 시작은 마지막과 함께 승리를 향해 나아가는 길에 있어서 가장 중요한 순간들입니다. 승리를 멋지게 장식하는 마지막 피날레 장면이 열매라면, 승리의 기반을 닦는 시작은 씨앗입니다. 시작하지 않으면 감격과 영광의 월계관은 절대로 경험할 수 없습니다.

시작이 없는 완성도 없습니다. 아름다운 미술 작품을 완성하려면 먼저 스케치로 시작해야 합니다. 시작하지 않으면 그 어떤 작품도 완성될 수 없습니다. 가슴 벅찬 프로젝트를 완성하고 싶다면 기발한 아이디어를 생각해내는 시작이 있어야 합니다. 어렵고 복잡한 '꿈의 퍼즐'을 완성하고자 한다면 첫 번째 퍼즐 조각을 맞춰야만 합니다. 무언가를 완성하고자 한다면 결단력을 가지고 시작해야 합니다.

시작이라는 단계가 생략된 성공과 승리 그리고 완성 같은 성취는 없습니다. 성취를 위해서는 시작의 첫걸음을 떼야만 합니다. 시작은 어렵고 두려울 수 있습니다. 하지만, 갈망하는 무언가를 시작하는 순간부터 성취라는 별의 무대에 가까워집니다. 성공과 승리 그리고 완성이라는 성취를 이루고자 한다면 용기를 내어 시작해야 합니다. 시작에 겁먹을 수 있지만, 끊임없는 노력과 지치지 않는 열정으로 나아가면 누구든지 성취의 꿈을 맛볼 수 있습니다. 성취라는 감격을 맛보기 원한다면, 지금 당장 설레는 무언가를 시작하면 됩니다.

*God bless you*

## Miracle 60

**애국자의 마음속엔 언제나 태극기가 펄럭인다.**
*Taegeukgi always flutters in the heart of the patriot.*

이루고 싶은 오늘의 **비전** *(Vision)*

오늘을 살면서 누군가 또는 세상에 베푼 **사랑** *(Love)*

오늘을 돌아보며 부족했던 점에 대한 **반성** *(Reflection)*

오늘 나에게 행복이 되어 준 **감사** *(Thanks)*

년    월    일

*God bless you*

애국자의 마음속엔 언제나 태극기가 펄럭입니다. 3.1절이나 광복절 같은 특별한 국경일이 아니어도 나라를 사랑하는 사람의 마음에는 늘 자랑스러운 태극기가 심장박동의 힘찬 리듬을 따라 펄럭입니다.

나라를 지극히 사랑하며 이 시대를 살아가는 사람들은 이 땅에서 행복하고도 평화로운 삶을 누릴 수 있는 중요한 이유를 애국자들의 숭고한 희생정신에서 찾습니다. 그래서 그들은 나라와 민족을 위해 목숨을 바친 애국자들의 고마움을 가슴 깊이 새기며 살아갑니다.

안타까운 것은 애국의 표현과 태극기 게양이라는 의미를 제대로 연결하지 못한다는 현실입니다. 민주주의 국가에서 산다는 고마움과 애국자들에 대한 고마움을 조금이라도 느낀다면 국경일의 태극기 게양에 소홀하지 않을 것입니다. 늘 마음에 품고 살지는 못하더라도 국경일만이라도 태극기 게양으로 애국의 마음을 표현해야 합니다.

이민 등의 이유로 타국에서 살아갈 때 조국에 대한 사랑이 얼마나 애틋하고, 각별하겠습니까? 올림픽이나 월드컵 같은 국가 대항전을 치를 때 국민의 애국심이 얼마나 강해집니까? 특별한 날과 특별한 상황에서 애국심을 발휘하는 것도 좋지만, 언제 어디서든 온 국민의 가슴속에 태극기가 펄럭이면 얼마나 좋겠습니까?

오늘날은 애국자로 사는 길이 어렵지 않습니다. 하늘의 별이 되신 애국자들처럼 전쟁과 독립, 민주화와 정의를 위해 목숨을 희생하지 않아도 됩니다. 목숨이 아닌 그저 이기심만 희생해도 애국입니다. 나라와 국민을 욕되게 하지 않는 것도 애국자의 삶입니다. 맡은 바 일에 최선을 다하는 삶도 애국자의 삶과 다를 바 없습니다. 학생은 열심히 공부하고, 사회인은 땀 흘려 일하면 애국자가 됩니다. 매일 가슴 속에 태극기가 펄럭이면 애국자의 삶을 살게 됩니다.

*God bless you*

## Miracle
## 61

### 꽃은 피고 사람은 웃는다.
*Flowers bloom and people laugh.*

이루고 싶은 오늘의 **비전** *(Vision)*

오늘을 살면서 누군가 또는 세상에 베푼 **사랑** *(Love)*

오늘을 돌아보며 부족했던 점에 대한 **반성** *(Reflection)*

오늘 나에게 행복이 되어 준 **감사** *(Thanks)*

년    월    일

*God bless you*

꽃은 피고 사람은 미소를 짓습니다. 꽃은 사람의 콧속으로 향기를 전하고 미소는 사람의 마음속으로 향기를 전해줍니다. 꽃은 그윽한 향기로 벌과 나비 그리고 사람의 마음을 사로잡습니다. 사람은 맑고 아름다운 미소로 뭇 사람들의 마음을 끌어당깁니다.

꽃은 꾸미지 않아도 자체로 아름답습니다. 미소도 마찬가지입니다. 요란하게 치장하지 않아도 미소는 그 자체로 매력적입니다. 오히려 꾸미지 않은 순수한 미소가 더 큰 매력을 가지고 있습니다.

가짜로 핀 꽃에는 향기가 없듯이 가짜로 위장한 미소에는 매력이 없습니다. 마음이 웃지 않은 얼굴만의 미소는 음흉한 미소입니다. 진짜 꽃이 향기를 전하듯 진실한 미소가 매력을 전합니다.

미소는 사랑입니다. 실수와 잘못을 저질렀을 때, 너그러운 미소는 이해와 용서의 마음을 전하는 사랑입니다. 미소 하나로도 고마움이 느껴지고 다시 시작할 용기가 생깁니다. 말 한마디 건네지 않아도 따뜻한 마음이 전해지는 미소는 사랑입니다.

미소는 친절한 인사와 같습니다. 미소를 통해 누구에게든 넉넉한 친절을 베풀 수 있습니다. 또한 미소는 무엇보다 우선되는 인사이며 무엇보다도 반갑고 다정한 인사로 다가옵니다.

미소는 여유로운 사람의 상징입니다. 마음이 여유로운 사람은 어떤 상황에도 미소를 잃지 않습니다. 급한 상황이든, 화가 난 상황이든 여유로운 마음의 소유자는 미소를 잃는 법이 없습니다.

미소는 얼굴에 피어난 꽃입니다. 아름다운 모습과 향기를 겸비한 미소는 사람들과 세상에 웃음꽃을 피웁니다.

*God bless you*

## Miracle
## 62

### 씨앗은 시간을 통해 열매를 맺는다.
*Seeds bear fruit through time.*

이루고 싶은 오늘의 **비전** *(Vision)*

오늘을 살면서 누군가 또는 세상에 베푼 **사랑** *(Love)*

오늘을 돌아보며 부족했던 점에 대한 **반성** *(Reflection)*

오늘 나에게 행복이 되어 준 **감사** *(Thanks)*

년    월    일

*God bless you*

씨앗은 시간을 통해 열매를 맺습니다. 씨가 자라 열매를 맺기까지 적지 않은 기다림의 시간이 필요합니다. 씨를 뿌리자마자 열매들을 수확하려는 것은 욕심입니다. 씨를 뿌렸다면 기다림은 필수입니다.

씨가 싹을 틔우고 열매로 자라는 과정에는 필요한 것이 많습니다. 먼저 씨를 땅에 심는 농부의 수고가 필요합니다. 건강하고 풍성하게 자라도록 양분을 공급할 거름도 필요합니다. 햇빛도 필요하며 때에 따라 갈증을 해소할 비도 필요합니다. 하지만 모든 조건이 갖춰져 있어도 성장하는 시간이 생략되면 씨는 열매가 되지 못합니다.

식물만이 아니라 사람도 마찬가지입니다. 갓난아이는 태어나자마자 걸을 수 없습니다. 엎어지고 기는 시간을 거친 후에 앉고 일어서는 과정의 시간까지 거쳐야 비로소 걸을 수 있습니다.

그런데 사람들은 삶에서 씨를 뿌린 다음 곧바로 열매를 얻으려고 욕심을 부립니다. 무언가의 도전이나 노력을 이제 막 시작했으면서 성과가 보이지 않는다며 조바심을 내고 불평합니다.

학생은 성적이 오를 것을 기대하면서 공부합니다. 하지만 공부를 하자마자 성적이 오르기를 바라는 건 욕심입니다. 열심히 공부해도 일정한 시간이 지나야 성적이 오릅니다. 다이어트를 시작하자마자 살이 빠질 것을 기대하는 것도 욕심입니다. 지속적인 시간의 투자가 있어야 유의미한 결과를 얻게 됩니다.

씨앗이 열매로 익어가기 위해서는 절대적으로 시간이 필요합니다. 목표와 꿈을 향한 사람의 노력도 결실을 얻기까지 절대적인 시간이 필요합니다. 노력이라는 씨앗을 뿌렸다면 열매로 성장하는 모습을 마음의 눈으로 보고 확신하면서 기다림의 시간을 즐겨야 합니다.

*God bless you*

## Miracle
## 63

**대응하면 늦고, 대비하면 빠르다.**
*If you respond, you're late, and if you prepare, you're fast.*

이루고 싶은 오늘의 **비전** *(Vision)*

오늘을 살면서 누군가 또는 세상에 베푼 **사랑** *(Love)*

오늘을 돌아보며 부족했던 점에 대한 **반성** *(Reflection)*

오늘 나에게 행복이 되어 준 **감사** *(Thanks)*

년    월    일

*God bless you*

대응하면 늦고, 대비하면 빠릅니다. 병을 치료하기 위해 처방하는 것보다 병이 발생하지 않도록 예방하는 것이 훨씬 더 중요합니다. 문제나 위험이 발생하기 전에 미리 대비하고 대책을 세우는 준비는 현명하고 실력 있는 사람이 주로 사용하는 전략입니다. 시험을 앞둔 학생이 시험 직전에 공부를 시작한다면 대응이 늦어져 좋은 결과를 얻기 어렵습니다. 하지만, 충분한 시간을 투자하여 미리 공부하고 대비한다면 더욱 좋은 성과를 얻을 수 있습니다.

대비는 적군이 공격하지 못하도록 전쟁 전부터 튼튼한 성을 쌓고, 병사를 미리 훈련시키는 일입니다. 대비가 잘 되면 적군은 쳐들어올 용기조차 내지 못하며, 설령 공격해온다고 해도 거뜬히 막아낼 수 있습니다. 하지만, 대응은 치열한 전투로 인하여 아군에게도 막대한 희생을 초래할 수 있습니다.

철저한 대비는 소모적인 희생을 막을 수 있습니다. 대비는 가능한 모든 상황을 고려하여 준비하는 것을 의미합니다. 예를 들어, 비상 상황에 대비하기 위해 비상 키트를 준비하거나 재난 대피 계획을 수립하는 것은 대비에 해당합니다. 대비는 미리 계획하고 준비하는 것으로, 가능한 모든 변수를 고려하여 최선의 방법을 찾아 놓아야 하는 것이 중요합니다.

대비를 잘한다 해도 예기치 않은 일로 대응할 수밖에 없는 상황도 만나게 됩니다. 대응은 어떤 상황이 발생했을 때 신속하고 적절하게 대처하는 것이 핵심입니다. 대응은 맞닥뜨린 상황에 맞게 신속하게 결정하여 정확하게 실행하는 것이 중요합니다. 신속은 명확한 상황 파악과 판단, 그리고 적절한 조치가 전제 조건이기에 경험과 숙련이 필요합니다. 최상의 대응은 전문가의 몫이 되지만, 최상의 대비는 누구라도 가능합니다. 대응보다 대비가 훨씬 더 훌륭한 전략입니다.

*God bless you*

*Miracle*
## 64

## 걸음걸이가 그 사람의 미래를 보여주기도 한다.
*The walk also shows the future of the person.*

이루고 싶은 오늘의 **비전** *(Vision)*

오늘을 살면서 누군가 또는 세상에 베푼 **사랑** *(Love)*

오늘을 돌아보며 부족했던 점에 대한 **반성** *(Reflection)*

오늘 나에게 행복이 되어 준 **감사** *(Thanks)*

년    월    일

*God bless you*

걸음걸이가 그 사람의 미래를 보여주기도 합니다. 관상이 얼굴의 생김새를 본 후에 판단하는 정적인 관상이라면 걸음걸이는 신체의 움직임을 보고 판단하는 역동적인 관상입니다. 관상을 통해 사람의 미래를 들여다보듯 걸음걸이를 통해서 그 사람의 미래를 엿볼 수도 있습니다.

사람의 미래를 예측하는 도구는 많이 있습니다. 오래전부터 가장 많이 사용되는 미래 예측 도구는 공부입니다. 사람들은 예측하기를 공부 잘하는 학생의 미래는 밝을 거라고 생각합니다. 또한 예절이 바르고 자신감이 넘치는 젊은이도 미래가 밝을 것이라고 사람들은 예측합니다.

공부, 예절, 자신감 같은 미래를 예측하는 도구들처럼 걸음걸이도 그 사람의 미래를 예측할 수 있는 의미 있는 도구가 됩니다. 현재의 태도나 자세를 통해 그 사람의 미래를 엿볼 수 있듯이 현재를 사는 태도와 에너지를 보여주는 걸음걸이는 사람들의 미래를 예측할 수 있는 좋은 도구가 될 수 있는 것입니다.

미래는 현재라는 하나하나의 벽돌을 쌓아서 만들어 가는 성이기 때문에 현재의 삶을 살아가는 태도나 자세가 잘 반영된 걸음걸이는 미래예측의 유용한 도구가 되고도 남습니다.

현재에 충실하는 사람의 걸음걸이는 대부분 씩씩하고 가볍습니다. 그런 걸음걸이는 꿈꾸는 미래에 힘찬 에너지를 공급합니다. 정면을 향한 시선으로 허리를 곧게 펴고 걷는 걸음걸이는 당당함과 신뢰를 줍니다. 어깨를 쭉 펴고 활력 있게 내딛는 걸음걸이에는 자신감과 성장 의지가 가득합니다. 진취적인 걸음걸이의 주인공은 누가 봐도 미래가 밝아 보이고, 언제봐도 성장과 성공의 향기가 느껴집니다.

*God bless you*

## Miracle
## 65

### 절약과 인색함은 동의어가 아니다.
*Saving and stingy are not synonymous.*

이루고 싶은 오늘의 **비전** *(Vision)*

오늘을 살면서 누군가 또는 세상에 베푼 **사랑** *(Love)*

오늘을 돌아보며 부족했던 점에 대한 **반성** *(Reflection)*

오늘 나에게 행복이 되어 준 **감사** *(Thanks)*

년    월    일

*God bless you*

절약과 인색함은 동의어가 아닙니다. 하지만 현실에서는 대부분의 인색한 사람들이 자신의 인색함을 절약이라고 착각하며 살아갑니다. 절약은 돈이나 시간 같은 소중한 자원을 현명하게 사용하고, 소비를 조절하여 불필요한 낭비를 줄이거나 피하는 것을 의미합니다. 반면 인색함은 자신이 가진 소중한 자원을 타인들을 위해서 베푸는 것을 좋아하지 않거나, 남을 위해 사용하는 걸 극도로 싫어해서 탄생하는 못난 결과물입니다.

절약과 인색함이 서로 닮은 듯 보이지만 실제로는 분명한 차이가 존재합니다. 절약은 덜 필요하거나 불필요한 낭비를 줄이는 검소에 가깝고, 인색함은 남을 위해서 쓰지 않으려는 욕심에 가깝습니다. 절약이 돈이나 시간을 아껴서 더 좋은 용도로 사용하려는 의도가 있다면, 인색함은 자신의 소중한 자원의 목적지가 오롯이 자신만을 향하고 있을 뿐입니다. 절약을 칭찬받기 좋은 계획의 성과라 한다면 인색함은 비난받기 쉬운 이기의 배설물이라 할 수 있습니다.

절약은 재정적인 목표를 달성하게 하여 개인의 경제적인 안정에 도움을 줍니다. 절약은 과도한 소비로 정신세계의 혼탁을 가져오는 이 시대의 풍조에서 건전한 소비문화를 조성하도록 이끄는 중요한 역할을 담당합니다. 돈, 시간, 에너지 등을 절약하는 삶은 더불어 살아가는 세상에서 그리고 관심과 사랑이 메말라가는 세상 속에서 타인과 세상을 향해 베풀고자 하는 사랑의 저금통이 되어 줍니다.

지금의 삶에서 인색함이 느껴진다면 그건 변화하라는 신호입니다. 지금의 인색함이 앞으로 살아가야 할 삶들과 먼 훗날까지 이어지지 않도록 노력해야 합니다. 인색함의 삶에 사랑을 담고 담으면 변화가 시작됩니다. 인색함의 물동이에 사랑 한 방울을 타면 행복의 물로 변합니다. 차가운 인색함과 이별하면 따뜻한 사랑이 몰려옵니다.

*God bless you*

## *Miracle*
## 66

**시간의 투자는 가장 진실한 투자다.**
*The investment of time is the truest investment.*

이루고 싶은 오늘의 **비전** *(Vision)*

오늘을 살면서 누군가 또는 세상에 베푼 **사랑** *(Love)*

오늘을 돌아보며 부족했던 점에 대한 **반성** *(Reflection)*

오늘 나에게 행복이 되어 준 **감사** *(Thanks)*

년    월    일

*God bless you*

시간의 투자는 가장 진실한 투자입니다. 시간의 투자는 세상 어떤 투자보다도 정직합니다. 시간의 투자는 거짓말하지 않습니다. '1만 시간의 법칙'은 어떤 분야에서든 전문성을 갖기 위해서는 약 1만 시간의 훈련이 필요하다는 이론입니다. 성공한 사람들이 전문성을 갖기까지 1만 시간의 투자가 필요했을 강조하고 있습니다.

'1만 시간의 법칙'은 단순히 시간의 양만을 투자한다고 전문가가 된다는 걸 의미하지 않습니다. 전문성을 갖추기 위해서는 지속적인 노력과 시간의 투자가 필요하다는 것을 의미합니다. 매일 3시간씩 거의 10년이라는 기나긴 시간을 투자하면 많은 사람이 '1만 시간의 법칙'의 주인공으로서 승리와 성공의 감격을 맛볼 수 있습니다.

시간의 투자는 그 어떤 투자보다도 확실한 투자이고, 가장 확률이 높은 투자라고 할 수 있습니다. 주식이나 사업 같은 투자는 대부분 불확실성으로 인해서 리스크가 큽니다. 투자는 위험이 뒤따릅니다. 투자의 위험은 수익과 비례한다고는 하지만 위험, 특히나 고위험을 반길 사람은 없습니다. 시간의 투자가 위험이 적으면서 수익이 높은 이유는, 땀 흘린 자에게 하늘이 내려주는 선물이기 때문입니다.

시간의 투자는 가장 현명한 투자입니다. 시간은 유한한 자원이며, 한 번 지나가면 돌이킬 수 없지만, 시간의 투자는 시간을 붙잡을 수 있게 도와줍니다. 시간의 투자를 통하여 멋진 성과물을 만들어내면 그 성과물은 시간이 지나도 오래도록 남고 빛이 나기 때문입니다. 시간을 현명하게 투자하기 위해서 목표설정과 그 목표를 달성하기 위한 계획을 세우는 것이 중요합니다. 명확한 목표와 철저한 계획은 효율적인 시간의 활용과 집중을 촉진시킵니다. 우선순위를 정하여 시간을 효과적으로 분배하며, 자기계발과 휴식에도 충분한 시간을 할애한다면, 시간의 투자는 눈부실 만한 수익을 창출해 냅니다.

*God bless you*

## Miracle
# 67

## 부드러운 여성이라도 강한 남성을 낳고 기른다.
*Even soft women give birth to strong men and raise them.*

이루고 싶은 오늘의 **비전** *(Vision)*

오늘을 살면서 누군가 또는 세상에 베푼 **사랑** *(Love)*

오늘을 돌아보며 부족했던 점에 대한 **반성** *(Reflection)*

오늘 나에게 행복이 되어 준 **감사** *(Thanks)*

년    월    일

*God bless you*

부드러운 여성이라도 강한 남성을 낳고 기릅니다. 아무리 강인한 남성도 처음 시작은 여리고 약한 것 같던 여성의 몸에서 잉태되어 생명체의 삶을 출발합니다. 여성들이 어머니의 역할로 변화하는 순간 여리고 약한 유전자는 사라지고 강한 철갑옷으로 무장한 투사의 유전자가 만들어집니다.

레미제라블을 쓴 빅토르 위고는 '여자는 약하나 어머니는 강하다'고 했습니다. 아이를 낳고 기르기 전의 여자는 실바람에도 휘청이고 소비의 유혹에도 쉽게 흔들리는 존재로 비유되기도 합니다. 하지만 자녀를 출산한 후 엄마는 강한 태풍에도 끄떡없고 매력적인 유혹에 좀처럼 넘어가지 않는 강하고 꿋꿋한 존재로 표현됩니다.

출산 후 엄마는 아기가 잠들 때까지 졸음과 싸워가면서 기다리는 강한 인내의 힘이 생깁니다. 한밤중 잠을 자다가도 아기 울음소리에 깨어 안아주고 달래주면서 잠을 이기는 힘이 엄마에게는 있습니다. 시도 때도 없이 기저귀를 갈고 젖을 먹이면서도 귀찮음을 미소로 이겨 내는 강한 힘이 엄마에게는 있습니다. 아기가 크고 자라면서 실수와 잘못을 저질러도 꾸지람보다 '괜찮아'라고 말해주는 격려와 지혜의 힘이 엄마에게는 가득합니다.

어머니의 강함은 기본적으로 자식과의 애착 관계에서 비롯됩니다. 10개월이라는 긴 잉태의 기간 동안 엄마와 아기는 한 몸이 됩니다. 태생부터 한 몸이었기에 엄마는 자신의 분신인 아기를 본능적으로 지키려고 합니다. 결국, 엄마는 약한 아기를 수많은 위험으로부터 지키기 위해 강한 힘을 발휘하게 됩니다.

아가에게 심장이 필요하다면 가장 먼저 줄 사람은 엄마일 겁니다. 사랑하는 자식이 존재하는 한 엄마의 강함은 약해지지 않습니다.

*God bless you*

## Miracle
### 68

## 인사는 예절이 아니라 인성의 기본이다.
*Greetings are the basis of character, not manners.*

이루고 싶은 오늘의 **비전** *(Vision)*

오늘을 살면서 누군가 또는 세상에 베푼 **사랑** *(Love)*

오늘을 돌아보며 부족했던 점에 대한 **반성** *(Reflection)*

오늘 나에게 행복이 되어 준 **감사** *(Thanks)*

년    월    일

*God bless you*

인사는 예절이 아니라 인성의 기본입니다. 인사라는 한자는 사람 인(人)자에 일 사(事)자가 결합 된 형태입니다. 즉, 사람이면 마땅히 해야 할 일이 인사입니다. 하지만 해야 할 인사를 하지 않으니 인사 잘하는 사람이 예절 바른 사람으로 평가를 받는 겁니다.

인간관계에서 인사는 중요한 역할들을 합니다. 가족 간의 인사는 예절의 기초를 다지게 하고 가족애를 표현하는 수단입니다. 이웃에 하는 인사는 따뜻한 정과 친밀함을 쌓는 도구가 됩니다. 직장에서의 인사는 존중과 신뢰를 표현하면서 팀워크와 리더십을 강화하는 데 중요한 역할을 합니다. 또 고객에게는 환영과 정성, 감사와 환송의 마음을 전하는 비즈니스의 도구가 인사입니다. 인사를 통해서 많은 사람으로부터 인정을 받는 자기 자신은 훌륭한 성품의 소유자라는 개인의 브랜드(퍼스널 브랜드)를 구축하게 됩니다.

인사를 효과적으로 하는 방법도 있습니다. 상투적인 인사보다 때와 상황에 맞는 인사가 더 정감 있고 좀 더 가슴에 와닿습니다. 환영의 인사만큼 환송의 인사에도 소홀함이 없어야 더 좋은 인사가 됩니다. 눈을 마주치며 하는 인사는 신뢰와 따뜻함을 전하기 때문에 'eye contact' 인사는 호감을 줍니다. 윗사람이 먼저 아랫사람을 봤다면 아랫사람에게 인사하는 것도 젠틀한 인사이며 인사를 잘 받아주는 것 또한 기분 좋은 인사입니다. 마지막으로 이왕 인사를 하려거든 상대방이 좋아할 호칭을 부르면서 인사하면 더 좋습니다.

인사는 대단한 수고가 필요하지 않습니다. 힘겨운 노력이 없어도 사람들에게 호감을 전할 수 있는 마법 같은 인간관계 도구입니다. 인사는 그 자체로 정성이 전해지는 마음의 표현입니다. 인사는 뿌린 것보다 훨씬 더 많이 수확하는 즐거운 농사입니다. 인사는 꼭 닫힌 마음의 문도 열게 하는 기적의 열쇠입니다.

*God bless you*

## Miracle
### 69

## 진취적인 사람은 환경을 탓하지 않는다.
*An enterprising man does not blame the environment.*

이루고 싶은 오늘의 **비전** *(Vision)*

오늘을 살면서 누군가 또는 세상에 베푼 **사랑** *(Love)*

오늘을 돌아보며 부족했던 점에 대한 **반성** *(Reflection)*

오늘 나에게 행복이 되어 준 **감사** *(Thanks)*

년    월    일

*God bless you*

진취적인 사람은 환경을 탓하지 않습니다. 진취적인 사람은 환경과 상황을 탓하기보다 주어진 환경에서 최선을 다하려고 노력합니다. 진취적인 사람은 당면한 문제를 해결하기 위해 자신이 가지고 있는 능력과 자원들을 전략적으로 활용합니다. 진취적인 사람은 문제에 직면했을 때 꺾어진 꽃을 바라보며 한숨을 쉬기보다, 새롭게 피어날 꽃을 기대하며 희망의 발걸음을 내딛습니다.

진취적인 사람은 실패를 탓하지 않습니다. 그들은 실패를 성장과 학습의 기회로 바라보며, 실패를 통해 더 나은 방향으로 나아갈 수 있는 귀중한 경험을 얻습니다. 진취적인 사람들은 실패를 개인적인 실수나 부족함으로 돌리지 않고, 실패를 분석하고 원인을 파악하여 개선점을 찾습니다. 그들은 실패를 성장의 한 부분으로 받아들이며, 새로운 시도와 다른 접근법을 시도하여 성장의 꽃을 피워냅니다.

진취적인 사람은 심신의 아픔을 탓하지 않습니다. 진취적인 사람은 신체적으로나 심리적으로 아프고 병들어 고통받는 상황을 탓하지 않습니다. 오히려 심신의 질병으로 인한 고통의 가시들을 극복하려 긍정의 꽃들을 필사적으로 피워내고 지켜냅니다. 진취적인 사람은 심신의 아픔이라는 현실을 담대하게 수용하면서도, 심신의 아픔이 자신의 앞길을 가로막는 벽이라고는 절대로 인정하지 않습니다.

진취적인 사람은 더디게 피는 꽃을 탓하지 않습니다. 보이지 않는 순간에도 꽃은 피어나고 있음을 믿으며, 자신의 할 일들을 묵묵히 해나갑니다. 진취적인 사람은 더딘 성장을 탓하지 않습니다. 그들은 성장에 필요한 시간과 노력을 이해하며, 빠른 성과를 갈망하는 대신 지속적인 개선과 발전을 추구합니다. 진취적인 사람들은 장기적인 비전을 가지고 있으며, 작은 성취와 경험을 쌓아가면서 점진적으로 성장해 나갑니다.

*God bless you*

## Miracle
## 70

### 부러움은 자신을 개선하라는 신호다.
*Envy is a sign of improving yourself.*

이루고 싶은 오늘의 **비전** *(Vision)*

오늘을 살면서 누군가 또는 세상에 베푼 **사랑** *(Love)*

오늘을 돌아보며 부족했던 점에 대한 **반성** *(Reflection)*

오늘 나에게 행복이 되어 준 **감사** *(Thanks)*

년    월    일

*God bless you*

부러움은 자신을 개선하라는 신호입니다. 부러움은 지금의 결핍된 상태에서 머물지 말고, 그 결핍을 채우기 위한 도전을 시작하라고 뇌와 심장에서 울리는 알람입니다.

부러움의 감정이 없는 사람은 없습니다. 아무리 많이 가진 사람의 심장 속에도 부러움은 존재합니다. 누군가가 나보다 나은 무언가를 소유했거나 성취했을 때 부러운 감정이 드는 건 이상하지 않습니다.

부러운 상황에서 부럽다는 감정이 드는 것은 당연하지만 끝까지 부러워하면 지는 겁니다. 부러운 감정이 보내는 반대편의 메시지 즉, '너도 부러움의 존재가 될 수 있어. 지금 시작해봐'라는 기회의 음성을 들을 수 있어야 합니다.

부러움의 언덕을 넘어 '나도 그것을 소유할 수 있다. 나도 그것을 성취할 수 있다'라는 생각을 가져야 합니다. 그리고 즉시, 부족했던 부분을 개선하며 도전하면 본인도 그 부러움의 대상으로 올라서게 됩니다.

부러운 감정이 파도처럼 밀려올 때 정성이 담긴 축하를 보내면서 '나도 할 수 있다. 나도 해볼거야'라고 마음속으로 외치면 부러움은 도전의 의지로 바뀝니다. '한턱 쏴'라고 말하는 대신 '축하의 의미로 내가 밥 한 번 살게'라고 말하면서 개선과 변화의 계기로 삼게 되면 부러움은 나를 성장시키는 촉진제로 바뀝니다.

부러움이 질투로만 끝나면 좌절하고 움츠러들기 쉽습니다. 현명한 사람은 부러움 가운데에서 변화와 성장을 위한 사인을 포착합니다. 지혜로운 사람은 부러움을 통해서 부족한 자신을 돌아보고, 결핍을 채우기 위한 개선을 즉시 결단하고 실행에 옮깁니다.

*God bless you*

## Miracle
### 71

## 오늘의 순간순간에 미래의 씨앗이 있다.
*There is a seed of the future in every moment of today.*

이루고 싶은 오늘의 **비전** *(Vision)*

오늘을 살면서 누군가 또는 세상에 베푼 **사랑** *(Love)*

오늘을 돌아보며 부족했던 점에 대한 **반성** *(Reflection)*

오늘 나에게 행복이 되어 준 **감사** *(Thanks)*

년    월    일

*God bless you*

오늘의 순간순간에 미래의 씨앗이 있습니다. 오늘을 심어야 미래가 열립니다. 오늘 하나의 씨를 뿌리면 미래에는 열 개 백 개의 열매를 수확할 수 있습니다. 땀으로 뿌리는 오늘의 씨앗은 기쁨으로 거두는 미래의 결실이 됩니다.

우리가 만약 물살이 세고 넓은 시냇물을 건너는 목표를 세웠다면 지금, 무엇을 해야 합니까? 신발을 벗고 바지를 걷은 후에 눈앞에 놓인 징검다리를 건너야 합니다. 징검다리 하나하나를 밟고 냇물을 건너야만 미래라는 목적지에 닿을 수 있습니다. 지금 내 앞에 놓인 징검다리의 씨앗들은 시냇물 건너의 멋진 미래로 연결하는 다리가 됩니다.

만약 푸른 숲을 가꾸는 미래를 꿈꾼다면 지금, 무얼 해야 합니까? 먼저, 시장에 가서 묘목을 사야 합니다. 그런 다음 삽을 들고 산에 올라가 한 그루의 묘목을 심어야 합니다. 한 그루 한 그루의 묘목을 매일의 씨앗이라 여기고 심고 또 심어야 합니다. 그렇게 하면 5년 후, 10년 후, 20년 후 나무는 푸르고 울창한 숲이라는 멋진 미래를 만들어냅니다.

우리의 가슴에는 달과 별에 설렘으로 달아 놓은 미래가 있습니다. 당장 생각으로는 '언제 이룰까?' '이룰 수는 있을까?'라고 걱정하며, 멀고 어렵게만 느낍니다. 하지만 매일의 씨앗을 벽돌처럼 쌓아가다 보면 어느새 달과 별에 달린 멋진 미래의 성에 다다르게 됩니다.

설레는 미래를 만들어 가기 위한 특별한 비결은 없습니다. 설레는 미래는 충실한 오늘로 만들어질 뿐입니다. 오늘 뿌려야 할 한 알의 씨앗들을 매일매일 뿌리고 가꾸어가다 보면 미래의 풍성한 열매를 품에 안을 수 있습니다.

*God bless you*

## Miracle
## 72

### 눈물 너머에는 웃음이 수북하다.
*Beyond the tears, there is a lot of laughter.*

<u>이루고 싶은 오늘의 **비전** *(Vision)*</u>

<u>오늘을 살면서 누군가 또는 세상에 베푼 **사랑** *(Love)*</u>

<u>오늘을 돌아보며 부족했던 점에 대한 **반성** *(Reflection)*</u>

<u>오늘 나에게 행복이 되어 준 **감사** *(Thanks)*</u>

년    월    일

*God bless you*

눈물 너머에는 웃음이 수북합니다. 우리는 모두 세상으로 나올 때 울면서 태어납니다. 하지만 불과 며칠만 지나도 눈물의 아기는 방긋 웃음을 보이는 천사가 됩니다. 엄마는 아기를 낳고 기르면서 눈물을 흘릴 때도 있지만 아기가 주는 기쁨으로 웃을 때가 많습니다.

연인의 사랑에도 눈물이 빠지지 않습니다. 사랑이 밥이라면 눈물은 반찬입니다. 사랑하기에 마음이 아프기도 하고 사랑하기에 눈물을 흘릴 때가 있습니다. 하지만 사랑의 눈물 뒤에는 사랑으로 꽃피운 기쁨이 있습니다. 사랑으로 흘린 눈물은 훗날 사랑으로 얻은 기쁨과 비교할 수 없습니다.

목표를 향한 시험을 준비할 때 공부라는 고뇌의 시간들로 눈물을 흘리기도 합니다. 이 모양 저 모양의 시험 실패로 홍수같이 눈물을 흘릴 때도 있습니다. 하지만 언젠가 만나게 될 합격의 영광은 지난 모든 눈물을 흐뭇한 웃음으로 바꿔줍니다.

꽃봉오리가 꽃으로 필 때 왜 눈물이 없겠습니까? 나무가 열매를 맺을 때 차가운 비와 세찬 바람, 뜨거운 해가 좋기만 하겠습니까? 삶의 여정 가운데 버거운 눈물도 흘리겠지만 그 아픔과 눈물들이 토해내는 것은 더 많은 환희와 웃음입니다.

흙이 가마에서 구워질 때 왜 고통이 없겠습니까? 나무가 집으로 지어질 때 톱으로 잘리고 망치로 두들겨 맞는 순간순간에 아픔이 얼마나 크겠습니까? 하지만 가마라는 뱃속에서 도자기가 태어나고 나무가 집으로 완성될 때 눈물은 비교할 수 없는 기쁨이 됩니다.

눈물로 시작한 삶이라도 웃음으로 끝나면 인생이 좋습니다. 오늘의 눈물 너머 내일의 웃음을 기대하며 지금을 충실히 살아가면 됩니다.

*God bless you*

## Miracle
# 73

## 마음을 표현하면 황무지도 옥토가 된다.
*If you express your heart, the wasteland becomes a fertile soil.*

<u>이루고 싶은 오늘의 **비전** *(Vision)*</u>

<u>오늘을 살면서 누군가 또는 세상에 베푼 **사랑** *(Love)*</u>

<u>오늘을 돌아보며 부족했던 점에 대한 **반성** *(Reflection)*</u>

<u>오늘 나에게 행복이 되어 준 **감사** *(Thanks)*</u>

년    월    일

*God bless you*

마음을 표현하면 황무지도 옥토가 됩니다. 마음을 표현한다는 것은 목마른 화단에 물을 주는 것과 같습니다. 마음속 꽃봉오리는 입술로 표현해야 꽃으로 핍니다.

'말하지 않아도 알아요'라는 말은 사랑스럽게 들릴지는 모르지만, 현실에서는 물이 없이 고구마를 먹는 것 같은 답답한 상황입니다. 드라마나 노랫말로는 환호를 받을지 모르나 일상에서는 인정받지 못하고, 통하지도 않는 표현입니다.

'사랑해요'라는 말은 사람도, 세상도 감동하는 마법의 표현입니다. 정말 바보 같은 사람은 사랑한다는 말을 아끼는 사람입니다. 사랑의 말은 더 큰 사랑을 낳고, 사랑의 말은 더 큰 기쁨을 만들어냅니다. 사랑의 표현을 아끼면 행복을 아끼는 바보가 됩니다.

'고마워요'라는 표현을 잘하는 사람은 인정이 많습니다. 고마움의 말은 상대에게 갖추는 예절이기도 합니다. 정이 없고 무례한 사람은 고마움을 잘 모릅니다. 고마움의 표현은 상대의 정성과 배려에 대한 최소한의 인사입니다.

'미안해요'라고 표현하는 사람은 속임이 없이 솔직한 사람입니다. 미안하다는 표현을 할 줄 안다는 것은 용기가 있다는 증거입니다. 미안한 마음을 표현하는 사람은 자신의 부족함과 실수를 인정하고 반성하기에 개선과 성장의 가능성이 큰 사람입니다.

오늘 가족, 지인, 만나는 사람에게 따뜻한 목소리로 말해보세요. '사랑해요', '고마워요', '미안해요'라고 마음을 담아 표현해보세요. 그들의 마음 밭이 황무지였더라도 흐뭇한 미소와 행복으로 가득한 옥토로 변할 겁니다.

*God bless you*

## Miracle
## 74

### 누군가에게 웃음을 주는 것은 유쾌한 자선사업이다.
*Giving someone a laugh is a pleasant charity.*

이루고 싶은 오늘의 **비전** *(Vision)*

오늘을 살면서 누군가 또는 세상에 베푼 **사랑** *(Love)*

오늘을 돌아보며 부족했던 점에 대한 **반성** *(Reflection)*

오늘 나에게 행복이 되어 준 **감사** *(Thanks)*

년    월    일

*God bless you*

누군가에게 웃음을 주는 것은 유쾌한 자선사업입니다. 세상의 많은 사람이 누군가를 도우며 살고 싶어 합니다. 하지만 자선사업이라는 단어에서 거창한 무언가를 떠올리다 보니 실행에 옮기기까지 많은 시간이 걸리기도 합니다.

자선사업은 그렇게 거창한 것에만 있지 않습니다. 어려운 사람들을 도우면서 그들에게 베푸는 자선의 방법들은 많고도 많습니다. 많은 돈이 없어도 자선을 할 수 있습니다. 많은 에너지와 많은 시간들을 투여하지 않아도 자선을 실천할 방법이 있습니다.

많은 자선의 방법 중에 웃음이 있습니다. 주변의 사람에게 웃음을 준다는 것은 행복을 주는 일입니다. 사람들에게 행복을 준다는 것 자체로 웃음은 훌륭한 자선의 방법이 됩니다. 웃음은 쉽고 빠르며 효과적이고 효율적이기에 훌륭한 자선사업이라 할 수 있습니다.

자선사업의 가장 가까운 대상은 가족입니다. 부모님과 자녀들에게 그리고 배우자에게 먼저 자선을 베풀어야 합니다. 아끼고 사랑하는 가족들에게 날마다 웃음을 선물하여 자선사업을 하는 것은 세상의 어떤 자선사업보다도 가치 있고 뜻깊은 일입니다.

나아가 가정에서 시작되고 연습 된 자선의 습관은 세상 속에서도 멋지게 발휘될 수 있습니다. 학교와 직장 그리고 사회에서 사람들과 만남을 통해 웃음과 기쁨을 주는 사람은 세상의 어떤 자선사업가 못지않은 생활의 자선사업가로 살아가게 됩니다.

주변의 사람들에게 웃음과 기쁨을 주는 사람은 행복을 배달하는 산타클로스이자 훌륭한 자선사업가입니다. 웃음으로 자선을 베푸는 사람이 많아지면 세상은 행복으로 가득하게 됩니다.

*God bless you*

## Miracle
## 75

## 꿈을 자주 떠올리면 꿈이 현실에 가까워진다.
*If you think of dreams often, dreams become closer to reality.*

<u>이루고 싶은 오늘의 **비전** *(Vision)*</u>

<u>오늘을 살면서 누군가 또는 세상에 베푼 **사랑** *(Love)*</u>

<u>오늘을 돌아보며 부족했던 점에 대한 **반성** *(Reflection)*</u>

<u>오늘 나에게 행복이 되어 준 **감사** *(Thanks)*</u>

년    월    일

*God bless you*

꿈을 자주 떠올리면 꿈이 현실에 가까워집니다. 꿈을 꾸는 행동은 훗날 희망의 비가 내리도록 구름을 만드는 일입니다. 꿈꾸는 사람은 사막의 삶 속에서 오아시스의 희망을 찾아내는 사람입니다. 꿈꾸는 사람은 광야 같은 미래에 설렘의 길을 내는 개척자입니다.

꿈을 꾸지 않는 사람은 거칠게 밀려오는 파도에 대항하며 힘겹게 살아갑니다. 하지만 꿈을 꾸는 사람은 거센 파도가 밀려와도 오히려 삶에 행복을 주는 날개로 삼아 멋진 파도타기의 삶을 만들어냅니다.

2002년 대한민국은 월드컵 4강이라는 위대한 역사를 만들어냈습니다. 당시 대한민국을 대표하는 문구는 '꿈은 이루어진다'였습니다. 대한의 모든 국민은 큰 꿈을 꾸었고 그 위대한 꿈은 실제로 이루어졌습니다.

꿈을 향해 달려가는 사람이 꿈을 자주 떠올리면 채찍의 효과를 누릴 수 있습니다. 그 채찍은 게으름과 멍한 삶에서 탈피하게 만듭니다. 그 채찍은 나태한 내면을 각성시키고 부지런함과 땀의 노력을 선택하도록 도와줍니다.

꿈을 자주 떠올리면 주도력이 강화됩니다. 누가 시키지 않아도 지금 내가 해야 할 일을 스스로 찾게 만듭니다. 지금 내가 노력하고 있는 상황의 의미도 알게 하여 권태와 무기력에 빠지지 않게 합니다.

꿈을 자주 떠올리면 한눈팔지도 않습니다. 내가 가야 할 꿈의 길을 위해 시간과 에너지를 온전히 쏟아붓기 때문입니다. 시간을 의미 없이 쓰지 않고 하루하루의 시간을 계획하며 사용하게 됩니다.

꿈을 향한 설렘을 갖고 싶다면 그리고 꿈을 이룬 듯한 벅찬 감정을 느끼고 싶다면 그대의 멋진 꿈을 자주 떠올리면 됩니다.

*God bless you*

## Miracle 76

### 누군가의 단점은 나를 돌아보라는 신호다.
*Someone's shortcoming is a sign to look back on me.*

이루고 싶은 오늘의 **비전** *(Vision)*

오늘을 살면서 누군가 또는 세상에 베푼 **사랑** *(Love)*

오늘을 돌아보며 부족했던 점에 대한 **반성** *(Reflection)*

오늘 나에게 행복이 되어 준 **감사** *(Thanks)*

년    월    일

*God bless you*

누군가의 단점은 나를 돌아보라는 신호입니다. 다른 사람의 단점이 보일 때 나 자신을 돌아보는 사람은 성장 가능성이 큰 사람입니다. 다른 사람의 단점을 보면서 자신에게는 어떤 장점과 단점이 있는지, 장점을 어떻게 강화하고, 단점은 어떻게 개선할 것인지 생각한다면 의미 있는 성장을 얻어낼 수 있습니다.

누군가의 허물이 보일 때, 비난과 손가락질을 하기보다는 자신을 돌아보는 사람이 되도록 노력해야 합니다. 누군가의 부족함이 보일 때 찡그리거나 화를 내기보다는 자신의 결핍을 돌아보고 반성하는 계기로 삼는 사람은 현명하고 훌륭한 삶을 살아갑니다.

사람들은 남의 단점과 허물을 잘 찾아내고 잘 봅니다. 남의 단점과 허물이 보이면 보물이라도 찾은 것처럼 좋아합니다. 그러고는 혼자 알기에는 아까운지 들추어내어 사람들에게 알리는 것을 좋아합니다. 손가락질에 그치지 않고, 즐기기까지 합니다. 자신에게도 부끄러운 단점이 있을 텐데도 말입니다. 자신에게도 부족한 흠이 있을 텐데도 말입니다.

사람들은 장점보다 단점이 더 많은 것 같습니다. 하지만 몇 가지 안 되는 주요 장점들 때문에 많은 단점을 눈감아 주는 겁니다. 사람 사는 세상에는 티 속에도 옥은 존재하고, 옥 속에도 티가 있습니다. 옥 속에서 티를 발견하는 사람은 늘 불평이 넘치고, 티 속에서 옥을 발견하는 사람은 늘 여유와 기쁨이 넘칩니다.

자신의 흠이 누군가에게 노출되는 걸 좋아할 사람은 없을 겁니다. 자신의 결점으로 인해 누군가로부터 비판받는 것을 좋아할 사람은 아무도 없을 겁니다. 나의 눈에 남의 단점이 보일 때, 들추어내고 비난하기보다는 이해하고 덮어주는 그런 사람이 많으면 좋겠습니다.

*God bless you*

## Miracle
## 77

### 다정한 말은 천사의 속삭임이다.
*A friendly word is an angel's whisper.*

이루고 싶은 오늘의 **비전** *(Vision)*

오늘을 살면서 누군가 또는 세상에 베푼 **사랑** *(Love)*

오늘을 돌아보며 부족했던 점에 대한 **반성** *(Reflection)*

오늘 나에게 행복이 되어 준 **감사** *(Thanks)*

년    월    일

*God bless you*

다정한 말은 천사의 속삭임입니다. 다정한 말은 엄마가 아가에게 속삭이는 사랑의 언어와 같습니다. 다정한 말은 서로에게 따뜻함을 전하고 누군가를 위로하는 데 큰 힘이 됩니다. 다정한 말을 건네는 사람은 타인에게 행복한 기분과 용기를 선물하는 산타클로스입니다. 다정한 말은 서로의 관계를 끈끈하게 해주고, 서로를 더욱 사랑하게 하는 마법의 언어 기술입니다.

다정하게 말하기 위해서는 다양한 노력이 필요합니다. 그중에서도 첫 번째는 말에 사랑과 관심을 담기 위해 노력해야 한다는 겁니다. 연인의 말에는 사랑과 관심이 가득하기에 다정할 수밖에 없습니다. 사랑과 관심을 담은 말은 연인들 간의 언어처럼 다정함이 가득합니다. 다정한 말을 전하기 위해서 연인들의 대화가 그러하듯이 말하기에 앞서 사랑과 관심을 담고 있는지 확인하는 습관을 들여야 합니다. 사랑과 관심은 다정한 말의 출발선입니다.

다정한 말을 위한 두 번째는 내면에 존중의 마음을 담아야 한다는 것입니다. 존중은 나이와 지위의 고하를 막론하고 상대방의 존엄과 가치를 인정하며, 사람을 소중히 여기는 태도입니다. 존중의 마음을 전하기 위해 존중의 언어를 선택하고, 경청 능력을 길러야 합니다. 또한 비판보다는 격려와 위로의 언어로 타인의 감정을 이해하도록 노력하면서 공감하는 능력도 길러가야 합니다.

다정한 말을 위한 세 번째 방법은 칭찬과 감사의 감정을 마음에 수시로 담는 것입니다. 칭찬과 감사의 말에는 자연스럽게 다정함이 묻어납니다. 하지만 칭찬과 감사에 인색한 사람의 입술에서는 주로 퉁명스러운 말투가 나옵니다. 타인의 노력과 성과에 대해 칭찬하고, 타인에게 받은 사랑과 은혜에 감사하는 사람은 다정한 말을 전하는 사랑스럽고 존경스러운 사람으로 살아가게 됩니다.

*God bless you*

## Miracle
### 78

**훌륭한 인생은 높이가 아니라 깊이로 평가된다.**
*A good life is valued not by height but by depth.*

이루고 싶은 오늘의 **비전** *(Vision)*

오늘을 살면서 누군가 또는 세상에 베푼 **사랑** *(Love)*

오늘을 돌아보며 부족했던 점에 대한 **반성** *(Reflection)*

오늘 나에게 행복이 되어 준 **감사** *(Thanks)*

년    월    일

*God bless you*

훌륭한 인생은 높이가 아니라 깊이로 평가됩니다. 훌륭한 인생은 사람들이 겪는 경험과 성장의 깊이에 따라 평가될 때가 많습니다. 높은 목표를 향해 노력하고 달성하는 것도 훌륭하지만, 그 과정들 속에서 얻는 지혜와 내면의 성장이 더 가치 있습니다. 깊은 사고와 참된 가치를 추구하는 삶으로 내면을 탐구하고 발전시켜 나가는 것, 그런 삶이 훌륭한 인생을 만들어 가는 비결입니다.

훌륭한 인생은 쌓은 부(富)보다 존경의 이름으로 평가됩니다. 물론, 재산과 부를 통해 훌륭한 인생으로 평가되기도 하지만, 세상적으로 인정받는 존경의 이름으로 훨씬 더 후한 평가를 받습니다. 재산은 단순히 물질적 풍요나 성공을 나타내는 요소이지만, 존경의 이름은 돈과는 비교할 수 없는 배움과 깨달음, 돌아봄과 성숙이라는 지속 가능한 내면 자산을 남기기 때문입니다.

훌륭한 인생은 개인주의 삶이 아닌 이타적인 삶으로 평가됩니다. 이타적인 삶은 자신의 존재와 권리에만 시선을 두지 않으며, 개인의 이익만을 추구하지도 않습니다. 이타적인 사람은 주변의 사람들을 돌아보면서 도움과 섬김의 요소를 찾아냅니다. 이타의 삶은 타인을 향한 사랑과 베풂, 양보와 희생, 그리고 자원의 공유와 사회적 공헌 등을 포함합니다. 이타적인 사람은 타인들의 필요를 수시로 그리고 적극적으로 찾아내고, 그 필요를 해결해 주는 삶을 통해 자연스럽게 훌륭한 인생의 길을 걸어갑니다.

훌륭한 인생은 소수가 아닌 다수에 의해 평가됩니다. 평범하거나 그저 그런 인생은 가까이 있는 가족이나 동료, 친구와 지인 정도의 범위 정도에서만 평가를 받습니다. 하지만 훌륭한 인생은 한 번도 만나지 않은 사람들에게도 지지와 존경의 평가를 받습니다. 그리고 그 다수는 후대와 또 다른 다수에게 존경의 평가를 퍼뜨립니다.

*God bless you*

## Miracle
**79**

### 행복은 불행을 통해 배운다.
*Happiness is learned by misfortune.*

이루고 싶은 오늘의 **비전** *(Vision)*

오늘을 살면서 누군가 또는 세상에 베푼 **사랑** *(Love)*

오늘을 돌아보며 부족했던 점에 대한 **반성** *(Reflection)*

오늘 나에게 행복이 되어 준 **감사** *(Thanks)*

년    월    일

*God bless you*

행복은 불행을 통해 배웁니다. 어둠이 있기에 빛의 밝음을 깨닫고, 가난이 싫기에 부를 향해 노력하는 것과 같은 이치입니다. 질병이 있기에 건강의 소중함을 알게 되고, 죽음을 보기에 생명의 귀중함을 느끼는 것과 같은 이치입니다. 과거의 어려운 시기나 무너짐 같은 불행한 경험들을 통해서 현재의 자신에 감사하고 만족할 수 있는 행복을 배우게 됩니다. 타인과 세상 속에서 일어나는 아프고 슬픈 불행을 통해 행복에 대한 깨달음을 얻기도 합니다.

  불행은 종종 행복을 알게 해주는 선생님이 됩니다. 고난의 불행을 경험함으로 인해서 행복을 더욱 가치 있게 느끼게 되고, 그 반대로 행복한 시간을 통해서 불행의 참 의미를 깨닫기도 합니다. 불행한 경험은 인생의 교훈을 주고, 행복을 향한 열망을 강하게 합니다. 불행을 경험한 사람은 행복을 가르치는 어떤 학자나 선생님보다도 행복의 의미를 더 잘 압니다.

  불행은 행복을 보게 하는 돋보기입니다. 이전에는 작아서 보이지 않던 시시한 행복의 요소들이 절대로 작지 않은 행복임을 깨닫도록 확대해 보여줍니다. 불행은 행복을 보게 하는 망원경입니다. 전에는 멀게만 느껴졌던 행복들이 멀리 있지 않음을 알려주기 위해 존재를 의심하던 행복들을 당겨서 똑똑히 보여줍니다.

  지금 불행의 길을 걷고 있다고 느낀다면, 과감히 그 길을 벗어나 행복으로 가는 길을 찾아내야 합니다. 그리고 행복의 길을 걸어가기 위해 가장 먼저 무얼 해야 할지 판단하고 결정해야 합니다. 불행의 길 위에 있는 줄 알면서도 그 길을 벗어나려고 노력하지 않는다면 그 길에서 더 큰 불행을 만날 수도 있습니다. 불행이 더 지속되거나 오래가지 않도록 지금 당장 해야 할 첫 번째 임무를 찾고, 단단한 각오로 그 임무를 수행해야 합니다.

*God bless you*

## Miracle
## 80

### 별을 따는 꿈이라면 적어도 하늘은 날 수 있다.
*If you dream of picking a star, you can at least fly in the sky.*

이루고 싶은 오늘의 **비전** *(Vision)*

오늘을 살면서 누군가 또는 세상에 베푼 **사랑** *(Love)*

오늘을 돌아보며 부족했던 점에 대한 **반성** *(Reflection)*

오늘 나에게 행복이 되어 준 **감사** *(Thanks)*

년    월    일

*God bless you*

별을 따는 꿈이라면 적어도 하늘은 날 수 있습니다. 어린 시절에는 보통 미래를 향한 큰 꿈을 품기 마련입니다. '큰 꿈' 하면 연상되는 문장이 있습니다. 학창시절 누구나 한 번쯤은 들어봤을 법한 그 말! 그리고 누구나 한 번쯤은 그 말에 가슴 설렜을 법한 그 말! 그것은 바로, '소년이여, 야망을 가져라(Boys, be ambitious!)'는 말입니다. 큰 꿈을 갖지 못했던 아이에게는 큰 꿈을 갖게 하는 계기가 되었고, 이미 큰 꿈을 꾸고 있던 아이들에게는 자신의 꿈에 대한 자신감을 키워주었던 표현입니다.

그런데 왜 성장해 가면서 '큰 꿈'이 '작은 꿈'으로 바뀌어 갈까요? 어린 시절 기억을 더듬어 보면 대통령, 과학자, 외교관, 의사, 판사, 변호사, 교수...처럼 웬만해서는 이루기 어려운 꿈을 스스로 꾸기도 하고, 친구나 선후배들에게 듣기도 했습니다. 유년과 아동, 그리고 청소년기에 꾸었던 큰 꿈이 청년과 성인의 시기로 접어들면서 꿈은 점점 작아집니다. 부모님과 선생님은 '철이 들어서 현실을 알았기에 꿈이 작아진 것.'이라고 당연시했고, 별 고민 없이 받아들였습니다.

하지만 꿈이 작아진 이유가 철들고, 현실을 알았기 때문일까요? 오히려 꿈에 대한 두려움 때문은 아닐까요? 그렇다면 두려움은 왜 생겼을까요? 꿈을 이룰 때까지 겪을 고난들을 감수할 자신이 없기 때문입니다. 반드시 이루겠다는 도전정신이 없기 때문에 해보지도 않고 지레 겁을 먹는 겁니다. 도전의 의지가 약한 정신으로 인해서 꿈이 작아진 겁니다. 그런데 이상하게도 어른들은 그 과정을 지켜만 보고 있습니다. 아니, 어떤 어른들은 철이 드는 것이라며 반기기도 합니다. 하지만 앞서간 사람이나 성공한 사람을 보면 오히려 성장해 가면서 꿈이 커지는 것을 볼 수 있습니다. 꿈이 커진다는 것은 어떤 상황이 되어도! 어떤 시련이 와도! 반드시 이겨 낼 것이라는 강력한 의지와 자신감의 증거입니다.

*God bless you*

## Miracle
### 81

**물처럼 품는 것이 가시처럼 찌르는 것보다 낫다.**
*Embracing like water is better than stabbing like a thorn.*

이루고 싶은 오늘의 **비전** *(Vision)*

오늘을 살면서 누군가 또는 세상에 베푼 **사랑** *(Love)*

오늘을 돌아보며 부족했던 점에 대한 **반성** *(Reflection)*

오늘 나에게 행복이 되어 준 **감사** *(Thanks)*

년    월    일

*God bless you*

물처럼 품는 것이 가시처럼 찌르는 것보다 낫습니다. 많은 이들을 품어주는 사람은 사랑과 온기를 전하여 인정받게 되지만, 누군가를 찌르는 사람은 아픔과 상처를 줌으로써 고통을 받게 됩니다. 강처럼 바다처럼 품어주는 사람은 천사의 길을 걸어가는 삶이요, 송곳처럼 꼬챙이처럼 찌르는 사람은 비난의 도마 위에 스스로 올라가는 삶입니다.

물처럼 품어주는 사람은 타인을 존중하기 때문에 다름과 다양성을 인정하는 데 익숙합니다. 품어주는 사람은 인내를 잘하고, 아량을 베풀기에 타인의 실수를 이해하고 용서하는 데 어려움이 적습니다. 물처럼 품어주는 사람은 경청과 수용의 전문가이기 때문에 고난의 시기에 공감과 지지를 보내며, 조언과 도움으로 타인들의 어려움과 문제를 함께 해결하려고 노력합니다.

가시처럼 찌르는 사람은 타인의 실수와 부족함에 매우 예민하고 상처를 주는 말이나 행동에 대한 판단력이나 자제력이 부족합니다. 자신의 말과 행동이 타인에게 상처를 준다고 하더라도 크게 신경을 쓰지 않는 사람입니다. 심지어 자신의 말과 행동이 타인에게 상처를 준다는 것조차 모르는 사람도 있습니다. 그런 사람은 가시의 숲에서 빠져나오기 힘듭니다. 가시처럼 찌르는 사람은 인간관계에서 실패할 확률이 높습니다. 온몸을 뾰족한 가시로 덮은 고슴도치를 품에 안기 어려운 것처럼 가시로 찌르는 사람을 안아 줄 사람은 적습니다.

품는 마음이 큰 사람의 정신을 비추는 거울이라면, 찌르는 마음은 못난 사람의 정신을 비추는 거울입니다. 품는 사람은 타인의 마음을 품기 전에 그 따스함으로 자신의 마음을 먼저 품게 됩니다. 찌르는 사람은 타인의 마음을 찌르기 전에 그 뾰족함으로 자신의 마음을 먼저 찌르게 됩니다. 품는 마음으로 사람에게 사랑을 전하고, 품는 마음으로 세상에 빛을 전하는 우리들의 삶이 되길 소망합니다.

*God bless you*

## Miracle
## 82

**지식은 머리로 배우고, 지혜는 삶으로 배운다.**
*Knowledge is learned by brain, wisdom by life.*

이루고 싶은 오늘의 **비전** *(Vision)*

오늘을 살면서 누군가 또는 세상에 베푼 **사랑** *(Love)*

오늘을 돌아보며 부족했던 점에 대한 **반성** *(Reflection)*

오늘 나에게 행복이 되어 준 **감사** *(Thanks)*

년     월     일

*God bless you*

지식은 머리로 배우고, 지혜는 삶으로 배웁니다. 지식 습득은 주로 책이나 가르침을 통해 이뤄집니다. 학교, 학원, 도서관, 인터넷 등의 다양한 지식의 원천을 통해 새로운 지식을 습득합니다. 반면 지혜는 살아가면서 겪는 다양한 경험과 상황을 통해 느끼고 깨달음으로써 얻게 됩니다. 이러한 경험과 상황들은 가슴 깊이 새겨지며, 경험한 판단과 결정들은 소중한 지혜로 쌓여갑니다.

지식과 지혜는 서로 다른 개념이며, 지혜는 지식 이상의 차원에서 나타나는 성숙과 깊이를 의미합니다. 지식은 규칙과 이론, 역사와 정보 등을 이해하고 기억하는 능력입니다. 하지만 지혜는 그 수준에 그치지 않습니다. 지혜는 지식을 더 깊이 있게 이해하고, 적용하며, 그로부터 얻은 깨달음과 통찰력을 포함합니다. 지혜는 과거 경험과 지식을 바탕으로 현재와 미래의 상황을 올바르게 판단하고, 최적의 선택과 행동을 취하도록 도와줍니다. 지혜는 시간과 경험들을 통해 삶의 가치를 높여주는 지식 이상의 능력입니다.

배움이 부족한 상황에서 터득한 지혜는 훌륭하지만, 많은 배움을 가지고도 지혜가 없다면 공허한 지식일 뿐입니다. 지식이 없다 해도 지혜는 빛날 수 있지만, 지혜 없는 지식은 홀로 빛나기 어렵습니다. 부족한 지식이 사람을 잃게 하지 않지만, 지혜가 부족하면 사람들이 떠나갈 수 있습니다. 지혜가 없는 지식은 교만과 독선으로 흐를 수 있으며, 지혜가 결핍된 지식은 명성과 품격에 해가 될 수 있습니다.

지식이 봄의 꽃과 같다면, 지혜는 가을의 열매와 같습니다. 지식이 젊은이의 도전과 열정이라면, 지혜는 어른의 여유와 성숙함입니다. 지식이 준비하고 입력하는 능력이라면, 지혜는 출력하여 활용하는 능력입니다. 지식이 세상을 멀리 보는 시력이라면, 지혜는 세상을 깊이 들여다보는 혜안입니다.

*God bless you*

## Miracle
### 83

## 흑은 백의 적이 아니라 친구다.
*Black is not enemies of white but friends.*

이루고 싶은 오늘의 **비전** *(Vision)*

오늘을 살면서 누군가 또는 세상에 베푼 **사랑** *(Love)*

오늘을 돌아보며 부족했던 점에 대한 **반성** *(Reflection)*

오늘 나에게 행복이 되어 준 **감사** *(Thanks)*

년    월    일

*God bless you*

흑은 백의 적이 아니라 친구입니다. 흑백은 끝과 끝의 색이지만, 오히려 서로의 존재 가치를 높여줍니다. 차가운 밤이 있기에 따뜻한 태양 빛이 더 사랑스럽고, 어두운 밤이 있기에 별은 밝게 빛납니다. 남과 여도 대립의 존재가 아니라 결합의 존재이며, 보수와 진보도 대결하는 적이 아니라 건강한 경쟁으로 상생해야 하는 동지입니다.

성격이나 삶의 패턴이 닮아있는 부부보다는 완전히 다른 부부가 성장과 성숙의 결혼 생활을 꾸려갈 확률이 높습니다. 물론 신혼의 시절에는 다툼도 있겠지만, 점차 결혼의 연차가 쌓여가면서 부부는 서로 다른 점들을 통해 많은 걸 배워갑니다. 서로의 강점과 약점을 인식하고 인정하며, 서로의 차이를 존중하고 수용합니다. 서로 다른 존재와 소통하고 협력하는 방법을 터득함으로써 사회적인 활동과 인간관계 측면에서도 많은 도움을 얻게 됩니다.

흑은 백을 깨우치는 오묘한 스승입니다. 스스로 깨달을 수 있다면 더할 나위 없이 훌륭하겠지만, 대다수는 어둡고 음침한 흑을 통해 밝고 환한 백의 가치를 깨닫습니다. 세상의 악을 통해 선의 귀함을 알게 되고, 세상의 못된 사람을 보고, 듣고, 경험하여 선한 사람의 소중함을 깨닫게 됩니다. 흑을 바라보는 시선을 미움, 경멸, 비난에 두기보다는 '백의 고귀한 가치를 깨닫게 하는 깨달음의 도구'라는 의미에 초점을 맞추면 오늘도 내일도 성장할 수 있습니다.

흑과 백은 원하든 원하지 않든 세상 속에 존재할 수밖에 없습니다. 흑이 싫다고 해서 흑을 부인하거나 없앨 수 없고, 백이 좋다고 해서 영원히 백의 존재로만 살 수도 없습니다. 흑이라는 존재는 '스스로 돌아볼 수 없는 것을 일깨워 주는 존재'임을 백은 인정해야 합니다. 오른손이 왼손을 만나야 손뼉을 칠 수 있듯이, 흑과 백은 함께 존재하며, 함께 걸어가는 동행의 동지임을 기억해야 합니다.

*God bless you*

## Miracle
### 84

---

### 욕심을 버리면 멀리 볼 수 있다.
*If you give up your greed, you can see far away.*

이루고 싶은 오늘의 **비전** *(Vision)*

오늘을 살면서 누군가 또는 세상에 베푼 **사랑** *(Love)*

오늘을 돌아보며 부족했던 점에 대한 **반성** *(Reflection)*

오늘 나에게 행복이 되어 준 **감사** *(Thanks)*

년    월    일

*God bless you*

욕심을 버리면 멀리 볼 수 있습니다. 욕심을 내려놓으면 상황을 더 넓고 깊게 생각할 수 있으며, 더 객관적으로 바라볼 수 있습니다. 욕심을 내려놓고 주어진 상황을 냉정하게 바라보면 더 나은 전략을 세울 수 있고, 더 나은 결정을 내릴 수 있습니다. 욕심을 내려놓는 것만으로도 폭넓은 시야로 미래를 예측하고 대비할 수 있습니다.

욕심은 준비되지 않은 사람이 많은 것을 얻으려고 하는 부당하고 얄미운 마음입니다. 욕심은 현재에 충실하지 않은 사람이 미래에 큰 꿈을 이루려고 하는 황당한 마음입니다. 멀리 보는 사람은 준비하지 않고 얻으려 하지 않습니다. 멀리 보고 준비하는 사람들은 현재를 가꾸면서 미래를 꿈꿉니다.

욕심은 주로 성급함에서 비롯됩니다. 성급한 사람은 눈앞의 것에 급급하여 멀리 보는 시야를 갖기 어렵습니다. 성급한 생각과 판단은 도처에 도사리고 있는 잠재적인 위험을 볼 수 있는 눈을 가립니다. 성급함은 객관적인 결정과 행동을 방해하여 후회와 실망의 결과를 초래하기 쉽습니다.

욕심을 내려놓으면 현실을 직시할 수 있습니다. 욕심을 내려놓으면 현실의 상황이 더 잘 보이고, 더 잘 이해됩니다. 현실을 직시하면 현실의 상황과 제약사항을 더 명확하게 파악할 수 있습니다. 욕심은 자기가 보고 싶은 것만 보게 합니다. 욕심은 자기가 듣고 싶은 것만 듣게 합니다. 욕심이 지나치면 현실을 왜곡하거나 무시하게 됩니다.

욕심은 눈앞의 가까운 열매만을 크고 탐스럽게 보게 하는 유혹의 돋보기입니다. 욕심은 별 볼 일 없는 열매를 먹음직스럽게 보이게 하는 눈속임의 색안경입니다. 욕심은 화려한 꽃들의 매력에 빠뜨려 멀리 있는 진짜 열매들을 볼 수 없게 만드는 정신의 덫입니다.

*God bless you*

## Miracle
## 85

### 겸손은 탁월한 능력자를 최고로 만든다.
*Humility makes a man of great ability the best.*

이루고 싶은 오늘의 **비전** *(Vision)*

오늘을 살면서 누군가 또는 세상에 베푼 **사랑** *(Love)*

오늘을 돌아보며 부족했던 점에 대한 **반성** *(Reflection)*

오늘 나에게 행복이 되어 준 **감사** *(Thanks)*

년    월    일

*God bless you*

겸손은 탁월한 능력자를 최고로 만듭니다. 겸손은 환호와 찬사를 받는 누군가의 외적 능력을 최고의 걸작으로 업그레이드하는 마법 같은 내적 역량입니다. 겸손이 없는 탁월함은 봄날의 꽃처럼 금방 지고, 땅바닥에서 이리저리 밟힙니다. 겸손이 결여된 능력은 바람에 흩어지는 향기처럼 속절없이 그리고 가뭇없이 사라집니다.

겸손이라는 내적 역량이 사람과 사회에 다양하고 중요한 영향력을 발휘함에도 불구하고 능력자 중 많은 사람이 겸손을 갖추지 못하는 현실은 안타깝지 않을 수 없습니다. 학업이든, 스포츠든, 예술이든, 어떤 분야에서든 탁월한 능력자들은 겸손이 얼마나 힘든지 수없이 증명해 왔습니다. 그들이 보여준 교만과 무례함, 비상식과 무절제의 언행들이 그 증거입니다. 겸손을 잃은 교만은 그들의 능력과 위상을 허무하게 나락으로 떨어뜨립니다.

물론 겸손의 내적 역량을 생각처럼 쉽게 얻을 수 없다는 사실을 모르는 사람은 별로 없습니다. 능력이 부족하거나 없을 때는 겸손이 어렵지 않다가도, 능력이 많아지고 지위가 높아지면 어느새 겸손이 자취를 감추고 교만이 슬그머니 고개를 듭니다. 이것은 마치 능력과 겸손이 양쪽에서 시소를 타는 형태와 비슷합니다. 능력이라는 쪽에 무게가 더해지면 상대 쪽의 겸손은 힘을 잃고 위로 올라가 버리니 얼핏 보면 당연한 현상처럼 보이기도 합니다. 하지만 어떤 경우라도 교만은 당연시될 수 없고, 정당화될 수도 없습니다.

겸손은 타고난 성품일 수도 있지만, 후천적으로 배워서 익힐 수도 있습니다. 타고난 성품이야 어떻게 할 수 없는 부분이니, 배우고·또 익혀 겸손의 역량을 길러내야 합니다. 나를 낮추고 남을 높임으로, 나를 희생하고 남을 배려함으로, 내가 귀한 만큼 상대방을 귀하게 대접함으로 탁월한 역량을 최고로 만들어 줄 겸손을 갖춰야 합니다.

*God bless you*

## Miracle
### 86

## 휴식의 쉼표가 생명의 마침표를 막을 수 있다.
*A comma of rest can prevent the period of life.*

이루고 싶은 오늘의 **비전** *(Vision)*

오늘을 살면서 누군가 또는 세상에 베푼 **사랑** *(Love)*

오늘을 돌아보며 부족했던 점에 대한 **반성** *(Reflection)*

오늘 나에게 행복이 되어 준 **감사** *(Thanks)*

년    월    일

God bless you

휴식의 쉼표가 생명의 마침표를 막을 수 있습니다. 삶에서 취하는 가끔의 쉼표가 갑작스레 맞는 끔찍하고도 황망한 죽음의 마침표를 막을 수 있습니다. 살아 움직이는 모든 것들에는 쉼이 필요합니다. 쉼이 없는 지속적 사용과 작동은 무서운 결과를 초래합니다. 기계든 사람이든 쉬지 않고 작동하면 과부화로 심각한 문제를 일으킵니다. 부품은 마모되고, 효율은 떨어지며, 수명은 단축됩니다.

휴식의 쉼표는 '일상에서 해야 할 일과 바쁜 업무, 스트레스에서 벗어나 즐겁고도 자유로운 쉼의 시간을 누리는 것'을 의미합니다. 휴식은 신체의 고갈된 에너지를 회복시키고, 몸에 활력을 제공하여 삶의 질을 향상시킵니다. 휴식의 쉼표는 거친 세상에서 다치고 병든 마음을 위로하고 치료하며, 평안과 안정의 기분을 공급하여 새로운 마음으로 삶을 살아가도록 도와줍니다.

휴식은 멈춤이 아닌 재충전을 통해 세련되게 전진하는 시간입니다. 휴식은 게으름의 못난 행동이 아닌 성실함과 부지런함을 촉진하는 칭찬받을 습관입니다. 휴식은 해도 되고 안 해도 되는 선택과목이 아니라 반드시 이수해야 하는 필수과목입니다. 아무리 바쁘더라도 호흡을 빼놓지 않듯이, 목표와 삶으로 바쁜 일상 중에서도 휴식은 반드시 챙겨야 할 비타민입니다.

휴식은 단순한 쉼을 의미하지는 않습니다. 아무것도 하지 않으면서 잠만 잔다거나, 무계획적으로 빈둥거리고 노는 게 아닙니다. 휴식도 계획이 있어야 합니다. 계획이 있는 휴식이어야 가치가 높아집니다. 먼저 여행, 운동, 수면, 독서, 만남.. 등 시간 계획을 세워야 합니다. 휴식을 위한 공간적 환경 조성도 필요하고, 스마트 기기의 절제와 행복 기대감 충전도 필요합니다. 최고의 휴식을 위한 세밀한 계획은 휴식의 가치를 높이고, 우리의 삶을 풍요롭게 할 것입니다.

*God bless you*

## Miracle
### 87

## 군인의 투철한 희생정신이 국가를 수호한다.
*The soldier's strong spirit of sacrifice defends the nation.*

이루고 싶은 오늘의 **비전** *(Vision)*

오늘을 살면서 누군가 또는 세상에 베푼 **사랑** *(Love)*

오늘을 돌아보며 부족했던 점에 대한 **반성** *(Reflection)*

오늘 나에게 행복이 되어 준 **감사** *(Thanks)*

년    월    일

*God bless you*

군인의 투철한 희생정신이 국가를 수호합니다. 군인의 희생 없는 국가의 평화와 안녕은 가능하지 않습니다. 군인들은 국가의 안보와 국민의 안전을 위해 자신의 소중한 비전들과 자유를 자신이 지켜야 할 국가와 국민을 위해 양보합니다. 또한, 그들은 자신들의 안전과 생명의 가치마저 숭고한 희생정신과 담대하게 맞바꿉니다.

희생이 없는 결실은 없습니다. 어떠한 목표를 달성하고자 할 때, 희생과 헌신은 필수적입니다. 원하는 성과를 얻기 위해서는 어떠한 형태로든 희생이 불가피합니다. 개인적인 목표를 달성하기 위해서도 희생이 필요합니다. 설레는 꿈! 멋진 비전을 이루기 위해서 시간의 투자와 자유로움의 절제, 열정의 노력이라는 다양한 희생이 뒷받침되어야만 원하는 결실을 얻을 수 있게 됩니다.

군인은 국가와 국민을 위해 다양한 희생정신을 발휘합니다. 군인은 국가와 국민을 위해 사랑하는 가족을 떠나 애국애족이라는 더 큰 사명 앞에서 자신의 가족애를 희생시킵니다. 군인은 혹독한 훈련을 통해 전문역량을 갖추어 가면서 개인의 사사로운 시간과 욕구들을 희생합니다. 군인은 적과의 전투 상황에서 자신의 안전보다 국가와 국민 수호를 위해 용감한 결단과 행동으로 희생정신을 발휘합니다. 군인은 국가와 국민을 최우선으로 생각하기에 국가와 국민을 위해 목숨마저 아끼지 않습니다.

군인의 희생정신은 국가 발전의 초석이 되어왔으며, 군인의 투철한 희생정신은 국민 행복의 뿌리가 되고 있음을 잊지 말아야 합니다. 국민은 군인들의 고귀한 희생정신을 존경과 감사의 마음으로 가슴 깊이 새기고 기억해야 합니다. 군인의 희생은 국가와 국민의 삶과 행복을 떠받치는 값진 희생이었음을 모든 국민은 아는 것에 그치지 않고 감사와 존경으로 되새기며 살아가야 합니다.

*God bless you*

## Miracle 88

### 마음의 오해는 입술의 대화로 풀린다.
*The misunderstanding of the mind is solved by the conversation of the lips.*

이루고 싶은 오늘의 **비전** *(Vision)*

오늘을 살면서 누군가 또는 세상에 베푼 **사랑** *(Love)*

오늘을 돌아보며 부족했던 점에 대한 **반성** *(Reflection)*

오늘 나에게 행복이 되어 준 **감사** *(Thanks)*

년    월    일

*God bless you*

마음의 오해는 입술의 대화로 풀립니다. 상호 간의 대화를 통하여 마음속 진심과 의도를 전하게 되면 쌓였던 오해를 풀 수 있습니다. 어떤 표정이나 행동으로 나의 마음이나 의사를 상대방에게 전달할 수는 있지만 세밀한 부분까지 정확하게 전하지 못할 때가 많습니다. 오해는 그럴 때 발생합니다. 이런 상황에서 '굳이 말로 해야 아나?'라는 식의 마음가짐은 원활한 의사소통을 방해하고 오해를 만드는 불씨가 됩니다.

침묵도 하나의 의사소통 수단으로 쓰일 수는 있지만, 사용 빈도가 높아서는 안 됩니다. 침묵은 오해의 싹이 되기도 하고, 싹튼 오해를 키우기도 합니다. 침묵으로 의도와 의미가 모호하게 전달될 수 있고 잘못 해석될 수 있습니다. 의사소통에서는 명확하고 정확한 정보의 전달이 매우 중요합니다. 말을 잘 듣고 이해하는 것도 중요하지만, 자신의 의견과 의도를 명확하게 표현하는 것 또한 중요합니다.

오해는 불필요한 에너지를 소모하게 합니다. 오해가 발생하게 되면 상대에게 추가적 설명이나 해명이 필요하게 되어 시간과 에너지를 낭비하게 됩니다. 오해는 갈등이나 불화의 원인을 만들기도 하며, 여러 가지 상황을 악화시킬 수도 있습니다. 따라서 오해를 방지하기 위해서는 명확한 의사전달, 상대방의 이해 수준을 고려, 상대방의 의견과 생각에 대한 이해와 존중의 자세를 갖는 것도 필요합니다.

오해는 해결보다 예방이 중요합니다. 오해가 쌓인 후에 해결하는 것보다 오해가 발생하지 않도록 예방하는 것이 훨씬 더 현명합니다. 소를 잃은 후에라도 외양간은 고쳐야 하겠지만, 이왕이면 소를 잃기 전에 외양간을 고치는 것이 더 지혜로운 방법임은 누구라도 알 수 있습니다. 대화로 오해를 예방하고, 대화로 오해를 푸는 우리들이 될 수 있도록 평소에 즐겁고 맛있는 대화를 생활화해야 합니다.

*God bless you*

## Miracle
### 89

## 내면이 강한 사람은
## 일상에서 부드러운 말투를 주로 사용한다.

*A strong-minded person usually uses a soft way of speaking in his daily life.*

<u>이루고 싶은 오늘의 **비전** *(Vision)*</u>

<u>오늘을 살면서 누군가 또는 세상에 베푼 **사랑** *(Love)*</u>

<u>오늘을 돌아보며 부족했던 점에 대한 **반성** *(Reflection)*</u>

<u>오늘 나에게 행복이 되어 준 **감사** *(Thanks)*</u>

년    월    일

*God bless you*

내면이 강한 사람은 일상에서 부드러운 말투를 주로 사용합니다. 내면의 강하다는 것은 격한 상황에서도 자신의 감정을 조절할 줄 알고, 나쁜 감정의 찌꺼기를 스스로 정화할 수 있는 필터링 능력이 있다는 의미입니다. 내면의 강자는 자신의 의사를 표현할 때 타인을 존중하고 배려하는 습관이 몸에 배어있습니다. 그래서 웬만해서는 격한 말투를 입에 담지 않으면서 부드럽고 차분한 말투로 상대의 마음과 감정을 보호해줍니다.

물론, 내면이 강한 사람이라고 해서 언제든지 부드러운 말투만을 사용해야 하는 것은 아닙니다. 강함과 단호함이 필요한 상황에서는 그에 맞는 강하고 단호한 말투를 선택하기도 해야 합니다. 기억해야 할 것은 언제 부드러운 말투를 사용해야 하고, 어느 때 강한 말투를 사용해야 할 것인지를 잘 판단해야 한다는 것입니다. 하지만 특별한 상황이 아니라면 부드러운 말투가 타인에게도 자신에게도 훨씬 더 많은 도움이 된다는 사실을 또한 기억해야 합니다.

부드러운 말투는 아는 사람이든 모르는 누구든 타인에게 따뜻함과 여유로움의 감정들을 선물합니다. 부드러운 말투는 두려움에 떠는 사람의 공포심을 줄여주고, 아픔과 상처로 힘겨워하는 사람들에게는 치료제가 되어 줍니다. 부드러운 말투는 걱정의 음지에 사는 사람을 긍정의 양지로 꺼내 주며, 실패로 좌절하는 사람들에게 희망을 불어넣어 줍니다. 부드러운 말투는 대화하는 타인들에게 공감과 신뢰를 얻어내는 매력적인 의사소통 도구임이 분명합니다.

내면의 힘이 약한 사람은 사나운 말투가 일상입니다. 내면이 강한 사람은 부드러운 말투가 익숙합니다. 진정한 강자는 격하고 사나운 말투로 강함을 포장하지 않습니다. 부드러운 말투로 사랑을 전하고, 부드러운 말투로 사랑받는 내가 되도록 오늘도 노력해야 합니다.

*God bless you*

## Miracle
## 90

### 용기는 머뭇거림을 이겨 내는 힘이다.
*Courage is the power to overcome hesitation.*

이루고 싶은 오늘의 **비전** *(Vision)*

오늘을 살면서 누군가 또는 세상에 베푼 **사랑** *(Love)*

오늘을 돌아보며 부족했던 점에 대한 **반성** *(Reflection)*

오늘 나에게 행복이 되어 준 **감사** *(Thanks)*

년    월    일

*God bless you*

용기는 머뭇거림을 이겨내는 힘입니다. 용기는 불확실한 미래들을 향해 내딛는 담대한 발걸음이며, 도전의 문을 활짝 여는 씩씩하고 굳센 기운입니다. 용기 있는 사람은 불안과 공포에 주눅 들지 않고, 어려운 상황에서도 흔들리지 않고 나아갑니다. 용기를 통해 새로운 경험과 성취감을 얻을 수 있으며, 진취적이고 적극적인 내면의 힘을 키워 갈 수 있습니다.

용기를 내기 어려운 이유는 크게 3가지입니다. 첫 번째는 미래에 대한 불확실성입니다. 결과를 예측하기 어렵다거나 실패의 가능성이 존재한 상황에서는 안전한 선택을 선호하기 때문입니다. 두 번째는 편안하고 안전한 영역인 컴포트 존(comfort zone)에 머무르는 것을 좋아하기 때문입니다. 컴포트 존을 벗어나 불안과 불편함을 겪어야 하는 상황이 어색하고 싫기 때문입니다. 세 번째는 실패와 비난들을 감당할 두려움 때문입니다. 시도와 도전의 삶에는 실패와 비난들이 있을 수 있다는 생각보다는, 실패와 비난으로 훼손되는 자존감을 더 먼저 생각하기 때문입니다.

물론, 뭔가를 시도하고 도전하는 것만이 용기는 아닙니다. 때로는 멈추는 것도 용기일 수 있습니다. 상황이 위험하거나 불리한 경우엔 멈추는 것도 용기입니다. 시작한 일이나 도전의 방향이 맞지 않을 때는 잘못된 방향을 수정하고 다른 선택을 하는 것도 용기입니다. 내면의 고민과 선택의 갈등으로 지친 상황에서는 잠시 회복을 위해 멈추고 휴식을 취하며 우선순위를 재조정하는 것도 용기입니다.

인생을 살아감에 있어서 답이 있다면 용기는 필요하지 않습니다. 다가올 인생이 어떻게 펼쳐질지 알 수 없기에 용기가 필요합니다. 안개가 자욱한 길이라도! 어둠이 내려앉은 길이라도! 용기를 내어 걸어가다 보면 성장과 행복으로 가는 답을 찾아낼 수 있습니다.

*God bless you*

## Miracle
## 91

### 거짓말은 죄와 악의 씨앗이다.
*Lies are the seeds of sin and evil.*

이루고 싶은 오늘의 **비전** *(Vision)*

오늘을 살면서 누군가 또는 세상에 베푼 **사랑** *(Love)*

오늘을 돌아보며 부족했던 점에 대한 **반성** *(Reflection)*

오늘 나에게 행복이 되어 준 **감사** *(Thanks)*

년    월    일

*God bless you*

거짓말은 죄와 악의 씨앗입니다. 거짓말은 양심을 버린 죄와 남을 괴롭히는 악으로 마음 환경을 오염시키고 세상의 질서를 흔듭니다. 정신의 재산을 약탈하는 거짓말은 물건을 훔친 도둑보다 더 나쁜 도둑입니다. 속임으로써 마음의 상처와 피해를 주고, 사회적으로는 불쾌한 혼란을 일으키는 거짓말은 마땅히 비난과 벌을 받아야 하는 언어 범죄입니다.

거짓말은 무서운 습관입니다. 거짓말은 처음에는 일시적인 이득을 가져다 줄 수 있지만, 나중에는 막대한 손실을 초래할 수 있습니다. 또한, 거짓말의 덫에 빠져 진실의 삶을 모르고 살 수도 있습니다. 거짓말이 무서운 또 다른 이유는 불안과 스트레스입니다. 거짓말이 들통날 수도 있다는 것에 대한 불안감으로 스트레스가 가득합니다. 거짓을 감추고 유지하기 위해서는 더 많은 거짓말을 만들어야 하고, 그로 인해 더 큰 죄와 악으로 빠질 수도 있습니다.

거짓말은 달콤한 사탕과 비슷합니다. 달콤하고도 순간적인 쾌락을 가져다주는 거짓말은 사탕을 먹은 후에 그렇듯이 후회가 많습니다. 사탕의 달콤함에 빠지면 빠져나오기 쉽지 않습니다. 거짓말이 주는 순간의 쾌락에 빠지면 누구라도 벗어나기가 어렵습니다. 처음부터 사탕에 손을 대지 않는 것이 좋습니다. 어리석은 습관에 휘둘리지 않도록 처음부터! 그리고 마음먹은 그때부터! 거짓말을 하지 않는 것이 좋습니다.

어둠이 빛을 이길 수 없듯이, 거짓은 진실을 이길 수가 없습니다. 악이 선(善)을 덮을 수 없듯이, 거짓은 진실을 덮을 수가 없습니다. 진실을 추구하는 삶은 언제나 당당하고 아름답습니다. 거짓을 버린 삶에는 불안이 없고 평안이 가득합니다. 거짓 없는 진실한 삶으로 날마다 평안을 누리는 우리가 되면 좋겠습니다.

*God bless you*

## Miracle
## 92

### 가장 정직한 사람은 자신에게 정직한 사람이다.
*The most honest man is the one who is honest with himself.*

이루고 싶은 오늘의 **비전** *(Vision)*

오늘을 살면서 누군가 또는 세상에 베푼 **사랑** *(Love)*

오늘을 돌아보며 부족했던 점에 대한 **반성** *(Reflection)*

오늘 나에게 행복이 되어 준 **감사** *(Thanks)*

년    월    일

*God bless you*

가장 정직한 사람은 자신에게 정직한 사람입니다. 정직한 사람은 주로 남을 속이지 않는 사람을 지칭하지만, 진정으로 정직한 사람은 자기 자신을 속이지 않는 사람입니다. 사람들에게 정직하다고 해도 자신을 속이는 사람이라면 정직한 사람이라고 할 수 없습니다.

자신을 속이지 않는 일은 정말 힘이 듭니다. 자신의 이로움이나 더 유리한 선택을 위해 속임의 유혹은 강력히 그리고 자주 다가옵니다. 어떤 경우에는 외부의 압력에 의해 속임의 유혹을 받기도 합니다. 속임의 마음과 행동은 장기적으로 서로에게 해로운 결과를 가져올 확률이 높습니다. 자신을 속이라는 유혹이 지속적으로 접근하더라도 서로의 유익을 위해서 그리고 훗날의 승리를 위해서 끈질긴 유혹을 이겨내야만 합니다.

정직함은 사람이 갖추어야 할 소중한 가치입니다. 정직하게 말하고 행동하는 것은 사람들에게 신뢰와 예의를 전달하는 것뿐만 아니라, 인간의 존엄성과 자신의 가치를 드높이는 중요한 일입니다. 자신을 속이거나 거짓으로 살아가는 삶은 내면의 갈등과 불안을 초래할 수 있습니다. 타인과 자신에게 정직함을 지켜내는 일이 쉽지 않지만, 그로 인한 보람과 자부심은 그 어떤 소중한 것을 지켜내는 것만큼 크다고 할 수 있습니다.

자신에게 정직해지려면 여러 가지 노력이 필요합니다. 무엇보다도 자기 스스로와 솔직하게 대화하는 습관을 들여야 합니다. 자신에게 솔직하게 질문하고 솔직하게 대답하는 연습은 좋은 훈련이 됩니다. 더 나아가 신뢰할 수 있는 가족 및 친구와 진솔한 대화를 나누거나, 일기를 쓰는 방법은 정직함을 유지하게 하는 좋은 환경을 만듭니다. 또한, 자신의 부족한 점을 인식하고 삶의 과정에서 발생하는 실수와 실패를 인정하는 것도 정직함을 지켜내는 뜻깊은 노력이 됩니다.

*God bless you*

## Miracle
## 93

### 어려울 때의 도움은 오래도록 기억된다.
*The help of times of hardship is remembered for a long time.*

이루고 싶은 오늘의 **비전** *(Vision)*

오늘을 살면서 누군가 또는 세상에 베푼 **사랑** *(Love)*

오늘을 돌아보며 부족했던 점에 대한 **반성** *(Reflection)*

오늘 나에게 행복이 되어 준 **감사** *(Thanks)*

년    월    일

*God bless you*

어려울 때의 도움은 오래도록 기억됩니다. 고난과 눈물의 시절에 받은 도움은 가슴에 새겨집니다. 도움의 생명력은 때에 있습니다. 큰 도움도 작은 도움도 모두가 고마운 일이지만, 무엇보다 고마운 것은 절실한 때의 도움입니다. 이럴 때이든 저럴 때이든 도움은 그 자체로 고마움이지만, 어려울 때의 도움이야 말로 참 도움입니다.

누군가 도와주려거든 크기보다 때를 먼저 생각해야 합니다. 누군가 시련 속에 있을 때, 하지만 뭇사람들이 외면할 때, 작은 손길이라도 그 때에 도움을 줘야 합니다. 한 방울의 비일지라도 간절한 때라면 나무와 꽃들은 숨통을 잇고, 한 방울의 피일지라도 절실한 때라면 사람은 생명을 살릴 수 있습니다.

누군가가 어려울 때 돕는 것은 진실한 마음이 있어야 가능합니다. 힘든 시기를 겪는 사람에게는 많은 사람이 등을 돌리기에 진심이 없다면 도와주려는 판단과 결단을 내리기가 어렵습니다. 힘겨워할 때 주는 도움은 보답을 기대하지 않는 '비움의 마음'도 필요합니다. 그래서 어려운 상황에 처한 사람을 돕는 것이 더 힘듭니다. 그래서 어려운 상황에 있을 때 받은 도움이 더 힘이 됩니다.

고난의 시절에는 심리적으로 불안하고 자존감이 떨어집니다. 그런 때에 도움을 받으면 마음의 평안을 회복하고 살맛도 살아나게 됩니다. 어려운 시기에는 삶 속에서 즐거움과 보람을 느끼기 참 어렵습니다. 이런 날에 다가온 도움의 손길은 삶의 행복을 되찾아 줍니다.

나무에 새긴 글은 오래 가지만, 마음에 새긴 고마움보다 오래 가지 못합니다. 돌에 새긴 글은 오래 기억되지만, 마음에 새긴 고마움보다 오래 기억되지 않습니다. 누군가 힘들어할 때, 많은 이들이 외면할 때 도움의 손길을 주면 그 사람은 고마움을 가슴에 새기고 기억합니다.

*God bless you*

## Miracle
## 94

**악한 생각은 악인을 만들고, 선한 생각은 선인을 만든다.**
*Evil thoughts make evil men and good thoughts make good men.*

<u>이루고 싶은 오늘의 **비전** *(Vision)*</u>

<u>오늘을 살면서 누군가 또는 세상에 베푼 **사랑** *(Love)*</u>

<u>오늘을 돌아보며 부족했던 점에 대한 **반성** *(Reflection)*</u>

<u>오늘 나에게 행복이 되어 준 **감사** *(Thanks)*</u>

년    월    일

*God bless you*

악한 생각은 악인을 만들고, 선한 생각은 선인을 만듭니다. 악한 생각은 사람을 부정적 방향으로 이끌어 악한 행동을 하게 합니다. 악한 생각을 하면 그 대가로 마음과 뜻이 맞는 악인을 필연적으로 만나게 됩니다. 악한 생각으로 인하여 맺어진 악인과의 인연은 더 깊은 악의 늪으로 빠져들게 합니다.

선한 생각은 사람을 선한 쪽으로 이끌어 선한 행동을 하게 합니다. 선한 생각과 도덕적인 행동을 추구함으로써 자신의 가치를 높이고 타인과도 좋은 관계를 유지하게 합니다. 선한 생각을 하는 사람들은 선함을 추구하여 이심전심으로 통하는 선인들을 자연스럽게 만나게 됩니다. 선한 생각으로 맺어진 선인과의 인연은 더 선한 삶을 살게 하는 선순환의 축복을 받게 합니다.

선한 생각은 선한 시선으로 선한 세상을 보게 합니다. 선한 생각은 선한 귀로 선한 말을 듣게 합니다. 선한 생각은 선한 입술로 선한 말을 전하게 합니다. 선한 생각은 악함을 바라보는 것을 싫어하며, 악이 보일 때조차 시선을 선으로 돌립니다. 선한 생각은 악한 말을 귀에 담으려고 하지 않으며, 악한 말이 들리기라도 하면 귀를 닫고 선한 말을 찾아 귀를 기울입니다. 선한 생각은 악한 말을 절대 입에 담으려고 하지 않으며, 행여 악한 말을 입술에 품었다고 하더라도 밖으로 내뱉지 않는 절제의 힘을 발휘합니다.

선함이 없는 사람은 악의 힘으로 지배를 받게 됩니다. 선함이 없는 세상은 무서운 악으로 가득하게 됩니다. 선함이 없는 삶은 진정한 행복을 느끼기 어렵습니다. 선한 생각을 지속함으로 선함의 영향력 속에서 살아갈 수 있습니다. 선한 생각은 악을 물리친 선한 세상을 만들어 줄 수 있습니다. 날마다 선함으로 가득한 삶을 살아간다면 인생은 보람과 기쁨과 행복으로 넘쳐납니다.

*God bless you*

## Miracle
## 95

## 사람은 나무를 심고, 나무는 사람을 지킨다.
*Men plant trees and trees protect people.*

이루고 싶은 오늘의 **비전** *(Vision)*

오늘을 살면서 누군가 또는 세상에 베푼 **사랑** *(Love)*

오늘을 돌아보며 부족했던 점에 대한 **반성** *(Reflection)*

오늘 나에게 행복이 되어 준 **감사** *(Thanks)*

년    월    일

*God bless you*

사람은 나무를 심고, 나무는 사람을 지킵니다. 사람이 여리고 어린나무를 심으면 나무는 강하고 멋지게 자라 다양한 방식으로 세상에 기여하며 사람에게 보답합니다.

한 그루 한 그루의 나무가 울창한 숲이 되고, 숲은 숲으로 이어져 듬직한 산들이 됩니다. 나무와 숲과 산으로 자연의 땅은 건강해지고 풍성해지며 사람들은 그 속에서 평화를 누리며 살아갑니다.

나무는 사람들에게 끊임없이 고마운 인사를 전합니다. 건강하라며 산삼도 선물하고 송이도 주며, 속상한 마음을 달래라고 진달래꽃도 보여줍니다. 쉼과 치유의 공간으로 쓰라며 안방을 내어주기도 하며, 좋은 집 지으라며 몸을 기꺼이 희생하기도 합니다.

높고 푸른 하늘을 지키기 위해 나무는 열심히 공기를 정화합니다. 나무는 비와 바람과 새들로 오케스트라를 구성하여 모든 생명에게 숲음악회를 열어주기도 합니다. 또한 나무는 새들에게 둥지가 되어 주고 땅의 동물들에게는 생활의 터전을 만들어 줍니다.

자연으로부터 거저 받는 것은 없습니다. 사람이 사랑의 마음으로 나무를 심을 때 나무는 싱그런 잎들과 아름다운 숲으로 황폐해진 사람의 마음을 회복시켜 줍니다. 사람이 나무와 숲에 관심과 애정을 쏟으면 나무는 예쁜 꽃들과 달콤한 열매로 사람들의 눈과 입들을 호강시켜줍니다.

나무를 심고 가꾸며 보호하는 일은 모두 생명을 지키는 일입니다. 사람의 정성과 관심이 없이 우거진 숲을 만들 수 없습니다. 자식을 기르듯 나무를 심고 길러야 합니다. 애써 가꾼 나무숲이 한순간에 잿더미가 되지 않도록 나무를 사랑하고 숲을 보호해야 합니다.

*God bless you*

## Miracle
## 96

**큰 나무는 작은 바람에 흔들리지 않는다.**
*Big trees don't waver in the slightest wind.*

이루고 싶은 오늘의 **비전** *(Vision)*

오늘을 살면서 누군가 또는 세상에 베푼 **사랑** *(Love)*

오늘을 돌아보며 부족했던 점에 대한 **반성** *(Reflection)*

오늘 나에게 행복이 되어 준 **감사** *(Thanks)*

년    월    일

*God bless you*

큰 나무는 작은 바람에 흔들리지 않습니다. 큰 나무는 뿌리가 깊고 내면이 견고하여 웬만한 바람에는 흔들리지도 휘둘리지도 않습니다. 큰 나무는 호탕한 웃음과 따뜻한 큰 가슴으로 바람을 품어줍니다. 큰 나무는 작은 바람의 품을 꼭 끌어안은 채 아직은 어리고 설익은 바람과 함께 포용의 춤을 춥니다.

마음이 큰 사람은 웬만한 일로 화내지 않습니다. 큰 사람은 분노의 감정을 능숙하게 조절할 줄 아는 분노 제어 전문가입니다. 충분히 상처받을 만한 말이나 행동에도 좀처럼 격한 감정을 표출하지 않는 성숙하고 훌륭한 마음 조절 전문가입니다.

큰 사람은 타인들의 공격적인 언행에 곧바로 반격하지 않습니다. 큰 사람은 뭔가 언짢고 좋지 않은 상황을 만났을 때 흥분된 감정을 앞세우지 않기 때문입니다. 잠시, 펄떡이는 마음을 가라앉힌 후에 차분하게 판단하고 여유롭게 행동합니다. 큰 사람은 다른 사람들의 작은 실수를 크게 부각하지 않습니다. 사소한 실수도 큰 잘못으로 만들어 버리는 작은 사람의 습성과는 다릅니다. 실수는 누구나 할 수 있는 일이라고 생각하고 인정하는 큰 사람은 오히려 실수한 그 사람을 위로하고 격려합니다.

작은 바람에 흔들리지 않는 큰 나무로 살기 위해서는 노력해야 할 몇 가지 단계들이 있습니다. 나를 괴롭히는 바람을 만났을 때 가장 먼저는 심호흡으로 격한 감정을 진정시켜야 합니다. 두 번째 단계는 심호흡하면서 큰 사람이라고 확신하며 이미지 트레이닝을 합니다. 이미지 트레이닝이 끝나면 세 번째로 상대의 입장에 대해 진심으로 생각하고 수용하려는 마음을 가져봐야 합니다. 그리고 마지막으로 자신이 큰 사람이 되었음을 느끼고 즐기며 여유로운 말과 행동으로 표현하면 됩니다.

*God bless you*

## Miracle
## 97

## 유혹을 물리치면 성공에 가까워진다.
*If you beat temptation, you will be close to success.*

<u>이루고 싶은 오늘의 **비전** *(Vision)*</u>

<u>오늘을 살면서 누군가 또는 세상에 베푼 **사랑** *(Love)*</u>

<u>오늘을 돌아보며 부족했던 점에 대한 **반성** *(Reflection)*</u>

<u>오늘 나에게 행복이 되어 준 **감사** *(Thanks)*</u>

년    월    일

*God bless you*

유혹을 물리치면 성공에 가까워집니다. 순간순간의 유혹을 이기면 오래도록 누릴 수 있는 행복에 가까워집니다. 유혹은 원하는 목표를 향한 집중과 노력을 하지 못하도록 방해하는 훼방꾼입니다. 유혹은 성장의 앞길을 가로막는 하나하나의 장애물입니다. 눈앞의 달콤한 유혹의 장애물을 넘지 못하면 가족을 비롯한 많은 이들에게 기쁨을 선물할 성공에 이르기 어렵습니다.

세상에는 밤하늘의 별처럼, 바다의 모래처럼 유혹들이 넘쳐납니다. 눈으로 보이는 유혹과 귀로 들리는 유혹들이 세상 곳곳에 가득 차 있어서 잠시라도 방심하면 유혹에 마음을 뺏깁니다. 수많은 유혹은 우리가 소망하는 설렘의 비전들과 현실의 노력 사이에서 판단을 흐릿하게 하고 마음가짐을 흔듭니다. 유혹을 이겨내려는 강한 의지와 결단력으로 무장해야 많은 유혹을 이겨낼 수 있습니다.

잠과 게으름의 유혹을 이기면 부지런함과 성실함을 통해 성장과 발전을 이룰 수 있습니다. 지금 당장의 즐김과 쾌락의 유혹을 이겨내면 오랫동안 즐거움과 행복의 혜택을 누릴 수가 있습니다. 식탐과 기분을 좋게 하는 음료의 유혹을 이기면 건강을 지킬 수 있고, 멋진 체형도 유지할 수 있습니다. 사치의 유혹을 거뜬히 물리치면 부의 소유를 맛볼 수 있고, 문란의 유혹을 이기면 건강한 정신과 품위를 유지할 수 있습니다.

마라톤의 골인 지점에 가까워질수록 한계를 더 강하게 느끼듯이, 성공에 가까워질수록 유혹의 힘은 더 세지고 유혹은 더 집요합니다. 유혹을 이기게 하는 원천은 흔들리지 않고 끝까지 버티는 힘입니다. 유혹을 이기게 하는 진리는 목표 달성을 방해하는 것들에 한눈팔지 않는 집중입니다. 성장과 성공으로 가는 길 위에서 만나는 아름다운 자태의 유혹을 이겨내면 승리의 행복을 만끽할 수 있습니다.

*God bless you*

## Miracle 98

**모른다는 것은 배울 기회가 있다는 뜻이다.**
*Not knowing means having a chance to learn.*

이루고 싶은 오늘의 **비전** *(Vision)*

오늘을 살면서 누군가 또는 세상에 베푼 **사랑** *(Love)*

오늘을 돌아보며 부족했던 점에 대한 **반성** *(Reflection)*

오늘 나에게 행복이 되어 준 **감사** *(Thanks)*

년    월    일

*God bless you*

모른다는 것은 배울 기회가 있다는 뜻입니다. 모른다는 건 무지한 누군가를 무시하라는 뜻도 아니요, 무지한 자기 자신을 질책하라는 뜻도 아닙니다. 자신의 무지를 느끼고 깨달았다면 부끄러워하거나 후회하기보다는, 오히려 배울 기회가 주어졌다는 생각으로 배움의 용기를 내야 합니다. 자신의 무지를 잘 알면서도 배우지 않으려고 하는 것이 부끄러운 일이지, 무지로부터 탈출하려는 배움의 의지와 노력은 절대로 부끄러운 일이 아닙니다.

모른다는 것이 비난받을 일은 아니지만, 모름의 상태를 방치하게 되면 지탄받을 수 있습니다. 무지함으로 빈곤에 이른 것은 안타까운 일이라며 위로받을 수 있습니다. 하지만 무지함을 극복하려는 노력 없이 처한 빈곤은 관심받기 어렵고, 공감받기도 어렵습니다. 모르는 것을 알게 하고 채워주는 배움의 기회는 자신의 삶을 발전시키는 절호의 기회입니다. 모름의 세계에서 해방시켜주는 배움의 기회는 새로운 세상을 만나게 하는 멋진 기회입니다.

무지는 배우라는 신호입니다. 무지는 배움을 재촉하여 시작하라는 신호입니다. 배움의 건너편으로 건너가라는 초록색 신호를 보고도 멍하니 서 있으면 안 됩니다. 가라는 신호에는 가야 하고, 멈추라는 신호에서는 멈춰서야 하는 것이 교통신호등의 규칙입니다. 무지한 나를 인지했다는 것은 배움의 길로 건너가라는 신호를 본 것입니다. 건너가라는 배움의 신호를 보고 주저하거나 지체해서는 안 됩니다. 건너라는 신호에서 건너지 않으면 어느새 빨간불이 들어옵니다.

모르는 상태에서 시작하는 배움은 늦거나 빠른 시기와 상관없이 눈에 띄는 성장을 이끌어 주며, 새로운 도전의 기회를 얻게 합니다. 세상 속에서 경쟁력의 싹을 틔워주는 배움은 지식과 경험의 확장을 통해 더 많은 성장과 행복을 얻게 합니다.

*God bless you*

## Miracle 99

## 들꽃이 위대한 것은 스스로 꽃을 피우기 때문이다.
*Wild flowers are great because they bloom on their own.*

<u>이루고 싶은 오늘의 **비전** *(Vision)*</u>

<u>오늘을 살면서 누군가 또는 세상에 베푼 **사랑** *(Love)*</u>

<u>오늘을 돌아보며 부족했던 점에 대한 **반성** *(Reflection)*</u>

<u>오늘 나에게 행복이 되어 준 **감사** *(Thanks)*</u>

년    월    일

God bless you

들꽃이 위대한 것은 스스로 꽃을 피우기 때문입니다. 들꽃이 위대한 것은 거칠고 사나운 풍파들을 홀로 이겨냈기 때문입니다. 들꽃이 더 아름답게 느껴지는 이유는 가꾸어 피워낸 꽃이 아니요, 도움도 없이 스스로 피워냈기 때문입니다. 들꽃이 사랑스러운 것은 작고 여려도 꿋꿋한 자태로 뽐낼 줄 알기 때문이며, 가끔 들꽃이 보고 싶은 것은 찾는 이 없어도 슬픔을 이길 줄 알기 때문입니다.

어린 시절의 의지하는 습관은 독립심을 크게 방해할 수 있습니다. 물론 어린 시기에는 부모나 성인의 도움과 기댐이 필요하기도 하며, 오히려 의지함과 기댐이 자연스럽고 필요한 과정인 건 사실입니다. 하지만 오랫동안 지속적으로 의지하는 습관은 성인으로 성장하면서 갖춰야 할 독립심과 자립 의지를 키우는 데 어려움을 겪게 합니다.

의지하는 습관이 지속되면 자신의 능력과 자원을 충분히 활용하지 못해서 스스로 많은 기회를 잃어버리는 결과를 낳습니다. 의지하는 습관은 판단력과 결단력을 장착하는 데 방해가 되며, 목표 의식과 책임감 부재로 무능한 사람으로 낙인찍힐 수 있습니다.

독립심을 키우기 위해서는 어린 시절부터 스스로 문제를 해결하고 책임지게 하는 작지만 의미 있는 기회들을 만드는 것이 필요합니다. 밥을 먹여주는 사랑의 행위도 어느 시점에서는 멈춰야 합니다. 또한 적절한 난이도의 과제를 주어 스스로 해결하도록 유도해야 합니다. 자기 일정을 스스로 관리하게 하고, 자기 계발도 안내해야 합니다. 주체적인 판단이나 주관적인 의사 표현의 기회를 제공하여 독립적 경쟁력을 기르도록 환경을 만들어 줘야 합니다.

들꽃은 스스로 살아갑니다. 인생도 스스로 걸어가는 여정입니다. 우리도 들꽃처럼 스스로 강하고, 스스로 지혜롭게 살아가야 합니다.

*God bless you*

## Miracle
## 100

### 좋은 부모는 자녀에게서도 배운다.
*Good parents also learn from their children.*

이루고 싶은 오늘의 **비전** *(Vision)*

오늘을 살면서 누군가 또는 세상에 베푼 **사랑** *(Love)*

오늘을 돌아보며 부족했던 점에 대한 **반성** *(Reflection)*

오늘 나에게 행복이 되어 준 **감사** *(Thanks)*

년    월    일

*God bless you*

좋은 부모는 자녀에게서도 배웁니다. 부모는 자녀를 낳고 키우면서 바르게 성장하도록 가르치고 지원하기도 하지만, 거꾸로 자녀에게 많은 것을 배우기도 합니다. 좋은 부모는 자녀로부터 자신의 언행에 대한 피드백을 받을 때가 많습니다. 대체로 자녀는 부모의 언행을 모방하며 배우지만, 때로는 자녀가 부모의 부적절한 말이나 행동을 개선하도록 돕는 거울이 되어 줍니다.

어릴 적의 자녀는 때묻지 않은 순수한 마음과 가식 없는 눈으로 세상을 바라봅니다. 반면에 성인으로서 부모는 인생의 치열한 경쟁 과정에서 혹처럼 얻게 된 오염된 생각과 왜곡된 시선으로 세상을 바라볼 때가 많습니다. 인간의 순수성을 회복하고자 한다면, 그리고 진정 어린 눈으로 세상을 바라보려 한다면, 부모는 자녀의 순수함과 진솔함을 통해 깨닫고 배워야 합니다.

또한 부모는 자녀로부터 미래 세계에 대해 배워야 할 것들이 점점 많아집니다. 새로운 정보와 신선한 시각 그리고 창의적 아이디어로 무장한 자녀는 오랫동안 고정관념으로 살아온 부모들에게 새로운 세상의 문을 열어줍니다. 부모는 주로 과거의 경험을 통해 자녀를 가르치지만, 자녀들은 주로 미래를 대비하도록 부모를 가르칩니다. 게다가 분명한 사실 한 가지는 부모가 자녀를 가르치는 시간보다 부모가 자녀에게서 배워야 하는 시간이 훨씬 길다는 것입니다. 이런 점을 일찍 인정하고 깨달아서 다가올 미래에 잘 적응하도록 부모는 자녀로부터 배우기를 즐겨야 합니다.

좋은 부모가 되기 위해 자녀에게 배우는 건 존경받을 행위입니다. 자녀의 생각이나 행동을 관찰하고 이해하며, 그들과 소통하고 배울 때 부모는 더 성숙하고 더 원숙해집니다. 겸손함과 존중의 자세로 자녀로부터 배우는 부모는 점점 더 훌륭한 부모가 되어갑니다.

*God bless you*

## Miracle
## 101

### 절망하지 않으면 희망이다.
*If you don't despair, it's hope.*

이루고 싶은 오늘의 **비전** *(Vision)*

오늘을 살면서 누군가 또는 세상에 베푼 **사랑** *(Love)*

오늘을 돌아보며 부족했던 점에 대한 **반성** *(Reflection)*

오늘 나에게 행복이 되어 준 **감사** *(Thanks)*

년    월    일

*God bless you*

절망하지 않으면 희망입니다. 절망의 어두운 상황 속에서도 가능의 끈을 놓지 않으면 희망의 빛이 보입니다. 실패와 고난은 절망하고 포기하라는 신호가 아니라, 희망의 불씨를 살려 힘차게 일어서라는 응원의 신호입니다.

어두운 밤이 지나면 밝은 아침이 오듯, 절망의 밤길을 지나고 나면 희망의 대로가 펼쳐집니다. 아침의 태양이 반가운 이유는 지난밤이 어둡고 두려웠기 때문이듯, 희망이 기다려지는 이유는 잠시 잠깐의 절망일지라도 너무도 쓰리고 아팠기 때문입니다. 절망은 잠깐이면 충분합니다. 절망은 잠시 쉬어 가는 호흡으로 충분합니다. 지나간 잠시의 절망은 곧 다가올 기나긴 희망으로 충분한 위로를 받을 수 있습니다.

어려움이나 좌절로 절망의 위기에 있다고 해도, 포기하지 않으면 희망의 불씨를 살려낼 수 있습니다. 언제 어디서든 그리고 어떠한 상황이든 희망의 불씨는 꺼지지 않고 살아있기 때문입니다. 고난은 희망의 불씨를 희미하게 할 수는 있지만, 완전히 끌 수는 없습니다. 절망의 순간에도! 절망의 위기에도! 비록 희미해졌을지라도 희망의 불씨는 살아있습니다. 크고 어려운 고난에 있더라도 희망의 불씨를 찾아내려 안간힘을 쓰면 찾아낼 수 있습니다.

절망으로 왼쪽 날개가 부러졌을 때, 희망으로 다시 날아오르게 할 오른쪽 날개를 바라보며 힘을 얻어야 합니다. 두려운 절망의 위기가 느껴질 때, 오히려 새로운 희망의 기회로 삼으며 정신을 다잡아야 합니다. 절망의 걸림돌을 만났을 때, 희망의 디딤돌을 찾아서 딛고 올라서야 합니다. 절망은 희망으로 향하는 길을 걷다가 만나게 되는 유혹의 갈림길입니다. 방심하거나 마음이 약해져 희망의 길이 아닌 절망의 길로 들어서지 않도록 늘 깨어 있어야 합니다.

*God bless you*

### Miracle
## *102*

## 독서는 지적이고 우아한 쾌락이다.
*Reading is an intellectual and elegant pleasure.*

이루고 싶은 오늘의 **비전** *(Vision)*

오늘을 살면서 누군가 또는 세상에 베푼 **사랑** *(Love)*

오늘을 돌아보며 부족했던 점에 대한 **반성** *(Reflection)*

오늘 나에게 행복이 되어 준 **감사** *(Thanks)*

년    월    일

*God bless you*

독서는 지적이고 우아한 쾌락입니다. 독서는 새로운 지식과 정보를 먹고 마시게 하는 배부름의 쾌락입니다. 독서는 사고의 폭과 깊이를 확장시키는 사색과 철학의 쾌락입니다. 독서는 좌절하는 사람들에게 힘을 주고, 두려움에 떠는 사람들에게 용기를 심어주는 동기부여의 쾌락입니다. 쾌락이라는 단어가 주는 느낌이 별로 좋지 않기 때문에 주로 부정적으로 사용되지만, 독서의 쾌락만큼은 예외입니다.

독서는 소비가 아니라 투자입니다. 독서는 닳고 없어지는 소비의 개념이 아니라, 미래의 가치를 창출하는 투자의 개념입니다. 독서는 즉흥적인 기쁨과 시간 때우기로 흘려보내는 소비의 시간이 아니라, 현재를 통해 미래를 계획하고 준비하도록 돕는 투자의 시간입니다. 독서 시간을 챙기고 만들어야 하는 이유는 독서를 통해 인생이라는 무대에서 살아갈 엄청난 지혜를 얻을 수 있기 때문입니다.

독서를 통해 일상생활에서 유용하게 활용할 지식과 정보를 얻는 것은 시작에 불과합니다. 독서는 생각하는 힘을 길러주어 사고력과 판단력, 문제해결능력과 의사소통능력을 길러줍니다. 독서는 시간, 돈, 여건 등의 제약으로 직접 경험할 수 없는 세상으로 초대하여, 시간과 공간을 초월하는 환상적인 간접경험을 도와주기도 합니다. 또한, 독서는 개인에게는 교양과 품격을 높여주고, 독단과 독선에서 빠져나오도록 도와주면서 사회적으로는 조화로운 대인관계를 돕고, 질서와 정의를 지키도록 도와줍니다.

독서의 쾌락은 경험하지 못한 사람은 알 수도 없고, 상상할 수도 없습니다. 독서를 통해서 매일 새로워지고, 매일 전진하는 쾌락을 느낄 수 있어야 합니다. 독서를 통해서 성장해 가는 쾌감을 느끼고, 세상과 사람들에게 인정받는 짜릿한 감격을 맛볼 수 있어야 합니다. 독서의 쾌락은 맛볼수록 맛있고, 점점 더 그 맛에 빠져듭니다.

*God bless you*

## Miracle
# 103

## 서운함의 치료제는 고마움이다.
*The cure for disappointment is thanks.*

이루고 싶은 오늘의 **비전** *(Vision)*

오늘을 살면서 누군가 또는 세상에 베푼 **사랑** *(Love)*

오늘을 돌아보며 부족했던 점에 대한 **반성** *(Reflection)*

오늘 나에게 행복이 되어 준 **감사** *(Thanks)*

년    월    일

*God bless you*

서운함의 치료제는 고마움입니다. 고마움은 이 모양 저 모양으로 받은 상처와 서운함을 회복시키는 강력한 치료제입니다. 누군가에게 서운함이 느껴질 때, 그 사람으로부터 받았던 고마움들을 떠올리면 미소와 함께 채워지는 긍정의 기운을 가득 느끼게 될 겁니다.

좋았다가 싫어지고 싫었다가 좋아지는 것은 세상의 인연과 만남 속에서 흔히 있는 일입니다. 싫었다가 좋아지는 만남이야 기쁨이요 축복이겠지만, 좋았다가 싫어지는 만남은 상처와 아픔들을 남기고 떠나기에 아쉬움과 안타까움입니다. 처음부터 좋았던 사람이 아주 멀고 먼 나중까지 좋은 인연으로 남길 바라겠지만, 현재를 살아가는 세상에서는 흔한 일이 아닙니다.

좋았던 사람에게 서운한 마음이 들 때, 좋았던 사람이 싫어지거나 실망스러울 때, 지그시 눈을 감아보세요. 그리고 숨을 한 번 크게 쉬고 그 사람이 내게 해 준 고마운 일들을 떠올려 보세요. 마음은 푸근해지고, 미웠던 그 사람이 사랑스러워집니다. 서운함도 실망도, 그리고 미움의 마음도 눈 녹듯이 사라집니다. 그러고 나면 고마운 기억으로, 고마운 마음으로 좋음이 다시 회복됩니다.

서운함이 느껴질 때 나는 그 사람에게 서운하게 한 적이 없는지 뒤돌아봐야 합니다. 서운함이 밀려올 때 나는 누군가에게 서운함의 상처를 주지 않았는지 떠올려 봐야 합니다. 서운함으로 슬퍼질 때 나의 말과 행동으로 인해 사람들에게 슬픔과 눈물을 주지 않았는지 깊이 생각해 봐야 합니다.

서운함은 속이 좁아 이해심이 부족해졌을 때 생기는 감정이기도 합니다. 서운함은 남보다 내 입장만 바라볼 때 나타나는 증상이기도 합니다. 서운함이 밀려올 때 나 자신을 먼저 돌아봐야 합니다.

*God bless you*

*Miracle*
## 104

### 사랑은 용기로 시작된다.
*Love begins with courage.*

이루고 싶은 오늘의 **비전** *(Vision)*

오늘을 살면서 누군가 또는 세상에 베푼 **사랑** *(Love)*

오늘을 돌아보며 부족했던 점에 대한 **반성** *(Reflection)*

오늘 나에게 행복이 되어 준 **감사** *(Thanks)*

년    월    일

God bless you

사랑은 용기로 시작됩니다. 사랑은 마음속 숨겨진 감정을 전하고 표현함으로써 상대방에게 다가가는 것이기 때문에 설렘의 용기가 필요합니다. 사랑은 마음을 전했을 때, 반응의 불확실성과 거절의 위험을 감당해야 하기 때문에 용기가 없으면 시작될 수 없습니다.

　이성을 사랑하는 마음이 생겼다면 용기로 다가가야 비로소 사랑이 시작될 수 있습니다. 가족을 사랑하는 것도 마음만으로 안 됩니다. 말과 행동으로 표현하는 용기를 가져야 가족사랑의 꽃을 피울 수 있습니다. 일터를 사랑하는 마음이 있다면 함께 일하는 동료들에게 사랑을 표현할 용기를 내야 합니다. 사회와 국가를 사랑하는 마음도 마음에 그치지 않으려면 무언가 기여할 용기 있는 실행이 뒤따라야 사랑의 꽃을 피울 수 있습니다.

　마음속에 사랑의 싹이 꿈틀거린다면 거절과 실패를 두려워해서는 안 됩니다. 오히려 좋은 반응을 기대하며 자신감으로 다가가는 것이 성공의 확률을 높여줍니다. 가슴 떨리는 사랑을 시작하려면 자신의 감정과 생각을 솔직히 표현할 용기를 갖는 것도 중요합니다. 진실한 사랑은 진실한 마음으로 전달해야 성과가 좋아집니다. 사랑을 전할 용기를 충전했다면 적극적으로 관심을 보이고 표현해야만 합니다. 사랑은 민들레 홀씨 같아서 또 다른 사랑의 바람이 불면 그쪽으로 날아갈 수 있기 때문입니다. 기다리는 사랑은 완성되기 어렵습니다. 사랑은 기다림이 아니라 다가섬을 통해 얻을 수 있습니다.

　사랑을 전할 준비가 되었다면 작은 신호를 보내면 됩니다. 호감을 줄 수 있는 미소, 매력의 말과 행동을 용기 있게 표현하면 됩니다. 때로는 글이나 메시지 같은 도구도 사랑을 전달하는 좋은 방법이 될 수 있습니다. 호감은 서로를 친밀한 관계로 발전시켜주고, 쌓인 친밀감은 서로의 감정에 따뜻한 사랑을 심어줍니다.

*God bless you*

## Miracle
## 105

### 방심은 패배를 초대하는 문이다.
*Carelessness is the door to defeat.*

이루고 싶은 오늘의 **비전** *(Vision)*

오늘을 살면서 누군가 또는 세상에 베푼 **사랑** *(Love)*

오늘을 돌아보며 부족했던 점에 대한 **반성** *(Reflection)*

오늘 나에게 행복이 되어 준 **감사** *(Thanks)*

년      월      일

*God bless you*

방심은 패배를 초대하는 문입니다. 반갑지 않은 실패의 손님들은 방심의 문을 열고 슬그머니 들어옵니다. 실수와 실패 그리고 패배와 무너짐 같은 원하지 않는 불청객들은 호시탐탐 방심의 틈을 노리고 있습니다. 방심으로 패배하지 않기 위해서는 어떠한 경우라도 끝날 때까지 정신을 집중하면서 경계의 끈을 놓아서는 안 됩니다.

나아가 방심은 개인의 패배로 만족하지 않는 무서운 바이러스가 되어 부정의 영향력을 확산시키는 결과를 가져옵니다. 방심이라는 마음의 바이러스는 팀이나 더 큰 조직까지 무너뜨릴 수 있습니다. 나 하나의 방심으로 인해 모든 구성원의 땀과 노력을 물거품으로 만들어서는 안 됩니다. 나부터 시작해서 한 사람 한 사람은 끝나는 순간까지 방심의 틈이 되지 않도록 조심하고 긴장해야 합니다.

방심으로 잃는 것이 많습니다. 방심으로 기회를 놓칠 수 있습니다. 일자리, 능력을 보여줄 기회, 성장의 기회를 방심으로 인해 놓칠 수 있습니다. 방심은 신뢰를 잃게도 합니다. 방심으로 약속을 어기거나 책임감을 잃게 되면, 사람들의 신뢰를 잃을 수 있습니다. 그 밖에도 방심으로 인해 치명적인 사고를 당할 수도 있고, 방심으로 소중한 건강을 잃을 수도 있으며, 방심 때문에 생명을 잃을 수도 있습니다.

일이 잘 진행되고 있을 때, 상황이 계획대로 잘 되어가고 있을 때, 그럴 때일수록 방심하지 않도록 더 조심하고, 더 신경 써야 합니다. 시원한 바람이 불어올 때 먼지도 함께 불어오듯, 분위기가 좋을 때 방심도 함께 따라옵니다. 분위기가 좋지 않을 때는 긴장으로 방심할 틈이 없지만, 분위기가 좋을 때는 기본을 잊어버리기가 쉽습니다. 분위기가 좋을 때는 준비를 소홀히 하여 틈을 보일 때가 많습니다. 방심은 분위기 좋은 그때를 기회로 생각하고 공격하기에, 분위기가 좋을 때일수록 방심하지 않도록 기본에 더 충실해야 합니다.

*God bless you*

## Miracle
## 106

## 양심은 안전을 지키는 생명줄이다.
*Conscience is a lifeline to safety.*

이루고 싶은 오늘의 **비전** *(Vision)*

오늘을 살면서 누군가 또는 세상에 베푼 **사랑** *(Love)*

오늘을 돌아보며 부족했던 점에 대한 **반성** *(Reflection)*

오늘 나에게 행복이 되어 준 **감사** *(Thanks)*

년    월    일

*God bless you*

양심은 안전을 지키는 생명줄입니다. 양심은 옳고 그름을 판단하는 마음이며 선과 악을 구별하는 마음입니다. 그래서 양심을 지키면서 살면, 선하고 옳은 판단을 하게 되어 나와 너 그리고 우리의 안전이 지켜지고 생명은 보호됩니다.

양심은 자신의 생각과 행동을 스스로 다스리는 내면의 법입니다. 내면의 법을 지킬 때 자신의 삶은 당당해지며 사람들과의 관계에서 신뢰를 쌓아갈 수 있습니다. 양심은 영원히 숨겨질 수도 있겠지만 대부분 시간이 지남에 따라 세상 밖으로 드러납니다.

양심은 일상에서 자연스럽게 지켜져야 합니다. 양심이 있는 사람은 길바닥에 쓰레기를 버리지 않으며 기초질서를 잘 지킵니다. 양심이 있는 사람은 산불의 원인들을 만들지 않으며, 공공의 이익을 먼저 생각합니다. 양심이 있는 사람은 신호등의 빨간불에 멈추며, 타인의 물건을 탐하지도 않습니다.

양심을 지키는 사람은 약자들을 외면하지 않으며, 오히려 사랑을 베풀며 보호합니다. 양심적인 사람들은 눈앞의 작은 이득을 놓칠지 몰라도 기나긴 세월 동안 존경의 인물로 살아갑니다. 양심을 지키는 것은 소심한 사람의 행위로 보일는지 모르지만, 실제는 애국자만큼 훌륭하고 위대한 행위입니다.

양심은 자신의 자존감을 지키는 소중한 철학입니다. 양심은 타인의 행복을 지키는 가치 있는 몸짓입니다. 양심은 사회와 국가를 지키는 자랑스러운 역사입니다.

개개인이 양심을 지키면 질서가 바로 서고, 질서가 바로 서면 법은 안정되며, 법이 안정되면 다수의 안전과 생명은 보호됩니다.

*God bless you*

## Miracle
## 107

## 설익은 떡은 거지에게도 환영받지 못한다.
*Even beggars don't welcome half-cooked rice cakes.*

이루고 싶은 오늘의 **비전** *(Vision)*

오늘을 살면서 누군가 또는 세상에 베푼 **사랑** *(Love)*

오늘을 돌아보며 부족했던 점에 대한 **반성** *(Reflection)*

오늘 나에게 행복이 되어 준 **감사** *(Thanks)*

년    월    일

*God bless you*

설익은 떡은 거지에게도 환영받지 못합니다. 설익은 떡은 기쁘고 경사스러운 날 잔치 분위기를 해칠 수 있습니다. 보기에 먹음직하고 아무리 배가 고파도 설익은 떡은 먹기가 참 곤란합니다. 덜 튀겨져 사각거리는 고구마튀김엔 눈살이 찌푸려지고, 어떻게 뱉을까 고민이 됩니다. 재료도 아깝고 수고도 아깝습니다. 아직 덜 여문 채소들은 풋내가 나서 입맛을 떨어뜨리고, 덜 익은 과일은 먹지 않은 것만도 못합니다. 무엇이든지 익지 않은 것은 환영받기 어렵습니다.

미완성의 제품은 출시하지 않는 것이 차라리 낫습니다. 완성도가 떨어진 제품을 시장에 내놓게 되면 잠재적인 시장의 가능성까지도 없애버리는 결과를 낳기 때문입니다. 해당하는 제품뿐만이 아니라 회사 전체의 이미지까지 타격을 입히기 때문입니다. 마음이 아무리 급하다고 해도 어설프게 만든 제품을 출시하면 탈이 납니다. 세상에 무언가를 빨리 내보이고 싶은 조급증이 생길 때, 한 번 더 돌아보고 한 번 더 검토해야 한다는 것을 명심해야 합니다.

한 권의 책을 출간할 때, 원고를 작성하는 것만큼 중요한 과정이 바로 퇴고입니다. 퇴고를 통해 글의 품질을 높이고, 독자에게 더욱 완성도 높은 작품을 선보일 수 있습니다. 퇴고는 초고에서 발견하지 못했던 오류들을 수정하게 해주고, 문장을 더 명확하고 매력적으로 다듬어 주는 역할도 합니다. 반면에 퇴고를 생략한 원고는 완성도가 떨어져 독자의 마음을 사로잡기 어렵습니다. 퇴고가 생략된 원고는 초고를 쓰기 위해 투자한 고뇌와 열정의 시간들을 제대로 인정받지 못하는 아픈 결과를 받아들여야 합니다.

노력의 성과를 빨리 보고 싶지 않은 사람은 없을 겁니다. 준비한 것들을 세상에 빨리 선보이고 싶지 않은 사람은 드물 겁니다. 그럴 때일수록 더 다듬고, 더 익히는 시간을 가져야 합니다.

*God bless you*

## Miracle
## 108

## 상대를 존중하는 것은 세련된 겸손이다.
*Respecting others is a sophisticated humility.*

이루고 싶은 오늘의 **비전** *(Vision)*

오늘을 살면서 누군가 또는 세상에 베푼 **사랑** *(Love)*

오늘을 돌아보며 부족했던 점에 대한 **반성** *(Reflection)*

오늘 나에게 행복이 되어 준 **감사** *(Thanks)*

년    월    일

*God bless you*

상대를 존중하는 것은 세련된 겸손입니다. 보통의 겸손은 자신을 낮춤으로써 겸손을 표현하지만, 좀 더 세련된 겸손의 방법은 상대를 존중함으로써 상대를 높이는 겸손입니다. 상대방을 존중하게 되면 스스로 특별한 노력을 기울이지 않아도 자연적으로 겸손함이라는 마음 상태가 만들어집니다.

겸손을 위한 진정한 존중은 상대의 조건이나 환경에 영향을 받지 않습니다. 그 사람의 현재 그대로를 이해하고 받아들이며, 그대로를 인정하고 존중합니다. 존중은 학력, 재산, 명예, 과거 등에 관계없이 상대를 배려하는 마음입니다. 상대를 존중하는 사람은 '이래서 싫고 저래서 싫어'라는 표현을 거의 하지 않습니다. 반대로 '이래서 좋고 저래서 좋아'라는 표현을 자주 사용합니다. 존중의 겸손은 상대에게 있는 그 어떤 점에서도 불편함을 느끼지 않으려고 노력합니다.

존중의 겸손은 삶 속에서 자연스럽게 습득되어야 합니다. 존중의 상황은 대인관계, 특히 커뮤니케이션의 과정에서 자주 발생합니다. 상대에게 말할 때와 그의 말을 들을 때 존중의 겸손이 필요합니다. 상대를 존중하는 마음이 없으면 교만의 언어를 서슴없이 사용하게 됩니다. 상대를 존중하지 않으면 그의 입장을 배려하지 않음으로써 경청하기 어려워집니다.

지금 우리가 살아가는 세상은 함께 사는 동물도, 들에 있는 꽃도 모두가 존중받는 시대입니다. 만물의 영장이라는 사람을 존중해야 하는 것은 말로 설명할 필요도 없습니다. 타인을 존중하는 사람은 타인에게 존중받는 존재가 됩니다. 타인을 존중하지 못하는 사람은 타인에게 존중받기 어렵습니다. 타인들의 생각과 그들의 입술에서 나오는 말 그리고 그들의 삶에서 표현되는 행동들을 존중함으로써 겸손의 미덕을 갖추는 우리가 되어야 합니다.

*God bless you*

## Miracle
### 109

## 준비가 기회를 만든다.
*Preparation creates opportunities.*

이루고 싶은 오늘의 **비전** *(Vision)*

오늘을 살면서 누군가 또는 세상에 베푼 **사랑** *(Love)*

오늘을 돌아보며 부족했던 점에 대한 **반성** *(Reflection)*

오늘 나에게 행복이 되어 준 **감사** *(Thanks)*

년    월    일

*God bless you*

준비가 기회를 만듭니다. 준비가 기회를 창조해 냅니다. 봄에 씨를 뿌림으로써 준비하는 사람은 가을에 풍성한 결실의 기회를 얻을 수 있습니다. 어려서 배움의 준비를 잘하는 사람은 성인이 되어 성취의 기회를 만들어낼 수 있습니다. 준비하는 사람은 가망성이 전혀 없던 기회도 만들어냅니다. 준비하는 사람은 상상하지도 못했을 행운과 기적의 기회까지도 만들어냅니다.

가뭄에 콩나듯 찾아오는 요행만 바라보며 준비하지 않는 사람이 있습니다. 그들은 타인들의 성장과 행복을 그저 부러움의 시선으로 바라봐야 합니다. 제대로 된 준비 없이 좋은 기회를 바라는 사람은 못나고 어리석은 욕심꾸러기일 뿐입니다. 땀 흘리며 준비한 사람은 기근과 흉년에도 풍성한 음식을 맛볼 수 있습니다. 바쁘게 열심히 준비한 사람은 고난의 경제 위기 상황에서도 여유로운 생활을 누릴 수 있습니다. 잠시 유혹의 즐김을 참아가며 준비한 사람은 아름답고 황홀한 곳곳에서 오랫동안 여행하며 즐기면서 살아갈 수 있습니다.

준비하는 사람에게는 두려움이 없지만 준비하지 않는 사람에게는 두려움이 밀려옵니다. 겨울을 대비하여 잘 준비해 낸 사람은 겨울이 두렵지 않지만, 준비하지 않은 사람은 봄, 여름, 가을, 겨울이 모두 두렵습니다. 현재를 충실하게 준비한 사람은 미래가 두렵지 않지만 아무 준비가 없던 사람은 과거도, 현재도, 미래도 모두 두렵습니다. 어려서부터 준비한 사람은 늙어감에도 두렵지 않지만, 성인의 삶을 준비하지 않은 사람은 나이가 들어갈 때마다 두렵습니다.

날마다 준비하는 사람은 날마다 기회를 만들어냅니다. 날마다 준비하는 사람은 날마다 기회를 쌓아갑니다. 쌓인 준비는 기회가 되어 성장과 행복의 결실을 만들어냅니다. 준비는 기회의 밀물이 됩니다. 오늘 준비하면 기회의 밀물이 감동과 함께 밀려옵니다.

*God bless you*

## Miracle
## 110

## 장애는 불편함이지만 불가능은 아니다.
*Disability is inconvenience, but not impossible.*

이루고 싶은 오늘의 **비전** *(Vision)*

오늘을 살면서 누군가 또는 세상에 베푼 **사랑** *(Love)*

오늘을 돌아보며 부족했던 점에 대한 **반성** *(Reflection)*

오늘 나에게 행복이 되어 준 **감사** *(Thanks)*

년    월    일

*God bless you*

장애는 불편함이지만 불가능은 아닙니다. 장애를 만나고 경험할 때 두려움으로 좌절하고 포기하는 사람도 있겠지만, 보란 듯이 장애를 딛고 일어선 사람이 세상에는 많습니다. 볼 수 없고, 들을 수 없고, 말할 수 없었던 수많은 사람이 명곡을 작곡했고, 베스트셀러의 책을 썼으며, 이전에 없었던 혁신적인 발명품을 세상에 선보였습니다.

장애는 어떤 형태로든 불편함을 동반합니다. 하지만 그 불편함이 불가능을 의미하지는 않습니다. 불편함으로 인한 고통과 어려움은 부인할 수 없겠지만, 이겨내지 못할 극한의 어려움은 아닐 겁니다. 남들보다 시작이 조금 더 번거롭고, 해나가는 과정에서 속도가 조금 더 느릴 뿐입니다. 시작이 번거롭고 진행의 과정이 느리다고 해서 만족스럽지 못한 결과만 나오라는 법은 없습니다. 시작과 과정에서 고난이 많았기에, 그 고난을 극복했기에 오히려 더 좋은 결과물들을 창조해 낼 확률이 높습니다.

선천적으로 장애를 갖고 태어날 수도 있지만, 훨씬 더 많은 사람이 후천적으로 장애의 상태가 됩니다. 천재지변이나 예상하지 못했던 사고로 장애를 얻기도 하며, 나이가 들어가면서 거의 모든 사람이 신체적 장애를 얻기도 합니다. 시력은 점점 흐려지고, 청력도 점점 약해집니다. 노인이 되어 홀로 걷기 힘들 때 지팡이가 자연스럽듯 장애는 우리 삶에서 아주 자연스러운 현상입니다. 장애는 누구라도 걸릴 수 있는 감기이며, 몸살입니다. 자연스러운 시선으로 장애를 바라보면 장애도 비장애도 특별할 것이 없습니다.

신체장애보다 무서운 것은 마음의 장애입니다. 게으름과 무절제, 독선과 편견, 교만과 위선, 험담과 질투, 열등과 우울은 치료하기 힘든 마음의 장애입니다. 마음의 장애는 방치하면 할수록 치료하기 어렵기 때문에 느껴지는 순간순간 치료하는 것이 중요합니다.

*God bless you*

## Miracle
## 111

### 어린이의 호기심이 과학기술을 이끈다.
*Children's curiosity leads to science and technology.*

이루고 싶은 오늘의 **비전** *(Vision)*

오늘을 살면서 누군가 또는 세상에 베푼 **사랑** *(Love)*

오늘을 돌아보며 부족했던 점에 대한 **반성** *(Reflection)*

오늘 나에게 행복이 되어 준 **감사** *(Thanks)*

년    월    일

*God bless you*

어린이의 호기심이 과학기술을 이끕니다. 어린이의 호기심과 탐구 습관은 과학기술 발전을 잉태하게 하는 출발입니다. 어린 시절부터 일상생활에서 쌓아가는 관심과 호기심의 습관은 평범한 어린이를 미래의 과학기술 인재로 성장시키고 육성시키는 필수 영양분이자 밑거름이 됩니다.

어린이의 호기심은 무한한 가능성의 시작입니다. 덜 익은 생각이요 철없는 장난처럼 느껴질 수도 있는 어린이의 호기심은 기성세대의 고정관념을 혁신시키는 궁금함의 샘입니다. 아이들의 어린 시절부터 호기심과 관심사들에 적극적으로 반응해 주어야 합니다. 아이들이 즐겁게 탐구하고 배울 수 있는 환경을 조성해 주어야 합니다. 그런 환경 속에서 빛나는 미래의 과학 인재들이 탄생 되고, 그들 덕분에 우리는 호기심의 세대가 발전시킨 눈부신 세상을 만나게 됩니다.

어린이의 호기심이 잠재력 발굴과 역량개발에 중요한 디딤돌임을 모르는 이가 별로 없습니다. 하지만, 안타까운 현실은 일상생활에서 아이들의 호기심을 방해하고 제한하는 요소들이 많다는 사실입니다. 스마트폰, 게임, 텔레비전 같은 간접경험에 과도하게 많은 시간을 사용함으로써, 호기심을 자극하는 관찰과 탐구, 사색과 질문 같은 직접경험의 시간이 줄어들게 됩니다. 또한, 부모의 과잉보호나 과잉 개입으로 아이들의 주체적인 탐구와 창의적인 활동을 제한함으로써 호기심 자극과 호기심 증폭의 기회가 줄어들게 됩니다.

호기심은 경험에서 출발합니다. 호기심은 틀에 박힌 경험이 아닌 새롭게 만나는 다양한 경험과 즐거운 놀이 활동 과정에서 솟아나는 궁금함의 샘입니다. 새롭고 다양한 경험과 활동적인 놀이에 관심을 주고 지지해 주면 아이들의 호기심은 자극을 받고, 또 증폭되어서 세상을 발전시킬 기발한 아이디어와 기술을 만들어냅니다.

*God bless you*

## Miracle
## *112*

### 사람은 지구라는 엄마의 뱃속에서 산다.
*People live in the mother's womb called Earth.*

<u>이루고 싶은 오늘의 **비전** *(Vision)*</u>



<u>오늘을 살면서 누군가 또는 세상에 베푼 **사랑** *(Love)*</u>



<u>오늘을 돌아보며 부족했던 점에 대한 **반성** *(Reflection)*</u>



<u>오늘 나에게 행복이 되어 준 **감사** *(Thanks)*</u>



년    월    일

*God bless you*

사람은 지구라는 엄마의 뱃속에서 살아갑니다. 사람들은 지구라는 엄마의 따뜻한 생명체 안에서 살고 있으며, 지구는 우리에게 삶의 터전과 생명을 유지하는 데 필요한 의식주를 공급해 줍니다. 지구는 사람들이 풍요로운 삶을 살아갈 수 있도록 수많은 자원과 시기에 맞는 기후 그리고 아름다운 자연환경을 아무 대가 없이 제공합니다. 지구라는 존재는 사람에게 아낌없이 주는 나무입니다.

지구를 잃은 세상은 엄마가 없는 아기의 세상과 다를 바 없습니다. 사람만 남겨진 지구는 황량한 사막에 홀로 남겨진 아기의 인생과 다를 바가 없습니다. 사람이 없는 지구는 이상하지만, 지구가 없는 사람은 더 이상하고 끔찍합니다. 사람과 지구는 떨어져 생각할 수 없는 존재이기에, 아끼고 지켜주면서 함께 생존해 나갈 길을 찾아야 하는 운명공동체입니다.

엄마가 건강해야 뱃속의 아기도 건강합니다. 엄마가 건강을 잃으면 뱃속의 아기도 건강할 수 없습니다. 엄마의 건강은 태아의 건강과 직결됩니다. 세상에서 임산부를 배려하듯 지구를 배려해야 합니다. 대중교통을 이용할 때 피곤하더라도 임산부에게 자리를 양보하듯, 지구의 건강을 위해 사람의 편안함과 즐거움을 양보할 수 있어야 합니다. 임산부와 태아를 위해 술과 담배를 절제하듯, 병에 걸리지 않은 건강한 지구를 위해 사람의 욕심과 욕망을 절제해야 합니다.

지구는 살아있는 생명입니다. 함부로 대하면 병에 걸리고, 아끼고 보호하면 건강해집니다. 지구는 현세대를 위한 존재입니다. 하지만 동시에 후세대를 위한 존재이기도 합니다. 사람이 후손에게 건강한 유전자를 물려줘야 하듯, 우리는 후세에게 건강한 지구를 물려줘야 합니다. 지구를 지켜줌으로 부채가 아닌 재산을 남겨줘야 합니다. 지구를 보호함으로 재앙이 아닌 축복을 전해줘야 합니다.

*God bless you*

## Miracle
## 113

### 모방은 가장 빨리 배우는 방법이다.
*Imitation is the fastest way to learn.*

이루고 싶은 오늘의 **비전** *(Vision)*

오늘을 살면서 누군가 또는 세상에 베푼 **사랑** *(Love)*

오늘을 돌아보며 부족했던 점에 대한 **반성** *(Reflection)*

오늘 나에게 행복이 되어 준 **감사** *(Thanks)*

년    월    일

God bless you

모방은 가장 빨리 배우는 방법입니다. 사람이든 동물이든 배움은 주로 모방에서 시작됩니다. 사람을 포함한 생명체들은 모방을 통해 많은 것을 학습하고 성장합니다. 특히 어린이들은 부모나 친구들을 모방하며 언어, 행동, 사회적 질서 등을 배웁니다. 모방은 새로운 지식과 혁신, 전통문화와 기술을 후대에 전수하는 역할도 합니다. 원하는 분야에서 성장하고 능숙해지고 싶다면 가능한 한 빨리 따라 배울 수 있는 역할 모델을 찾는 것이 좋습니다.

아기는 부모의 대화를 통해서 말을 배우고, 이미 쓰여있는 글씨를 따라 쓰면서 글씨를 배웁니다. 그림을 잘 그리기 위해서 처음에는 있는 그대로를 보고 그리는 것부터 연습합니다. 노래를 잘 부르기 원하는 많은 사람이 유명 가수를 따라 부르거나 모창하면서 실력을 키워갑니다. 스포츠 선수도 마찬가지입니다. 운동을 배우는 시기에 자신이 우상처럼 여기는 선수를 보면서 똑같이 닮아가려고 엄청난 노력을 합니다. 그리고 닮아가는 만큼 실력도 쌓여갑니다.

모방의 기술을 충분히 습득하고 익힌 후에는 스스로 창조의 길을 열어가야 합니다. 모방이 초기 학습 단계에서 중요한 역할을 했다고 해도 오래 지속되면 안 됩니다. 창의성과 독창성을 발휘하기 위해 모방의 수준을 넘어서려는 진지한 노력이 필요합니다. 모방을 통해 배운 실력 위에 자신만의 아이디어와 색깔로 재탄생시켜서 새로운 성장을 이끌어 내려는 창의적이고 진취적인 도전이 필요합니다.

배움을 시작할 때 누군가를 보고 따라 배우는 것은 전혀 부끄러운 일이 아닙니다. 나보다 먼저 배웠거나, 나보다 더 경험이 많거나, 나보다 더 능숙한 사람을 보고 따라 배우는 것은 인재가 갖춰야 할 훌륭한 자세입니다. 모방은 그들의 뛰어난 실력뿐만 아니라, 그들의 열정과 삶을 대하는 자세까지 오롯이 배우게 합니다.

*God bless you*

## Miracle
# 114

### 책값은 책의 한 문장으로도 충분하다.
*One sentence is enough for the price of a book*

이루고 싶은 오늘의 **비전** *(Vision)*

오늘을 살면서 누군가 또는 세상에 베푼 **사랑** *(Love)*

오늘을 돌아보며 부족했던 점에 대한 **반성** *(Reflection)*

오늘 나에게 행복이 되어 준 **감사** *(Thanks)*

년    월    일

*God bless you*

책값은 책의 한 문장으로도 충분합니다. 독자의 머리와 가슴속에 와닿은 책 속의 한 문장은 책값을 계산하고도 남을 만큼의 충분한 가치가 있습니다. 책이라는 창고에는 지식과 정보, 그리고 가르침을 주는 주옥같은 지혜의 씨앗들이 곳곳에 숨어있습니다. 한 권의 책, 그 보물창고에는 수십, 수백, 수천 개의 금은보화와 같은 깨달음과 영감의 문장들이 담겨있습니다. 한 권의 책, 그 안의 수많은 문장 속에서 한 문장이라도 자기 것으로 만들 수 있다면, 그 책과 책값은 충분한 가치를 선물한 것입니다.

한 권의 책에 쓰여있는 한 문장에는 가능성이 포함되어 있습니다. 책 속의 한 문장은 단순히 읽고 넘기는 한 문장에 그치지 않습니다. 한 문장을 읽고 어떤 사람은 자신의 생명을 구해낼 수도 있습니다. 감동적인 한 문장으로 가정과 일터를 살릴 사람도 있습니다. 힘을 주는 한 문장으로 용기를 얻고 새 힘을 얻어 새로운 도전을 시작할 사람도 있습니다. 또 어떤 이는 원수 같은 사람을 용서할 수도 있고 오랜 미움을 지울 수도 있으며, 효와 공경을 깨달을 수도 있습니다. 또 어떤 이는 한 문장으로 세상을 변화시킬 아이디어를 얻을 수도 있고 과거의 잘못된 습관과 방법을 고치고 개선할 수도 있습니다. 책 한 권 그리고 그 안의 한 문장 한 문장 속에는 수많은 가능성이 담겨있습니다.

옷과 신발을 사는 돈으로 사람들에게 멋지고 아름답다는 찬사를 들을 수 있습니다. 맛있는 음식과 음료를 구매한 돈으로 포만감과 즐거움을 만끽할 수 있습니다. 가고 싶었던 여행에 투자한 돈으로 삶의 윤택함을 선물 받을 수 있습니다. 이처럼 돈이 만들어 낸 많은 가치 중에 책도 예외는 아닙니다. 책을 사기 위해 투자한 돈으로는 미래를 개척할 수 있고, 행복을 찾을 수도 있습니다. 책은 무엇보다 가성비가 높습니다. 한 문장만으로도 인생을 바꿀 수도 있습니다.

*God bless you*

## Miracle
## 115

### 땀방울이 없는 수확에는 독이 있다.
*The harvest without sweat is poisonous.*

이루고 싶은 오늘의 **비전** *(Vision)*

오늘을 살면서 누군가 또는 세상에 베푼 **사랑** *(Love)*

오늘을 돌아보며 부족했던 점에 대한 **반성** *(Reflection)*

오늘 나에게 행복이 되어 준 **감사** *(Thanks)*

년    월    일

*God bless you*

땀방울이 없는 수확에는 독이 있습니다. 고통의 땀을 흘리지 않고 손에 넣은 성과물에는 얻는 것보다 잃는 것이 더 많을 수 있습니다. 노력과 희생 없이 얻으려는 생각은 위험하며 바람직하지 않습니다. 값진 것을 얻기 위해서는 그에 상응하는 노력이 반드시 동반되어야 성과의 가치가 눈부시게 빛납니다.

노력 없이 쉽게 얻어낸 성취물에는 진실이 은폐되었거나 부정한 방법이 동원되었을 확률이 높습니다. 특별한 수고 없이 쉽게 이루어 낸 업적에는 속임수와 거짓의 수단이 사용되었을 확률이 높습니다. 세상에 존재하는 어떤 비전도 힘들이지 않고 성취할 수 있는 것은 없기 때문입니다. 세상 사람들이 따내려고 하는 어떤 목표도 낮은 곳에 있지 않기 때문입니다. 누구나 갖고 싶어 하는 비전과 목표는 힘들고 높은 곳에 있기 때문에 진실한 땀을 흘리지 않고 쉽게 얻을 수 없습니다.

별다른 노력 없이 쉽게 쟁취한 사랑은 사소한 것에도 다툼이 많고, 다름과 오해를 극복하지 못해 오래가기 어렵습니다. 사람을 만나며 신중함과 진지함의 노력 없이 쉽게 맺어진 인간관계는 지속되기도 어렵고, 지속된다고 해도 별 도움이 되지 않습니다. 탄탄한 내실과 진실한 노력 없이 얻은 부와 성공은 예측하기 어려운 외부요인과 급변하는 환경에 흔들리기 쉽고 위기 상황에서 무너지기 쉽습니다. 사랑도, 인간관계도, 성공도 모두 진실한 땀방울이 있어야 오래도록 좋은 상태를 유지할 수 있습니다.

게으름은 편함을 주지만 그 안에는 뒤처짐과 낙오라는 무시무시한 독이 들어있듯, 쉽게 얻어낸 성취물에는 무서운 독이 들어있습니다. 무언가를 쉽게 얻으려는 생각, 무언가를 쉽게 성취하려는 안일함은 자신의 인생을 무섭게 위협하는 마음가짐의 독입니다.

*God bless you*

## Miracle
## 116

### 집을 꾸미는 최고의 인테리어는 웃음이다.
*The best interior decorating the house is laughter.*

이루고 싶은 오늘의 **비전** *(Vision)*

오늘을 살면서 누군가 또는 세상에 베푼 **사랑** *(Love)*

오늘을 돌아보며 부족했던 점에 대한 **반성** *(Reflection)*

오늘 나에게 행복이 되어 준 **감사** *(Thanks)*

년    월    일

*God bless you*

집을 꾸미는 최고의 인테리어는 웃음입니다. 사랑하는 가족 사이로 오가는 웃음은 화려한 샹들리에 장식보다 더 빛나는 기쁨을 주고, 유명 디자이너의 손길에서 나온 조각품보다 더 황홀한 아름다움을 선물합니다. 웃음의 공기가 풍성한 집에는 걸작의 그림이 걸려 있지 않아도 벽들이 매력적으로 보입니다. 값비싼 재료와 소품들이 없다 해도 웃음이 가득한 집은 볼품없는 그 무엇들까지도 멋지고 훌륭한 인테리어 소재가 됩니다.

지금 살고 있는 집을 더 밝고 더 환하게 인테리어를 하고 싶다면 꾸밈없는 환한 웃음을 만들어 내기만 하면 해결됩니다. 밝고 맑은 웃음이 있는 집에는 조명이 없어도 스스로 밝은 빛이 새어 나오기 때문입니다. 웃음은 그 어떤 조명보다도 밝고 환하기 때문에 빛이 없는 구석구석까지 비출 수 있습니다. 웃음은 심지어 문이 닫혀있는 장롱 속에도 스며들어 밝은 마음을 채웁니다. 웃음으로 가득한 집은 불을 켜지 않아도 집안의 환한 분위기를 느낄 수 있습니다.

웃음이 가득한 집에는 향기가 진동합니다. 인공의 방향제가 없어도 자연적으로 만들어진 웃음 향기로 온 집안이 향긋합니다. 웃음꽃이 피는 집에는 눈물 흘리는 날에도 향기가 납니다. 날마다 웃음꽃이 피는 집에는 고난 중에도 향기가 배어 나옵니다. 웃음꽃에서 나오는 향기는 슬픔을 덮고, 아픔을 이겨내게 하는 심리 치료제가 됩니다.

웃음이 있는 집은 따뜻합니다. 웃음이 떠나지 않는 집은 벽난로가 없어도 따뜻하고, 보일러를 틀지 않아도 춥지 않습니다. 가족들을 위한 웃음은 긍정의 에너지가 되어, 보이지 않는 차가운 공기들을 데워줍니다. 가족들을 향한 웃음은 배려의 불씨가 되어 한 사람 한 사람의 마음에 따뜻한 불을 지펴줍니다. 가족들에게 전하는 사랑의 웃음은 지구의 어떤 난방기구보다도 따뜻함을 전합니다.

*God bless you*

## Miracle
## 117

### 언쟁은 혀로 싸우는 전쟁이다.
*Argument is a war fought with the tongue.*

이루고 싶은 오늘의 **비전** *(Vision)*

오늘을 살면서 누군가 또는 세상에 베푼 **사랑** *(Love)*

오늘을 돌아보며 부족했던 점에 대한 **반성** *(Reflection)*

오늘 나에게 행복이 되어 준 **감사** *(Thanks)*

년    월    일

*God bless you*

언쟁은 혀로 싸우는 전쟁입니다. 언쟁을 일으키는 혀는 칼보다 더 날카롭고, 총알보다 더 치명적입니다. 언쟁이 습관화된 혀는 무서운 무기가 되어 사람들의 마음과 삶에 깊은 상처와 고통을 남깁니다. 사람들에게 평화와 사랑을 전하는 입은 보물창고라 할 수 있지만, 툭하면 시비와 싸움을 걸고 사사건건 쏘아붙이는 입은 무기고이자 화약고라 할 수 있습니다.

전쟁은 아군과 적군을 가릴 것 없이 양쪽 모두에게 피해를 줍니다. 언쟁도 다르지 않습니다. 말다툼에 관여한 모두에게 쉽게 치유되지 않는 상처와 좀처럼 지워지지 않는 아픔을 남기게 됩니다. 전쟁에서 승리한 경우라도 피해가 전혀 없는 완벽한 승리는 없듯이 언쟁도 마찬가지입니다. 언쟁에서 이긴 사람이라 하더라도 완전한 승리라고 할 수 없는 이유는 그의 내면도 언쟁의 나쁜 바이러스로 병들었기 때문입니다. 전쟁이 단어로만 존재하는 것이 좋듯, 언쟁도 단어만 존재하고 실제의 삶에서는 존재하지 않는 것이 훨씬 좋습니다.

자주 언쟁하는 사람은 적이 많습니다. 자주 언쟁하는 사람 곁에는 친구가 별로 없습니다. 자주 언쟁하는 사람은 웬만해서는 상대방의 입장을 배려하지 않습니다. 상대방이 아주 곤란한 상황에 처했어도 웬만해서는 이해해주지 않습니다. 자주 언쟁하는 사람은 이기심이 많기 때문에 이타심을 발휘하기 어렵습니다. 자주 언쟁하는 사람은 '자기만 옳고 다른 사람은 틀리다'라고 생각하는 습관이 있습니다. 그래서 다름을 틀림으로 판단하고 배척하는 경우가 많습니다.

언쟁하는 입에서는 향기가 나지 않습니다. 언쟁하는 입속에 향기 나는 어떤 것을 머금어도 악취가 새어 나옵니다. 언쟁하는 입술은 매력을 전하기 어렵습니다. 예쁜 립스틱을 발라도 매력적인 입술을 만들 수 없습니다. 언쟁을 삼가면 입속에 향기가 피어납니다.

*God bless you*

## Miracle
## 118

### 생명의 탄생은 새로운 우주의 탄생이다.
*The birth of life is the birth of a new universe.*

이루고 싶은 오늘의 **비전** *(Vision)*

오늘을 살면서 누군가 또는 세상에 베푼 **사랑** *(Love)*

오늘을 돌아보며 부족했던 점에 대한 **반성** *(Reflection)*

오늘 나에게 행복이 되어 준 **감사** *(Thanks)*

년    월    일

*God bless you*

생명의 탄생은 새로운 우주의 탄생입니다. 생명의 탄생으로 인하여 태어난 생명에게 또 하나의 우주가 만들어지고, 아가라는 생명체가 탄생함으로 말미암아 또 한 명의 주인공이 우주 무대에 등장합니다. 생명의 탄생은 기나긴 우주의 시간을 뚫고 나오는 승리의 과정이며, 생명의 탄생은 어둡고 고통스러운 우주 공간을 깨고 나오는 환희의 여정입니다.

생명이 없는 지구는 황량하고 무의미한 공간일 뿐입니다. 생명이 없는 지구는 쓸쓸하고 텅 비어 있는 빈집 같은 공간에 불과합니다. 생명의 탄생이 있기에 지구에 활기를 불어넣을 수 있으며, 생명의 탄생이 있기에 지구라는 존재에 크나큰 가치를 부여할 수 있습니다. 생명이 탄생함으로 지구의 머리가 만들어지며, 생명이 탄생함으로 지구의 심장도 만들어집니다. 생명의 탄생으로 지구의 심장에 피를 공급하고, 생명이 탄생함으로 지구의 심장을 뛰게 합니다.

생명의 탄생은 인류와 역사에 중요하고 필수적인 연결고리입니다. 생명의 탄생은 시간과 시간을 연결하여 과거와 현재, 그리고 미래를 이어줍니다. 생명의 탄생은 공간과 공간을 연결함으로 땅과 바다를 지구로 연결하고, 하늘과 별들을 우주로 연결합니다. 생명의 탄생이 없이는 시간의 연결은 불가능합니다. 생명의 탄생이 없다면 공간의 연결이 가능하지 않습니다.

생명의 탄생이 줄고 있는 저출생 시대입니다. 생명의 탄생은 국가 발전의 뿌리입니다. 생명 탄생 없이는 국가 발전은커녕 국가 유지도 어렵습니다. 생명을 소중히 여겨야 합니다. 자기 생명처럼 타인의 생명도 소중히 여겨야 합니다. 인간의 생명을 귀하게 여기듯 동물과 식물의 생명도 소중하게 여겨야 합니다. 생명의 탄생을 축하하며, 태어난 생명을 아끼고 사랑하도록 모두가 노력해야 합니다.

*God bless you*

## Miracle
### 119

**지루하다는 것은 시간을 낭비하고 있다는 의미이다.**
*Being bored means you're wasting your time.*

<u>이루고 싶은 오늘의 **비전** (Vision)</u>

<u>오늘을 살면서 누군가 또는 세상에 베푼 **사랑** (Love)</u>

<u>오늘을 돌아보며 부족했던 점에 대한 **반성** (Reflection)</u>

<u>오늘 나에게 행복이 되어 준 **감사** (Thanks)</u>

년    월    일

*God bless you*

지루하다는 것은 시간을 낭비하고 있다는 의미입니다. 지루하다는 감정이 느껴진다는 것은 귀하디귀한 시간을 죽이고 있다는 의미와 별로 다르지 않습니다. 지루함의 감정은 지금 마땅히 해야 할 일에 집중하지 못하거나 충실하지 못할 때 나오는 현상입니다. 지루함의 상태는 지금 눈앞에 마주하고 있는 시간이나 상황들에서 즐거움의 요소를 발견하지 못했거나, 더 이상 지속하고 싶은 마음이 없을 때 나타나는 현상이기도 합니다.

주어진 시간을 열심히 가꾸고 충실하게 채워가는 사람은 지루함을 느끼는 경우가 별로 없습니다. 열심히 그리고 충실히 사는 사람은 시간의 투자를 통해 뿌듯하고 가슴 벅찬 성과를 얻어낸 경험들이 많기 때문에 시간을 낭비하는 일이 거의 없습니다. 열심히 살아가는 사람은 성과로 보답해주는 소중한 시간을 무의미하게 흘려보내는 것이야말로 가장 어리석은 일 중 하나라고 생각하기 때문입니다.

영화나 연극 또는 드라마에 집중하지 못하거나 몰입하지 못하면 지루함으로 시간이 낭비됩니다. 학교의 수업이나 종교의 가르침에서 배움이나 깨달음을 얻어내지 못하면 지루함이 밀려와 귀한 시간이 헛되게 쓰입니다. 스포츠나 콘서트에서 즐거움이나 감동을 느끼지 못하면 지루함으로 시간의 가치가 퇴색됩니다. 주어진 시간 안에서 즐거움, 깨달음, 감동 등을 찾아내고 느끼는 것은 자신의 몫입니다. 누가 대신해줄 수 없는 온전한 자신의 몫입니다.

자발성과 적극성이 부족한 시간은 지루해지기가 쉽습니다. 그래서 생산성과 효율성이 떨어집니다. 열정과 긍정이 담기지 않은 시간도 지루해지기 쉽습니다. 결과적으로 뿌듯함과 성취감이 떨어집니다. 반복되는 시간은 없습니다. 모든 날과 모든 시간은 오직 한 번밖에 없습니다. 주어진 시간을 지루할 틈이 없이 가꾸어가야 합니다.

*God bless you*

## Miracle
## 120

## 좋은 사람은 혼자 있을 때도 좋은 사람이다.
*A good man is a good man even when he is alone.*

이루고 싶은 오늘의 **비전** *(Vision)*

오늘을 살면서 누군가 또는 세상에 베푼 **사랑** *(Love)*

오늘을 돌아보며 부족했던 점에 대한 **반성** *(Reflection)*

오늘 나에게 행복이 되어 준 **감사** *(Thanks)*

년    월    일

*God bless you*

좋은 사람은 혼자 있을 때도 좋은 사람입니다. 좋은 사람은 누가 있든지 없든지 상관없이 좋은 사람으로서 갖추어야 할 생각과 말과 행동을 합니다. 잘 보여야 할 사람들 앞에서만 좋은 사람인 척하는 가식적인 사람들도 있지만, 진정으로 좋은 사람이라면 때와 장소를 가리지 않고 좋은 사람의 모습을 보입니다. 훌륭한 사람들도, 멋진 사람들도 마찬가지입니다. 그들은 혼자 있을 때도 훌륭하고, 혼자 있을 때도 멋집니다.

정말 좋은 사람은 오히려 혼자 있을 때 더 좋고, 더 훌륭하며, 더 멋진 사람으로 살아갑니다. 혼자 있을 때 자연스럽게 배어 나오는 멋진 모습이야말로 가식이 없고 꾸밈이 없기에 그것이 그 사람의 진짜 모습인 것입니다. 나 혼자만의 시간과 공간에서 무의식적으로 표출되는 훌륭한 내면이 나라는 사람의 진정한 정체인 것입니다.

겉과 속이 다른 사람들이 있습니다. 남들에게 보이는 모습과 혼자 있을 때의 모습이 완전히 딴판인 사람들이 있습니다. 진짜 모습이 아닌 꾸며진 모습만을 보여주는 사람이 그런 사람입니다. 혼자만의 시간과 공간에서 부끄러운 생각과 말과 행동을 서슴없이 뿜어내는 사람들이 그런 사람입니다. 그런 사람들은 자신의 인생을 온전하게 살지 못합니다. 그런 사람들은 소중한 인생을 가짜의 삶으로 채우는 불쌍한 사람들입니다. 그들이 걸어간 삶의 뒤안길에는 허탈하고도 쓸쓸한 발자국만이 남게 됩니다.

좋은 사람으로 인정받기를 싫어할 사람은 없습니다. 좋은 사람으로 인정받기 위해서는 무엇보다도 안과 밖이 다르지 않은 삶을 살아야 합니다. 표리부동하지 않은 사람으로서 스스로가 좋은 사람이라고 인정할 수 있어야 합니다. 스스로 좋은 사람이라고 인정하고 존경할 수 있다면 그 사람은 좋은 사람일 확률이 매우 높습니다.

*God bless you*

*Miracle*
## 121

## 노동의 땀방울이 건강한 사회를 만든다.
*The sweat of labor creates a healthy society.*

이루고 싶은 오늘의 **비전** *(Vision)*

오늘을 살면서 누군가 또는 세상에 베푼 **사랑** *(Love)*

오늘을 돌아보며 부족했던 점에 대한 **반성** *(Reflection)*

오늘 나에게 행복이 되어 준 **감사** *(Thanks)*

년      월      일

*God bless you*

노동의 땀방울이 건강한 사회를 만듭니다. 꿈꾸는 사람의 땀방울은 성장을 불러오고, 가장의 땀방울은 가족들의 행복을 만들고 지키는 원천이 됩니다. 노동자의 땀방울은 기업을 일으키고, 국가의 경제를 발전시키며 세상을 이롭게 합니다.

노동의 땀방울이 가치 있는 첫 번째의 이유는 진실성 때문입니다. 땀방울은 거짓이 없습니다. 땀방울은 진실한 성과를 창출해 냅니다. 많은 사람이 땀 흘리지 않고 돈 버는 삶을 꿈꿉니다. 또 어떤 이는 땀 흘린 것보다 훨씬 더 많은 성과를 바라기도 합니다. 하지만 그런 삶은 진실하고도 훌륭한 삶과 점점 멀어지게 합니다.

노동의 땀방울이 가치 있는 두 번째의 이유는 책임감 때문입니다. 노동의 땀방울은 책임을 수반합니다. 나와 가정 그리고 기업을 위한 책임감은 그 자체로 아름답고도 훌륭한 일이 아닐 수 없습니다.

노동의 땀방울은 냄새가 아니라 향기를 전합니다. 진실한 노동의 땀방울은 인위적으로 만든 향수보다 더 가치 있는 향기를 전합니다. 노동으로 얼룩진 때는 추함이 아니라 아름다운 흔적입니다. 힘겨운 노동으로 때 묻은 옷은 어느 명품의 옷보다 더 아름답습니다.

땀방울이 없는 소득은 가치가 떨어집니다. 땀방울이 없이 축적한 부는 거짓과 속임수로 가득합니다. 땀방울이 없는 이익은 떳떳하지 못하며, 땀방울이 없는 재산은 인정받기 어렵습니다. 땀방울이 없는 부는 사라지기 쉽습니다.

노동의 땀방울은 부의 크기가 작더라도 그 가치는 작지 않습니다. 노동의 땀방울은 낮고 천한 자리에서도 귀하게 존중받으며 노동의 땀방울은 선함과 진실함의 꽃이요, 성실함과 책임감의 열매입니다.

*God bless you*

## Miracle
## 122

### 일을 즐기면 일터는 놀이터가 된다.
*If you enjoy your work, your workplace becomes a playground.*

이루고 싶은 오늘의 **비전** *(Vision)*

오늘을 살면서 누군가 또는 세상에 베푼 **사랑** *(Love)*

오늘을 돌아보며 부족했던 점에 대한 **반성** *(Reflection)*

오늘 나에게 행복이 되어 준 **감사** *(Thanks)*

년    월    일

*God bless you*

일을 즐기면 일터는 놀이터가 됩니다. 즐기면서 일하는 사람에게는 일터가 놀이공원처럼 기쁨의 에너지를 주는 공간으로 느껴집니다. 평소에 즐거운 마음으로 일하면 일터를 생각할 때 감사의 마음과 웃음이 끊이지 않게 됩니다. 일이 즐거우면 일터에서의 하루하루는 행복의 계단을 오르며 누리는 즐겁고 뿌듯한 쾌감의 시간이 됩니다. 일을 즐기는 사람은 일터에서 만나는 사람들을 사랑하는 가족이요, 좋은 친구로 여깁니다.

반면에 일을 즐기지 못하는 사람도 많습니다. 일을 즐기지 못하면 일터는 불만과 불평이 가득한 성토장이 됩니다. 일에서 자발적으로 즐거움의 요소를 찾지 못하면 일터는 창살에 갇힌 감옥처럼 차가운 공간이 됩니다. 일에서 행복의 의미를 찾지 못하고 즐기지도 못하면 일터는 고통과 눈물이 가득한 지옥이 되고 맙니다.

일터에서의 즐거움은 누가 찾아주지 않습니다. 일터에서의 기쁨은 나를 대신한 누가 선물해 주지 않습니다. 스스로 찾아내야 합니다. 일터의 즐거움은 보물찾기와 같습니다. 찾으려고 애를 써야 찾을 수 있습니다. 찾으려고 노력하면 쉽게 찾을 수도 있습니다. 하늘에서 '툭' 하고 떨어지는 행운만을 바라보고 기다리는 사람은 일터에서의 보물을 절대로 찾을 수 없습니다.

세상의 이치는 일방적인 것이 없습니다. 무엇이든 균형이 맞아야 합니다. 손뼉도 마주쳐야 소리가 나듯 일터에서의 즐거움도 상호의 노력이 함께 있어야 합니다. 직원들이 일터에서 즐거움의 요소들을 찾아내야 하듯이, 회사에서도 함께 일하는 직원들이 일을 즐길 수 있는 환경을 만들어줘야 합니다. 일을 즐길만한 환경이 조성된다면 직원들의 근무 만족도뿐만 아니라, 직원들의 회사를 향한 애사심이 커지면서 생산성도 함께 높아집니다.

*God bless you*

## Miracle
## *123*

## 라이벌은 서로를 성장시키는 채찍이다.

*Rivals are whips that grow each other.*

이루고 싶은 오늘의 **비전** *(Vision)*

오늘을 살면서 누군가 또는 세상에 베푼 **사랑** *(Love)*

오늘을 돌아보며 부족했던 점에 대한 **반성** *(Reflection)*

오늘 나에게 행복이 되어 준 **감사** *(Thanks)*

년    월    일

*God bless you*

라이벌은 서로를 성장시키는 채찍입니다. 라이벌이 존재함으로써 서로는 게으름과 나태의 늪에 빠지지 않을 수 있습니다. 라이벌의 존재가 있음으로써 현재에 안주하지 않게 하고, 나은 미래를 위해 더 열심히 노력하도록 서로를 동기부여 해줍니다.

라이벌은 스스로 이겨내기 어려운 상황을 만났을 때 좌절과 포기 대신 다시 일어설 수 있도록 힘이 되어 주는 가족 같은 존재입니다. 라이벌은 잘할 때든 못할 때든 결과와는 상관없이 끝까지 관심을 주고, 끝까지 응원해주는 열성적인 팬과 같은 존재입니다. 라이벌은 어린싹이 풍성한 열매를 맺을 때까지 묵묵히 지원해주는 후원자와 같은 든든한 존재입니다. 라이벌은 그렇게 서로 건강한 경쟁을 통해 자신의 한계를 넘어서고 성장해 갑니다. 라이벌은 그렇게 서로에게 도전의 목표를 제공하여 더 높은 성취의 자리에 올라서게 합니다.

라이벌 효과를 제대로 누리기 위해서는 상생의 마음가짐을 갖는 것이 중요합니다. 상대를 제압하고 이겨, 나만 승리하려는 제로섬의 마음가짐은 좋지 않습니다. 상대의 성장을 진심으로 응원해줄 때, 그리고 상대가 승리한 경우 진심으로 축하해줄 때, 진정한 라이벌 효과를 거둘 수 있습니다. 상대가 잘못되어 라이벌 관계가 멈추면 더이상 라이벌 효과는 기대할 수 없습니다. 자신의 성장만을 위한 라이벌 의식은 부정적인 결과를 초래합니다. 라이벌이라 할지라도 진심으로 응원하고 존중하는 마음을 가져야 합니다.

숲속에서 자라는 약초는 잡초라는 라이벌이 있기에 건강에 좋은 약성과 강한 생명력을 가질 수 있습니다. 뜨거운 아프리카 초원에서 살아가는 동물의 세계에도 강력한 라이벌들이 존재하기에 게으름을 피우지 않으며, 생존능력도 유지할 수 있습니다. 세상에 존재하는 라이벌은 서로 위하며, 함께 살아가야 할 동업자이자 동반자입니다.

*God bless you*

## Miracle
### 124

## 지금까지보다 지금부터가 더 중요하다.
*It's more important now than ever.*

이루고 싶은 오늘의 **비전** *(Vision)*

오늘을 살면서 누군가 또는 세상에 베푼 **사랑** *(Love)*

오늘을 돌아보며 부족했던 점에 대한 **반성** *(Reflection)*

오늘 나에게 행복이 되어 준 **감사** *(Thanks)*

년    월    일

*God bless you*

지금까지보다 지금부터가 더 중요합니다. 지금까지 살아온 과거의 나보다 지금부터 살아가야 할 미래의 내가 훨씬 더 의미 있습니다. 지금까지의 나는 어떻게 해도 바꿀 수 없는 지난 역사일 뿐입니다. 지금부터의 나는 노력에 따라 얼마든지 바꿀 수도 있으며, 얼마든지 새롭게 창조할 수도 있는 꿈과 설렘의 비전입니다. 지금까지의 내가 추억으로만 떠올릴 수 있는 멈춰버린 발자취라면, 지금부터의 나는 새로운 길들을 열어가는 희망의 발걸음입니다.

과거를 먹고 사는 사람들이 생각보다 많습니다. 과거의 잘나가던 시절을 추억하며, 과거에 머물러 사는 사람들이 그런 사람들입니다. 못난 과거에서 벗어나지 못하는 사람들이 의외로 많습니다. 지난날 서툴고 부끄러웠던 시절의 덫에 갇혀 과거의 노예로 사는 사람들이 그런 사람들입니다. 아무리 잘나갔었다 해도 지난 과거일 뿐입니다. 아무리 못났었다고 해도 다시 오지 않을 과거일 뿐입니다. 지나가 버린 과거는 잘나갔든 못났든 이제부터 살아갈 삶에서는 중요하지 않습니다. 잊어야 합니다. 지금부터는 새로운 나로 살아야 합니다.

지난 과거를 자주 돌아보는 사람은 앞날을 내다보기 어렵습니다. 지난날을 추억하는데 많은 시간을 들이는 사람은 미래를 예측하고, 미래를 준비하며, 현재에 집중하는데 투자해야 하는 소중한 시간을 빼앗기게 됩니다. 지난날에 놓친 기회를 아쉬워하며 미련을 버리지 못하는 사람은 새롭게 다시 다가오고 있는 절호의 기회를 또다시 놓칠 수 있습니다.

과거에 잘나갔던 나는 새로운 삶과 새로운 꿈길을 향한 자존감과 자신감의 재료로만 사용해도 충분합니다. 과거의 못난 나는 반성과 성숙을 위한 거울로 사용해도 충분합니다. 지금까지의 나는 과거로 사라졌습니다. 지금부터의 내가 실제로 존재하는 나입니다.

*God bless you*

## Miracle
## 125

### 어린이는 놀이로 배우고 사랑으로 큰다.
*Children learn from play and grow up with love.*

이루고 싶은 오늘의 **비전** *(Vision)*

오늘을 살면서 누군가 또는 세상에 베푼 **사랑** *(Love)*

오늘을 돌아보며 부족했던 점에 대한 **반성** *(Reflection)*

오늘 나에게 행복이 되어 준 **감사** *(Thanks)*

년    월    일

*God bless you*

어린이는 놀이로 배우고 사랑으로 큽니다. 어린이에게 있어 놀이는 몸으로 배우고 익히는 신나는 교육 활동입니다. 어린이에게 베푸는 사랑은 마음의 키가 자라게 하는 좋은 영양제가 됩니다.

아기는 다양한 신체활동을 통해 세상을 배워갑니다. 그 어떤 말과 지식과 교육보다 많은 배움을 얻습니다. 어린이도 마찬가지입니다. 유창한 말과 번뜩이는 지식 그리고 어떤 훌륭한 교육보다 놀이라는 맛있는 경험을 통해 훨씬 더 많은 지식과 정보를 습득합니다.

놀이는 신나게 놀며 몸을 움직이기 때문에 신체 발달에도 도움이 됩니다. 놀이는 주로 스스로 판단하고 정하기 때문에 자기주도력과 능동성 그리고 적극성도 길러줍니다. 또한, 놀이는 다양한 사람과의 어울림을 통해 자연스럽게 사회성을 배우게 합니다.

어른들이 어린이들에게 베푸는 사랑은 새싹을 위한 햇볕과 바람 그리고 비와 자양분 같은 역할을 해줍니다. 사랑은 어린이들의 마음속에 기쁨과 배려 그리고 용기와 겸손의 씨앗을 심어 장차 행복과 섬김 그리고 성취와 존경의 열매가 주렁주렁 열리게 합니다.

사랑받은 어린이들은 사랑의 느낌을 잘 압니다. 사랑을 받으면서 경험으로 배웠기에 사랑의 따뜻한 가치를 아주 잘 압니다. 그래서 사랑받은 어린이들은 사랑을 베풀고 싶어 하고, 사랑을 베푸는 일 또한 자연스럽습니다.

어린이에게 놀이와 사랑은 필수 비타민과 다름없습니다. 어린이는 놀이를 통해서 사람과 사회를 배우고, 받은 사랑을 통해서 따뜻한 마음 근육을 키웁니다. 어린이에게 놀이는 유용한 시간의 투자이자 삶의 자산이 되며, 사랑은 인격 성숙의 탄탄한 기초가 됩니다.

*God bless you*

## Miracle
## 126

## 사소한 성취들이 위대한 성공을 낳는다.
*A minor achievements results in great success.*

이루고 싶은 오늘의 **비전** *(Vision)*

오늘을 살면서 누군가 또는 세상에 베푼 **사랑** *(Love)*

오늘을 돌아보며 부족했던 점에 대한 **반성** *(Reflection)*

오늘 나에게 행복이 되어 준 **감사** *(Thanks)*

년    월    일

*God bless you*

처음부터 위대한 성공은 없습니다. 사소한 성취들이 위대한 성공을 낳습니다. 크든 작든 성취는 성공을 향한 의미 있는 발걸음입니다. 눈송이처럼 여리고 작은 성취들이라도 쌓이고 모이면 눈덩이처럼 큰 성공을 만들어 낼 수 있습니다. 어떤 성장과 성공도 처음 시작은 대부분 작고 보잘것없이 시작합니다.

지금보다 성장하고 싶다면 작은 성취들을 맛보는 습관을 들여야 합니다. 인생에서 빛나는 성공의 주인공이 되고 싶다면 지금 당장은 사소한 성취로 여겨질지라도 자주 경험해 봐야 합니다. 작고 사소한 성취라고 해서 무시하거나 외면해서는 안 됩니다. 그 작고 사소한 성취들은 성장과 성공으로 가는 하나하나의 계단입니다. 성공이라는 높은 계단을 한 번에 오를 수 없습니다. 오늘 그리고 지금 내 앞에 놓인 작은 성취의 계단들을 하나하나 밟고 올라서야 합니다.

늦잠을 자는 사람이라면 내일 아침 오늘보다 1분만 일찍 일어나도 작은 성취를 맛보는 것입니다. 영어 공부를 하지 않던 사람이라면 오늘 한 문장 혹은 한 단어만 외워도 작은 성취의 주인공이 되는 것입니다. 평소 이기적인 사람이라면 따뜻한 배려로 작은 성취감을 느낄 수 있고, 평소 교만하고 무례한 사람이라면 진심 어린 겸손과 예를 갖춤으로써 작은 성취를 쌓아갈 수 있습니다.

거대한 바다의 시작은 작은 물방울입니다. 산줄기 계곡에 떨어진 한 방울 한 방울의 물방울이 졸졸 시냇물로 흐르고, 시냇물이 모여 제법 힘센 하천과 강을 이루다 웅장한 바다를 만들어 냅니다. 작은 전투의 승리가 전쟁에서 승리하게 하고, 작은 웃음들이 모여 행복을 만들어 냅니다. 작은 성취는 자신감과 자존감의 기반을 닦아주며, 도전과 열정의 불씨가 되어 줍니다. 지금, 할 수 있는 작은 목표와 도전을 만들고 그것을 성취해 가다 보면 성공이 가까워집니다.

*God bless you*

## Miracle
## 127

### 효는 불효하지 않는 데서 시작된다.
*Filial piety begins with no filial piety.*

이루고 싶은 오늘의 **비전** *(Vision)*

오늘을 살면서 누군가 또는 세상에 베푼 **사랑** *(Love)*

오늘을 돌아보며 부족했던 점에 대한 **반성** *(Reflection)*

오늘 나에게 행복이 되어 준 **감사** *(Thanks)*

년    월    일

**God bless you**

효는 불효하지 않는 데서 시작됩니다. 효를 위해 처음부터 욕심을 부리면 진정한 효를 해보기도 전에 지치고 포기하기 쉽습니다. 효는 예나 지금이나 어렵게 생각하는 사람이 많습니다. 효를 풀기 어려운 숙제처럼 받아들이는 사람이 많습니다. 수학 문제처럼 효의 방법도 쉬운 문제부터 풀고 점차 어려운 문제를 풀어가야 합니다. 처음부터 준비되지 않은 의욕만으로 효를 완성하려 하기보다 효의 전 단계인 불효를 저지르지 않는 것부터 실천하는 것이 현명합니다.

불효하지 않는 방법 중 기본이 되는 세 가지가 있습니다. 그중에서 가장 우선해야 할 방법은 부모의 마음을 거스르지 않는 것입니다. 부모를 기쁘게 해드리는 기본이 순종이라고 볼 때, 부모의 마음을 슬픔에 빠뜨리는 불순종을 멀리함으로써 효를 실천할 수 있습니다. 다음으로는 부모의 마음을 불편하게 하지 않는 것입니다. 부모에게 편안한 마음을 선물하는 효는 아니라도, 최소한 자식으로서 걱정을 끼쳐드리지 않는 것은 작은 효라고 할 수 있습니다. 또 하나 부모의 자랑거리가 되는 것이 효라고 한다면, 자랑은 아니더라도 부끄러운 자녀가 되지 않으면 불효를 막는 방법이 될 수 있습니다.

부모님과의 소통이 부족한 자녀는 부모님에 대한 사랑과 공경의 행위인 효가 쉽지 않습니다. 부모님께서 살아온 고단하고도 치열한 삶에 대한 이해와 공감이 부족하면 부모님에 대하여 효를 행함이 무엇보다도 어려울 수 있습니다. 부모님으로부터 기한 없이 받아 온 사랑에 대한 감사와 감동이 부족한 자녀는 효가 어려운 숙제일 수밖에 없습니다. 불효하지 않기 위해서는 먼저 부모님과 소통하기를 즐겨야 합니다. 불효한 삶으로 끝내지 않기 위해서는 부모님의 삶을 이해하고 공감하는 노력을 기울여야 합니다. 불효한 자녀로 후회를 남기지 않기 위해서는 부모님께 받은 사랑에 깊이 감사하고, 자주 감동할 수 있어야 합니다.

*God bless you*

## Miracle
## 128

### 효는 사랑받은 보답이 아니라 사람됨이다.
*Filial piety is not a reward for being loved, but a character.*

<u>이루고 싶은 오늘의 **비전** (Vision)</u>

<u>오늘을 살면서 누군가 또는 세상에 베푼 **사랑** (Love)</u>

<u>오늘을 돌아보며 부족했던 점에 대한 **반성** (Reflection)</u>

<u>오늘 나에게 행복이 되어 준 **감사** (Thanks)</u>

년    월    일

*God bless you*

효는 사랑받은 보답이 아니라 사람됨입니다. 효는 배우고 익혀서 행하는 것이 아니라 자식이라면 마땅히 해야 할 인간의 도리입니다. 효는 길러주신 부모님에 대한 고마움의 표현이기도 하지만 세상에 존재하도록 낳아주신 부모님께 조건 없이 지켜가야 할 천륜입니다. 효는 어려운 상황에서도 지켜가야 할 사람됨입니다.

우리가 인생길에서 헤매고 머뭇거릴 때 부모님은 방향을 제시해 주십니다. 두려움과 슬픔 그리고 외로움과 고단함 속에서 우리들이 눈물 흘릴 때 부모님은 품으로 안아주시고 위로해 주십니다. 도전과 실패가 계속될 때조차도 부모님은 끝까지 응원해주십니다.

부모 없는 세상은 지붕 없는 집 같아서 고난의 비가 내릴 때 막을 길이 없습니다. 부모 없는 둥지는 가시로 지어진 찔리는 집 같아서 경사스러운 날에도 찔림과 슬픔을 피하기 어렵습니다. 부모가 없는 기쁨은 마음 구석이 휑한 기쁨이요, 못다 한 효의 아쉬움은 평생의 한이 됩니다.

효는 돈으로 살 수 없습니다. 돈은 표면의 기쁨이 될지는 몰라도 본질의 기쁨은 채우지 못합니다. 돈이 잠시의 기쁨은 주겠지만 자식 된 도리를 대체할 수는 없습니다. 돈으로 해결하려는 효는 마음과 정성이 부족하고 부재할 수밖에 없는 속이 빈 껍데기뿐인 효입니다. 번거롭더라도 자주 찾아가 뵙고, 넉넉하지 않더라도 부모님과 함께 하는 시간을 자주 가져야 합니다.

돌아가신 후 흘리는 눈물은 부질없습니다. 부모님의 거칠어진 손마디와 움푹 파인 주름은 살아 계실 때에만 만져볼 수 있습니다. 절뚝거리는 무릎과 구부러진 허리도 살아 계실 동안에만 보살펴드릴 수 있습니다. 어버이 살아계신 오늘은 효를 위한 기회의 날입니다.

*God bless you*

## Miracle
## 129

### 용서는 큰 사람이 베푸는 사랑이다.
*Forgiveness is the love of a great man.*

<u>이루고 싶은 오늘의 **비전** *(Vision)*</u>

<u>오늘을 살면서 누군가 또는 세상에 베푼 **사랑** *(Love)*</u>

<u>오늘을 돌아보며 부족했던 점에 대한 **반성** *(Reflection)*</u>

<u>오늘 나에게 행복이 되어 준 **감사** *(Thanks)*</u>

년    월    일

*God bless you*

용서는 큰 사람이 베푸는 사랑입니다. 용서라는 훌륭한 마음가짐은 아량이 넓은 사람만이 생산해낼 수 있는 달콤한 사랑의 과일입니다. 용서는 마음이 작은 사람들에게는 생각조차 하기 어려운 아름다운 용기입니다. 용서는 마음먹기까지 오랜 시간이 걸리고, 설령 마음을 굳게 먹는다고 해도 말로 표현하기 어려우며, 행동으로 실천하기는 더더욱 어려운 사랑의 결실입니다.

용서는 용서받은 사람이 스스로를 돌아보게 만드는 거울이 됩니다. 용서는 좋은 바이러스가 되어 수많은 사람에게 감동을 전파합니다. 용서의 힘은 강력해서 막혀있는 마음의 장벽을 무너뜨릴 수 있으며, 용서의 힘은 신기하고도 놀라워서 끊어진 인연을 다시 이어줄 수도 있습니다. 용서는 돈으로는 살 수 없는 귀하고 높은 가치를 가지고 있으며, 용서는 세상의 그 어떤 보석보다도 화려하게 빛나는 가치를 품고 있습니다.

용서의 향기로운 마음은 봄날의 꽃과 같아서 살랑거리는 봄바람을 타고서 많은 이들에게 그윽한 꽃향기를 전합니다. 용서하는 뜨거운 마음은 여름날의 소나기 같아서 미안함과 죄책감에 빠져 시들해진 사람들의 열정을 살아나게 합니다. 용서의 청명한 마음은 가을날의 하늘 같아서 높고 푸른 마음으로 아껴주고 품어주어 풍성한 결실을 맺게 합니다. 용서하는 따뜻한 마음은 겨울날의 난로와 이불 같아서 꽁꽁 언 마음을 녹여주고 부끄러운 마음을 덮어줍니다.

완벽하게 살 수 있는 사람은 없습니다. 언제, 어디서, 누군가에게 미안해할 만한 행위를 하지 않고 살아가는 인생은 없습니다. 나의 실수와 잘못이 있을 때, 용서받기를 원하는 건 당연한 이치입니다. 큰일이든 사소한 일이든 용서받기 원한다면 먼저 용서해야 합니다. 남을 향한 용서의 마음은 다시 나를 향한 용서로 돌아옵니다.

*God bless you*

## Miracle
### *130*

## 선거 결과에 대한 책임은 유권자에게 있다.
*Voters are responsible for the election results.*

이루고 싶은 오늘의 **비전** *(Vision)*

오늘을 살면서 누군가 또는 세상에 베푼 **사랑** *(Love)*

오늘을 돌아보며 부족했던 점에 대한 **반성** *(Reflection)*

오늘 나에게 행복이 되어 준 **감사** *(Thanks)*

년   월   일

*God bless you*

선거 결과에 대한 책임은 유권자에게 있습니다. 선거에서 후보자를 선택할 권리가 유권자에게 있듯이 가장 훌륭한 후보자를 선택해야 하는 책임도 유권자에게 있습니다. 신중한 선택은 유권자의 권리를 강화하지만, 신중하지 못한 선택은 유권자의 권리를 우습게 만들고 무책임한 선택으로 조롱받게 합니다.

유권자가 신중하게 선택한 한 표가 지역을 발전시킬 수 있습니다. 유권자가 의미 없이 포기한 한 표가 지역을 정체시킬 수 있습니다. 유권자가 대책 없이 버린 한 표가 지역을 쇠퇴하게 할 수 있습니다.

겉모습만 보고 투표하는 사람이 있습니다. 스펙만 보고 투표하는 사람이 있습니다. 그렇게 투표한 후에 후회해봐야 소용이 없습니다. 누구의 탓도 아닌 내 탓입니다. 나 자신의 잘못된 선택이었습니다. 누구를 원망해서도 안 되고 누구를 원망할 수도 없습니다.

진정한 일꾼이 당선되기 원한다면 스펙을 보고 뽑으면 안 됩니다. 참된 일꾼을 뽑기 원한다면 화려한 언변에 매료되어서는 안 됩니다. 후보자의 경력과 스펙이 부족해 보여도 내세운 정책이 훌륭하다면 긍정적인 관심을 가져봐야 합니다. 후보자의 말솜씨가 투박하더라도 진정성이 보인다면 귀 기울여 들어봐야 합니다. 지금까지 후보자가 살아온 발자취는 어떤지도 살펴보고, 자신을 위해 출마한 사람인지 지역을 위해 출마한 사람인지도 냉철하게 따져봐야 합니다.

진정 어린 봉사의 경력이 있는지도 알아봐야 합니다. 지역을 위한 봉사든, 사람을 위한 봉사든 몸에 밴 봉사경력이 있는지 확인해봐야 합니다. 지역을 향한 애정의 삶과 주민을 위한 봉사의 삶이 없다면 참된 일꾼으로서 부족한 사람입니다. 말로 하는 봉사와 생색내기식 봉사는 위선입니다. 유권자의 현명한 선택은 권리이자 책임입니다.

*God bless you*

## Miracle
### *131*

## 빨리 친해지면 실망도 빠르다.
*If you get close quickly, you will be disappointed quickly.*

이루고 싶은 오늘의 **비전** *(Vision)*

오늘을 살면서 누군가 또는 세상에 베푼 **사랑** *(Love)*

오늘을 돌아보며 부족했던 점에 대한 **반성** *(Reflection)*

오늘 나에게 행복이 되어 준 **감사** *(Thanks)*

년    월    일

*God bless you*

빨리 친해지면 실망도 빠릅니다. 모르던 누군가와 쉽게 친해지면 그 사람에게 실망하기도 쉽습니다. 사람을 안다는 것은 결코, 쉬운 일이 아닙니다. 태어나서 지금까지 나와 다른 삶을 살아온 사람과 빨리 친해질 수 있다는 건 타국의 문화에 익숙해지는 것만큼이나 어려운 일입니다. 빨리 친해지려 욕심을 내지 않는 것이 좋습니다. 빨리 가까워지려 술수를 쓰거나 억지를 부릴 필요가 없습니다. 빨리 친해지려다 보면 상대방의 속마음을 제대로 알기가 어렵고, 오해와 마찰이 생길 확률도 높아집니다.

아무리 정성으로 담근 간장과 된장이라도 시간의 양념으로 숙성이 되어야만 깊은 맛이 납니다. 가족 모두의 사랑으로 담근 김장김치도 겨울의 김장독에서 시간의 손맛으로 익어야 참 맛이 납니다. 시간을 재촉하여 억지로 숙성시키고 급하게 익힌 장과 김치는 제맛이 나지 않습니다. 사람과의 관계에서도 깊이 익을수록 진한 맛이 납니다. 사람과의 관계에서도 마음과 정성으로 익힐 시간이 필요합니다.

빨리 친해지려고 노력하는 것보다, 상대방을 제대로 알려고 힘쓰는 것이 더 지혜롭습니다. 상대방의 마음 문을 빨리 열려는 조급함보다 마음 문이 열릴 때까지 기다려주는 여유로움이 더 현명합니다. 빨리 달궈진 철판이 금방 식기 마련이듯, 빠르게 친해진 관계는 멀어지는 시간도 빠릅니다. 첫눈에 반해 급속히 가까워진 연인들의 사랑에는 결실보다 이별이 많듯, 깊이 없이 급속히 가까워진 사람들의 관계는 인연의 지속보다 단절이 많습니다.

사람들은 더딘 것보다 빠른 것을 선호합니다. 어릴 때는 빨리 커서 어른이 되고 싶고, 어른이 되면 빨리 돈 벌어 부자 되고 싶습니다. 하지만 실제는 가능하지 않고, 혹 가능하다 해도 부작용이 큽니다. 빨리 이루고 싶을수록 더 천천히 그리고 더 꼼꼼히 살펴야 합니다.

*God bless you*

## Miracle
## 132

### 친절한 간호사는 치료의 촉진제다.
*A kind nurse is a catalyst for treatment.*

이루고 싶은 오늘의 **비전** *(Vision)*

오늘을 살면서 누군가 또는 세상에 베푼 **사랑** *(Love)*

오늘을 돌아보며 부족했던 점에 대한 **반성** *(Reflection)*

오늘 나에게 행복이 되어 준 **감사** *(Thanks)*

년    월    일

*God bless you*

친절한 간호사는 치료의 촉진제입니다. 친절한 간호사는 치료받을 환자의 마음에 평안을 주고, 치료받은 환자의 회복을 빠르게 하는 치료천사입니다. 간호사의 친절함은 불안과 두려움에 떠는 환자의 마음을 진정시키는 신경 안정제입니다. 간호사의 친절함은 지치고 피곤한 환자의 심신을 회복시켜 주는 피로회복제입니다. 간호사의 고마운 친절은 주사와 처방전의 약효를 더해주고, 간호사의 따뜻한 친절은 수술한 부위를 빨리 아물게 합니다.

친절한 간호사는 저절로 탄생하지 않습니다. 관계된 모두의 노력이 필요합니다. 친절한 간호사를 위해 병원이 먼저 노력해야 합니다. 아무리 좋은 의료시설과 환경을 갖추었다고 해도 일선에서 환자를 만나는 간호사의 근무 환경이 열악하면 친절한 서비스를 제공하기 어렵습니다. 친절한 간호사를 위해 의사도 노력해야 합니다. 의사의 훌륭한 의술도 간호사와의 팀워크가 잘 이루어질 때 빛을 발할 수 있습니다. 그뿐 아니라 환자의 보호자까지 이해와 배려의 마음으로 협력하게 된다면 간호사의 친절은 극대화될 수 있습니다.

보이지 않는 좋은 에너지가 미소로 전달되듯, 보이지 않는 강력한 힘이 친절을 통해 전달됩니다. 사랑이 가슴속에 행복을 공급하듯이 친절은 마음속에 기쁨을 제공합니다. 용서가 긍정의 변화를 이끌듯 친절은 긍정의 결과를 끌어냅니다. 감동이 어떤 신비한 힘을 가진 것처럼 친절은 설명하기 어려운 신비한 힘을 가지고 있습니다.

친절을 베풀면 기대하지 않은 기회로 돌아오는 경우가 많습니다. 친절을 베푼 사람은 예상하지 못했던 선물을 받는 경우가 많습니다. 친절은 하늘을 향해 쌓아가는 축복의 탑입니다. 진심을 담은 친절은 눈에 보이지 않는 것 같지만, 하늘의 천사가 하나도 빠뜨리지 않고 보고 있으면서 '어떤 선물로 되돌려줄까?'를 준비하게 합니다.

*God bless you*

## Miracle
### 133

## 포장을 강조하면 내용이 부실해진다.
*If you emphasize the packaging, the contents will be poor.*

이루고 싶은 오늘의 **비전** *(Vision)*

오늘을 살면서 누군가 또는 세상에 베푼 **사랑** *(Love)*

오늘을 돌아보며 부족했던 점에 대한 **반성** *(Reflection)*

오늘 나에게 행복이 되어 준 **감사** *(Thanks)*

년    월    일

*God bless you*

포장을 강조하면 내용이 부실해집니다. 포장과 내용이 모두 좋으면 더할 나위 없겠지만, 포장을 강조할수록 안의 내용물은 상대적으로 소홀해지기 쉽습니다. 겉모습을 치장하는데 많은 시간을 투자할수록 내면을 가꾸는 시간은 그만큼 줄어듭니다. 겉모습의 치장과 내면의 아름다움을 모두 갖추면 좋겠지만 현실에서는 흔치 않은 일입니다. 오른손을 주로 사용하는 사람은 왼손의 영향력이 약해지듯, 한쪽을 향한 마음이 강해질수록 다른 한쪽을 향한 마음은 자연히 약해지기 마련입니다.

외관은 멋지고 근사한데 친절하지 않은 레스토랑은 손님들로부터 좋은 평가를 받기 어렵습니다. 정치인의 입술로부터 나오는 언변이 아무리 화려하다고 해도, 그의 정책과 역량이 부족하면 존경받기는 어렵고 지속적인 지지를 얻을 수 없습니다. 광고는 매력적인데 실제 제품의 품질이 따라가지 못하면 소비자의 선택을 받기는 힘듭니다. 안의 내용이 부실한 경우에는 겉이 화려할수록 오히려 손해가 더 커집니다.

겉과 속이 모두 중요하지만, 불가피하게 겉과 속을 선택해야 하는 상황에 처한다면 속을 선택해야 합니다. 겉으로 보이는 현상보다는 속을 채우고 있는 본질이 더 중요하기 때문입니다. 예쁘게 포장된 껍데기보다는 꾸밈없이 진솔한 내면의 알맹이가 훨씬 더 중요하기 때문입니다.

남에게 칭찬받는 사람이 되도록 노력하는 것도 중요하지만, 스스로 칭찬할 수 있는 사람이 되도록 힘쓰는 것이 더 중요합니다. 시간이 더 걸리고 남들이 몰라준다고 하더라도 겉의 치장보다 내면 강화에 더 많은 시간을 투자하는 사람이 훌륭합니다. 진정한 만족과 감동은 포장에 있지 않고, 내용에 있습니다.

*God bless you*

## Miracle
### 134

## 뾰족한 가시가 장미를 지킨다.
*A sharp thorn protects the rose.*

이루고 싶은 오늘의 **비전** *(Vision)*

오늘을 살면서 누군가 또는 세상에 베푼 **사랑** *(Love)*

오늘을 돌아보며 부족했던 점에 대한 **반성** *(Reflection)*

오늘 나에게 행복이 되어 준 **감사** *(Thanks)*

년    월    일

*God bless you*

뾰족한 가시가 장미를 지킵니다. 뾰족한 가시가 아름답고 매혹적인 장미를 지켜줍니다. 세상에는 예쁜 장미를 호시탐탐 노리는 존재가 많이 있습니다. 사람들의 눈과 마음이 그렇고, 반갑지 않은 곤충과 동물들이 그렇습니다. 가시는 이런 침입자들로부터 장미를 안전하게 보호합니다. 가시는 숱한 비난과 모욕들을 감당하면서까지 장미의 삶을 지켜주는 장미의 수호자입니다.

가시는 자신만의 존재 이유와 자존심은 모두 다 내려놓고 장미꽃 주연 배우를 더욱 돋보이게 해주는 조연배우입니다. 가시는 장미의 눈부시게 예쁜 꽃잎과 숨이 멎을듯한 향기를 위해 이름 없이 빛도 없이 색깔마저 버린 엑스트라입니다. 가시는 장미가 스포트라이트를 받으며 환호와 감격의 순간들을 누릴 때 흐뭇한 미소로 큰 박수를 보내는 관객이요 팬입니다.

부모의 희생과 사랑이 없이 자녀가 제대로 자랄 수 없듯, 가시의 헌신과 보살핌은 장미의 삶에 든든한 버팀목이 되어 줍니다. 고난의 시절과 인내의 계절이 없이 열리는 열매가 없듯이, 장미는 가시의 고단한 삶을 먹고 자라며 꽃을 피우는 결실입니다. 가시는 그렇게 말없이 돕고, 변함없이 응원하는 장미의 숨은 후원자입니다.

인생을 살아가면서 가시 같은 존재일지라도 필요할 때가 있습니다. 가시 같은 존재가 밉다고 해서, 가시 같은 존재가 성가시다고 해서 제거해버리면 정작 긴요하게 필요할 때 함께 하지 못합니다. 세상에 의미 없는 존재는 없습니다. 세상에 역할이 없는 존재도 없습니다. 모두 필요한 존재이고, 모두가 소중한 존재입니다. 삶의 희로애락은 함께 존재합니다. 기쁨이 좋다 해서 노여운 일이 없을 수 없습니다. 즐거움이 좋다 해서 슬픈 일이 없을 수 없습니다. 노여움이 있기에 기쁨이 더 크고, 슬픔이 있기에 즐거움이 더 가치 있게 느껴집니다.

*God bless you*

## Miracle
## 135

## 모든 것에서 배우는 사람은 스승이 많다.
*He who learns from everything has many teachers.*

이루고 싶은 오늘의 **비전** *(Vision)*

오늘을 살면서 누군가 또는 세상에 베푼 **사랑** *(Love)*

오늘을 돌아보며 부족했던 점에 대한 **반성** *(Reflection)*

오늘 나에게 행복이 되어 준 **감사** *(Thanks)*

년    월    일

*God bless you*

모든 것에서 배우는 사람은 스승이 많습니다. 교사에게서만 배우는 사람은 배움의 기회가 적고, 지식의 깊이가 얕습니다. 일상 속에서 배우는 지식은 생명력이 있어서 경쟁의 강한 도구가 되고 활용도가 높습니다. 학교에서 배운 지식만으로는 강력한 경쟁력을 갖추기가 어렵고, 지식의 쓰임새에서도 한계를 겪게 됩니다. 경험하는 모든 것에서 배우려는 사람은 자신의 부족함을 알고, 그 부족함을 채우려 노력하기 때문에 겸손합니다.

만나는 모든 사람에게서 배우려는 자세를 갖춰야 합니다. 어른들과 윗사람에게뿐만 아니라 어린이와 아랫사람에게서도 배워야 합니다. 잘난 사람에게서만이 아니라 못난 사람에게서도 배울 것이 있습니다. 유능한 사람에게서만이 아니라 무능한 사람에게서도 배울 것이 있습니다. 친한 사람에게서도 배우고, 친하지 않은 이에게서도 배워야 합니다. 만나는 모든 사람에게서 배우는 사람은 살아갈 날들에서 훌륭하고 멋진 스승들을 끊임없이 만나게 됩니다.

배움을 좋아하는 사람은 경험한 상황에서도 배우기를 좋아합니다. 배움을 즐기는 사람은 환경에 상관없이 어떤 상황에서도 배우기를 즐거워합니다. 성공의 상황만이 아니라 실패의 상황에서도 배워야 합니다. 기쁨의 상황에서 뿐만이 아니라 슬픔의 상황에서도 배움의 요소를 찾아야 합니다. 자랑스럽고 당당한 상황에서도 배워야 하고, 부끄럽고 억울한 상황에서도 배워야 합니다.

배움의 고수는 자연을 통해서도 배웁니다. 비와 바람, 산과 바다, 그리고 봄, 여름, 가을, 겨울의 계절을 통해 배우는 사람은 배움의 고수입니다. 배움의 고수는 해와 달을 보고도 배우고, 꽃과 나무를 보고도 배웁니다. 진정한 배움의 고수는 만나는 사람들과 경험하는 상황들, 그리고 자연의 존재와 현상들을 모두 스승으로 모십니다.

*God bless you*

## Miracle
# 136

## 마음의 크기가 성인의 자격을 결정한다.
*The size of the mind determines the qualifications of an adult.*

이루고 싶은 오늘의 **비전** *(Vision)*

오늘을 살면서 누군가 또는 세상에 베푼 **사랑** *(Love)*

오늘을 돌아보며 부족했던 점에 대한 **반성** *(Reflection)*

오늘 나에게 행복이 되어 준 **감사** *(Thanks)*

년    월    일

*God bless you*

마음의 크기가 성인의 자격을 결정합니다. 성인은 단순하게 나이로 판단되는 것이 아닙니다. 나이를 아무리 많이 먹었다고 해도 마음이 자라지 않은 사람은 진정한 성인으로 대접받기가 어렵습니다. 키가 자라듯 마음도 함께 자라야 성인으로 인정받을 수 있습니다. 덩치가 커지듯이 마음의 크기도 커져야 성인으로 존중받게 됩니다. 나이가 아닌 마음의 성장으로 성인의 자격을 갖추게 됩니다.

옹졸한 마음은 성인이 가져야 할 마음이 아닙니다. 성인이라 하면 넓은 아량과 넉넉히 수용하는 마음을 가져야 합니다. 쉽게 토라지는 마음은 성인의 마음이 아닙니다. 자신의 기분보다는 타인의 입장과 기분을 먼저 살피고 배려하는 마음이 성인의 마음입니다. 시기하고 질투하는 마음은 미성숙한 마음입니다. 타인의 좋은 일에 진심으로 축하해 주고, 함께 기뻐하는 마음이 성인의 마음입니다.

미성숙한 사람은 대개 사람들에게 베푸는 것을 좋아하지 않습니다. 인색함이 몸에 배어 베풀기를 주저하거나 회피합니다. 주는 것보다 받는 것이 익숙해서 줄 때는 불편하고 받을 때는 당연히 여깁니다. 마음이 아직 덜 익은 사람은 양보와 희생은 손해라고 생각하기에 이타적인 삶은 찾아보기 어렵고 대체로 이기적인 삶을 살아갑니다. 마음이 미성숙한 사람은 이기는 쪽에만 의미를 부여합니다. 때로는 패배가 교훈을 준다는 것을 인정하려고 하지 않으며, 때로는 져주는 큰마음이 섬김의 멋진 도구가 된다는 것을 생각해내지 못합니다.

스무 살의 나이가 되면 성년에 이를 수 있습니다. 하지만 그것은 단순히 나이로 인정받은 숫자상의 성인일 뿐이지, 진정한 마음으로 인정받은 공감의 성인을 의미하지는 않습니다. 진정한 성인이 되기 위해서는 먼저 마음을 키워야 합니다. 진정한 성인은 키가 큰 만큼, 덩치가 커진 만큼, 나이들은 만큼 마음의 크기도 큰 사람입니다.

*God bless you*

## Miracle
## 137

## 성장통은 성장하고 있다는 반가운 소식이다.
*Growing pains is a good news that you are growing up.*

이루고 싶은 오늘의 **비전** *(Vision)*

오늘을 살면서 누군가 또는 세상에 베푼 **사랑** *(Love)*

오늘을 돌아보며 부족했던 점에 대한 **반성** *(Reflection)*

오늘 나에게 행복이 되어 준 **감사** *(Thanks)*

년    월    일

*God bless you*

성장통은 성장하고 있다는 반가운 소식입니다. 성장통은 아이들의 뼈와 근육들이 자라는 성장의 신호이기에 반가운 소식이 아닐 수 없습니다. 부모의 입장에서 아이의 키가 자라는 성장통은 세상에서 듣게 되는 그 어떤 소식보다도 반가운 소식임에 틀림이 없습니다. 바다 위 부표가 바닷속 상황들을 전하는 메신저로써 역할을 하듯 성장통은 자녀의 살과 뼛속 깊은 곳에서 성장의 움직임이 있음을 전해주는 고마운 메신저입니다.

신체적인 측면에서 성장통 없이 키가 자랄 수 없듯, 사회적으로도 성장통을 거치지 않은 성장과 성숙 그리고 성취와 성공은 찾아보기 어렵습니다. 봄날 땅에 뿌려진 작은 씨앗들과 꽃나무에 매달린 여린 꽃봉오리도 성장통을 겪어야 싹을 틔우고 꽃을 피웁니다. 여름날과 가을날에 세찬 비와 억센 바람을 견뎌내야만 나무는 열매를 맺고, 뜨거운 태양을 이겨내야 열매들은 익어갑니다. 볼품없는 돌덩이는 잘림과 무수한 파임의 고통을 이겨낸 후에서야 훌륭한 조각품으로 탄생합니다. 성장통은 단순한 아픔의 고통이 아니라, 성장으로 가는 환희의 고통입니다.

개인 역량의 성장통을 겪고 있을 때, 성장한 후의 모습을 떠올리며 통증 부위를 기쁨의 감정으로 마사지하면 통증 완화에 큰 도움을 받을 수 있습니다. 사회적으로 성장통을 겪을 때, 문제해결과 목표 달성의 환희를 기대하면서 뭉치고 긴장된 마음의 근육들을 비전의 설렘으로 천천히 스트레칭을 해주면 좋은 효과를 얻을 수 있습니다. 내면의 아픔과 상처를 통해 성장통을 경험하는 과정 중에 있을 땐, 지금까지 살아오면서 주고받았던 따뜻한 사랑의 찜질팩으로 상처 난 부위를 감싸면 혈액순환과 통증 완화의 효과를 볼 수 있습니다. 세상의 명예와 권력으로 인한 성장통을 겪고 있다면, 잠시 욕심을 내려놓고 무욕의 수면과 소욕의 휴식으로 이겨낼 수 있습니다.

*God bless you*

## Miracle
## 138

## 독재자의 잘못된 걸음은 탐욕에서 시작된다.
*The dictator's wrong steps begin with greed.*

이루고 싶은 오늘의 **비전** *(Vision)*

오늘을 살면서 누군가 또는 세상에 베푼 **사랑** *(Love)*

오늘을 돌아보며 부족했던 점에 대한 **반성** *(Reflection)*

오늘 나에게 행복이 되어 준 **감사** *(Thanks)*

년    월    일

*God bless you*

독재자의 잘못된 걸음은 탐욕에서 시작됩니다. 탐욕이라는 마음의 음흉함이 독재자를 만들어 냅니다. 권력의 중심은 국민에게 있음을 당연하게 생각하며 힘써서 주장하는 민주주의자도 탐욕의 지배를 받으면 독재자로 변합니다. 국가와 인종, 종교와 철학의 차별함이 없이 모두를 사랑하는 박애주의자도 탐욕이라는 덫에 걸리게 되면 허무하게 독재자의 모습으로 바뀝니다. 탐욕은 민주주의의 가치관을 차갑게 외면하게 하고, 쉽게 잊어버리게 합니다. 탐욕은 박애주의의 사랑을 헌신짝처럼 버리게 하고, 독재자로 무섭게 돌변하게 합니다.

탐욕으로 인한 독재의 상황은 가정 내에서도 벌어집니다. 아버지의 권위에 대한 탐욕은 지나친 간섭과 강압의 표현방식 그리고 호통과 질책의 언어를 낳아 가정 독재의 불씨가 됩니다. 자녀들의 성공과 자식 자랑을 향한 어머니의 탐욕은 비교의 습관과 극성의 행동을 낳아 가정 독재를 부채질합니다. 부모에게 받을 사랑에 대한 자녀의 탐욕은 독립심 결여와 자기중심적 사고 그리고 무조건적 자기애와 무분별한 합리화로 가정 독재의 유전자를 대물림하게 합니다.

탐욕의 무대는 개인과 가정을 넘어 세상의 조직으로 확장되기도 합니다. 교사와 학생의 탐욕은 학교 독재자를 배출합니다. 경영자와 직장인의 탐욕은 회사 독재자를 생산해 냅니다. 활동하는 모임이나 단체에서의 탐욕은 사회 독재자를 만들어 냅니다. 독재자를 만드는 탐욕은 개인과 사회 그리고 국가의 법과 질서를 무너뜨립니다.

태생부터 독재자인 사람은 없습니다. 태어나는 순간부터 독재자의 성향을 타고 난 사람도 없습니다. 처음부터 독재자의 길을 선택하는 사람은 없습니다. 시작부터 잘못된 독재자의 길을 걸어가는 사람도 없습니다. 독재자의 길로 끌어들이는 건 무서운 탐욕입니다. 탐욕을 제어하지 못하면 민주주의자도 박애주의자도 독재자가 됩니다.

*God bless you*

## Miracle
## 139

**발명은 상상을 현실로 만드는 기술이다.**
*Invention is a technology that makes imagination a reality.*

이루고 싶은 오늘의 **비전** *(Vision)*

오늘을 살면서 누군가 또는 세상에 베푼 **사랑** *(Love)*

오늘을 돌아보며 부족했던 점에 대한 **반성** *(Reflection)*

오늘 나에게 행복이 되어 준 **감사** *(Thanks)*

년    월    일

*God bless you*

발명은 상상을 현실로 만드는 기술입니다. 발명은 상상의 세계를 현실의 세계로 만들어 내는 혁신 기술입니다. 발명을 통해 무형의 공상은 유형의 현상이 되고, 발명을 통해 막연하고 희미했던 미래는 구체적이고 선명한 현재가 됩니다.

발명은 불가능한 영역을 가능한 영역으로 만드는 요술램프입니다. 발명은 구시대의 삶으로부터 새로운 시대의 세상으로 탈출시키고 이동시키는 타임머신입니다. 발명을 통해 불편함은 편리함이 되고, 발명으로 인해 삶의 속도는 빨라지고 사람의 한계는 줄어듭니다.

발명의 주인공은 정해져 있지 않습니다. 발명이라는 분야는 특별한 사람만이 활동할 수 있는 특별한 영역이 아닙니다. 발명은 과학자와 연구자만 가질 수 있는 특권이 아닙니다. 상상하는 미래를 현실로 만들고 싶은 누구라도 발명을 할 수 있습니다. 삶에서의 불편함을 편리함으로 바꾸고 싶은 누구라도 발명가가 될 수 있습니다. 발명에 관심을 가지면 누구라도 세상에 기여하는 발명가가 될 수 있습니다. 발명에 자신감과 의욕을 갖는다면 누구라도 삶을 윤택하게 만드는 발명가가 될 수 있습니다.

발명의 아이디어는 주로 불편함에서 시작됩니다. 편리를 추구하는 인간의 특성상 불편함은 발명의 욕구를 자극하는 좋은 소재입니다. 이러한 특성 때문에 발명의 소재들은 연구실 안에서보다 일상생활 속에 훨씬 더 많이 존재합니다. 가사노동의 불편함이 가전제품들을 발명하게 하고, 농사의 불편함이 유용한 농기구를 발명하게 합니다.

발명은 과거에는 없었던 새로운 신세계를 만들어 냅니다. 발명은 이전에는 경험하지 못했었던 놀라운 세상을 만나게 합니다. 발명을 통해 세상은 이 순간에도 빠르게 업그레이드되고 있습니다.

*God bless you*

## Miracle
## 140

### 다양한 민족은 한 가족이요, 세계는 하나의 집이다.
*Various peoples are one family and the world is one home.*

이루고 싶은 오늘의 **비전** *(Vision)*

오늘을 살면서 누군가 또는 세상에 베푼 **사랑** *(Love)*

오늘을 돌아보며 부족했던 점에 대한 **반성** *(Reflection)*

오늘 나에게 행복이 되어 준 **감사** *(Thanks)*

년    월    일

*God bless you*

다양한 민족은 한 가족이요, 세계는 하나의 집입니다. 세계인들은 서로 다른 국적과 인종으로 살아가고 있지만, 크게 보면 지구라는 가정의 울타리 안에서 함께 살아가고 있습니다. 세계인들은 여전히 다른 가치관과 문화를 가지고 각기 다른 공간에서 살아가고 있지만, 기시적인 시각으로 볼 때 지구인의 가치관과 지구인의 문화를 품고 하나의 가족처럼 살아가고 있습니다.

교통이나 통신수단이 발달하지 못했던 과거라면 몰라도 이동이나 소통이 수월해진 현재는 다른 민족과의 소통과 공감의 거리가 한 가족처럼 가까워졌습니다. 서로 다른 가치관과 문화를 경계하면서 배척하던 옛날이라면 몰라도 서로의 가치관과 문화를 수용하려고 노력하는 오늘날이라면 세계를 함께 사는 집이요, 하나의 가정이라 해도 억지스럽지 않습니다.

지구를 한 마을처럼 비유한 '지구촌'이라는 표현은 이미 오래전 1945년부터 문명 발달을 예상하고 사용되었습니다. 빠르게 변하는 세상에서 수십 년이 지나, 지구를 마을에서 집으로 바꾸어 비유하는 것은 무리한 표현이 아닙니다. 세계 속에서 살아가는 우리는 단지 피부색이 다를 뿐이며, 경험한 전통과 문화가 다를 뿐입니다. 단지 교육의 방식과 생각의 방식이 다를 뿐이며, 삶의 도구로 사용되는 언어와 의식주가 다를 뿐입니다.

가정 안에서 부모와 자녀는 각기 다른 점이 있지만, 조화를 이루며 화목하게 살아갑니다. 때로는 다양한 특성이 색다른 행복을 줄 때도 많습니다. 세상에 흰색, 회색, 검정색만 존재한다면 어떨까요? 온통 무채색뿐인 세상이라면 꽃과 열매와 동물을 바라보는 눈과 마음은 삭막함이 클 겁니다. 다양한 색깔이 눈과 맘을 즐겁게 하듯, 다양한 사람과 민족과 어우러지면 형형색색의 행복을 누릴 수 있습니다.

*God bless you*

## Miracle
### 141

## 부부애는 아내를 사랑하고 남편을 존경하는 것이다.
*Marital love is loving his wife and respecting her husband.*

이루고 싶은 오늘의 **비전** *(Vision)*

오늘을 살면서 누군가 또는 세상에 베푼 **사랑** *(Love)*

오늘을 돌아보며 부족했던 점에 대한 **반성** *(Reflection)*

오늘 나에게 행복이 되어 준 **감사** *(Thanks)*

년    월    일

*God bless you*

부부애는 아내를 사랑하고 남편을 존경하는 것입니다. 아내 사랑과 남편 존경은 행복한 결혼 생활을 유지하게 하는 비결입니다. 부부가 주고받는 사랑과 존경은 부부로 동행하는 모든 순간과 시간 동안 마음에 품고, 지켜야 할 보석 같은 마음가짐입니다. 신혼 시절부터 '사랑하는 아내', '존경하는 남편'이라는 귀한 표현이 부부의 마음과 입에서 쉼 없이 샘솟는다면 가정은 기쁨과 평화가 넘칩니다.

먼저, 남편이 아내를 사랑해야 합니다. 부모님으로부터 받은 조건 없는 사랑을 남편은 아내에게 조건 없이 전해야 합니다. 생각함과 판단에 부족함이 보여도, 행함과 습관이 맘에 들지 않아도 아내를 사랑해야 합니다. 다른 성격과 취향으로 불편을 주더라도, 사소한 일들로 불평과 잔소리를 늘어놓더라도, 아내를 변함없이 사랑해야 합니다. 남편의 사랑은 아내의 우울을 치료합니다. 남편의 사랑은 아내의 행복 주머니를 채워줍니다.

아내는 남편을 존경해야 합니다. 남편의 존경할 만한 요소를 찾고 기억해서 존경함을 자주 표현해야 합니다. 무시와 비난이 습관이듯, 존경도 습관입니다. 존경의 습관은 더 많은 존경의 요소를 발견하게 하고, 남편을 존경함이 당연하게 느껴지게 합니다. 아내의 존경은 남편이 지치고 힘이 될 때 큰 힘이 되어 줍니다. 남편을 존경함은 남편의 성장과 성공을 촉진하는 밑거름이 됩니다.

부부가 서로 사랑하고 존경하는 삶은 부모님께 효도하는 삶입니다. 부부가 서로를 아끼고 위하며 사는 모습은 양가의 부모님을 기쁘고 흐뭇하게 합니다. 부부의 모습은 자녀에게도 고스란히 전해집니다. 부모의 사랑과 존경의 습관을 보고 자란 자녀는 그대로 재현합니다. 자녀가 어른으로 성장하고 결혼한 후에 부모가 했던 모습으로 서로 사랑하고, 서로 존경하며 살아갑니다.

*God bless you*

## Miracle
### 142

**평범함으로는 비범한 수준에 도달할 수 없다.**
*You can't reach extraordinary levels with mediocrity.*

이루고 싶은 오늘의 **비전** *(Vision)*

오늘을 살면서 누군가 또는 세상에 베푼 **사랑** *(Love)*

오늘을 돌아보며 부족했던 점에 대한 **반성** *(Reflection)*

오늘 나에게 행복이 되어 준 **감사** *(Thanks)*

년    월    일

*God bless you*

평범함으로는 비범한 수준에 도달할 수 없습니다. 평범함의 태도를 뛰어넘어야 비범함의 경지에 오를 수 있다. 보통의 노력으로 탁월한 실력을 갖출 수 있는 사람은 없습니다. 평범한 도전정신과 열정으로 뛰어난 승리자의 월계관을 쓸 수 있는 사람 또한 없습니다.

비범함의 경지에 오르고 싶다면 느슨한 마음가짐은 버려야 합니다. 탁월함의 능력자가 되고 싶다면 쉽고 편함을 추구하던 나태한 삶의 자세는 물리쳐야 합니다. 뛰어남을 통한 성취와 감격을 갈망한다면 게으름과 안일함의 부끄러운 습관은 제거해야 합니다.

추앙받는 세상의 어떤 위인도 평범한 삶의 과정을 통해 탄생하지 않았습니다. 바위를 대적하는 달걀처럼 어떤 장벽과 시련을 만나도 굴하지 않는 담대함이 위인의 칭호를 얻게 했던 것입니다. 세상의 그 어떤 승리자도 평범한 노력과 훈련으로 빛나는 승리를 쟁취하지 못했습니다. 빗방울로라도 바위를 뚫어내겠다는 간절함과 열 번의 패배를 당했더라도 열한 번째는 기필코 승리하겠다는 집요함으로 승리자의 영광을 얻어냈던 것입니다.

평범이라는 선수와 비범이라는 선수가 경주를 한다면 시작은 같은 선상에서 출발합니다. 초반의 달려가는 속도에도 큰 차이가 없어서 처음엔 우열을 가리기 어렵습니다. 하지만 거리가 길어지고 시간이 지날수록 조금씩 차이가 납니다. 평범함과 비범함의 차이는 시작의 조건과 역량의 차이라기보다는 달리는 동안 쌓이는 피로와 권태를 이겨내는 힘의 차이이자, 희미해지는 목표와 둔감해지는 위기의식을 살려내려는 의지의 차이입니다.

천부적 소질이 있어도 비범함의 수준에 쉽게 도달할 수 없습니다. 평범함을 넘으려 안간힘을 써야 비범함의 경지에 오를 수 있습니다.

*God bless you*

## Miracle
## 143

### 긍정의 말이 긍정의 상황을 불러온다.
*A positive word brings a positive situation.*

이루고 싶은 오늘의 **비전** *(Vision)*

오늘을 살면서 누군가 또는 세상에 베푼 **사랑** *(Love)*

오늘을 돌아보며 부족했던 점에 대한 **반성** *(Reflection)*

오늘 나에게 행복이 되어 준 **감사** *(Thanks)*

년    월    일

*God bless you*

긍정의 말이 긍정의 상황을 불러옵니다. 긍정적인 말은 부정적인 상황을 제어하고 제거해 줍니다. 긍정적인 말은 부정적이던 시야를 흐리게 하고 긍정적인 눈을 뜨게 합니다. 긍정적인 말은 부정적인 환경에 지배되지 않게 함을 넘어 부정적인 환경을 지배하게 합니다. 긍정의 사고에서 나오는 긍정의 언어는 어려운 상황에서도 긍정의 요소를 찾아내게 합니다. 긍정의 마음가짐에서 새어 나오는 긍정의 표현은 불가능한 조건에서도 가능의 실마리를 찾아내게 합니다.

긍정의 말은 긍정의 분위기를 만들어 냅니다. 긍정의 말은 가정, 학교, 사회를 넘어 세상 구석구석까지 긍정의 에너지를 전합니다. 긍정의 말은 사람을 끌어들이는 향기를 품고 있습니다. 긍정의 말은 사람들이 몰려들게 하는 매력을 가지고 있습니다. 긍정의 말은 많은 사람들을 감동시키고 변화시키는 마력을 가지고 있습니다.

긍정의 말은 긍정의 결과를 불러옵니다. 안 될 일도 되게 합니다. 어려운 문제를 풀 수 있도록 도와줍니다. 막혔던 길을 열어주기도 합니다. 억울함을 풀어주기도 합니다. 등을 돌렸던 사람도 돌아오게 합니다. 긍정의 말은 기대하지 못했던 멋진 결과를 만들어 냅니다.

긍정의 말은 긍정의 성장을 불러옵니다. 긍정의 말은 '할 수 있다.'라는 자신감을 장착하게 하여 도전을 주저하지 않게 합니다. 긍정의 말은 두려움을 사라지게 하여 용기로 시작하게 합니다. 긍정의 말은 넘어져도 다시 일어서게 하여 날마다 성장의 길을 걷게 합니다.

긍정의 말은 행복을 불러옵니다. 긍정의 말은 불만족했던 마음을 만족하는 마음으로 변화시킵니다. 긍정의 말은 불평이 아닌 감사의 말투로 나와 타인을 기쁘게 합니다. 감사의 말은 감사의 기분으로 이어져 자연스럽게 행복의 문으로 들어가게 합니다.

*God bless you*

## Miracle
## 144

### 집의 크기가 행복을 보장하지 않는다.
*The size of the house does not guarantee happiness.*


이루고 싶은 오늘의 **비전** *(Vision)*


오늘을 살면서 누군가 또는 세상에 베푼 **사랑** *(Love)*


오늘을 돌아보며 부족했던 점에 대한 **반성** *(Reflection)*


오늘 나에게 행복이 되어 준 **감사** *(Thanks)*


년    월    일

*God bless you*

집의 크기가 행복을 보장하지 않습니다. 물론, 집이 커서 행복을 얻을 수도 있지만 '큰 집 = 행복'이라는 절대적인 등식은 성립하지 않습니다. 크고 화려한 집에 살면서 기쁨이 없는 가정이 많습니다. 반대의 경우로 '작은 집 = 불행'이라는 등식도 성립하지 않습니다. 누추하고 초라한 집에 살아도 행복하게 사는 가정이 많습니다.

가정의 행복은 집의 크기보다는 오히려 즐거운 대화에 있습니다. 큰 집은 가족 간의 원활한 대화에 도움을 주기보다는 방해물이 될 때가 많습니다. 한 집안에서 각자 분리된 독립적 생활공간은 대개 가족들끼리 어울릴 시간을 줄어들게 합니다. 어린 시절을 떠올리면 가난한 집에 사는 친구들이 유별나게 가족애가 좋아 보였던 기억이 있습니다. 작은 집이라는 좁은 생활공간으로 인해 몸으로 부대끼며 함께 이야기할 시간이 많았던 것은 돈독한 가족애의 중요한 요인이 되었을 거라고 생각합니다.

가정의 행복은 화려하고 멋진 집의 건축물보다 오히려 가족 간의 따뜻한 소통에 달려있습니다. 화려하고 멋진 집은 부의 상징이기도 합니다만, 반대급부적으로 부족한 소통의 대가인 경우가 많습니다. 부유한 집의 부모는 가정보다 비즈니스에 신경을 더 쓰게 됩니다. 돈 버는 일에 시간을 더 많이 빼앗길 수밖에 없는 구조입니다.

물론 집도 크고, 소통도 잘되면 좋겠지만 그건 욕심입니다. 자연의 법칙에는 양면성이 있습니다. 양쪽을 만족시키기는 쉽지 않습니다. 성경에 '하나님과 재물을 겸하여 섬길 수 없다.'라고 했습니다. 마음 같아서는 둘 다 잘하고 싶지만 그건 어렵습니다. 이왕이면 큰 집을 갈구하기보다 따뜻한 가정을 소망해야 합니다. 큰 집에 목표를 두기보다 화목하고 즐거운 가정을 목표로 삼아야 합니다. 집의 크기보다 가족의 행복을 키우는데 더 힘써야 합니다.

*God bless you*

## Miracle
## 145

## 엄한 부모보다 편한 부모가 좋다.
*Comfortable parents are better than strict parents.*

이루고 싶은 오늘의 **비전** *(Vision)*

오늘을 살면서 누군가 또는 세상에 베푼 **사랑** *(Love)*

오늘을 돌아보며 부족했던 점에 대한 **반성** *(Reflection)*

오늘 나에게 행복이 되어 준 **감사** *(Thanks)*

년    월    일

*God bless you*

엄한 부모보다 편한 부모가 좋습니다. 엄격한 부모 밑에서 성장한 자녀들은 대체로 부모와의 유대관계가 약합니다. 세상에 존재하는 그 어떤 사람보다 가까운 사이임에도 불구하고 왠지 모르게 멀게만 느껴집니다. 함께 있는 것이 서먹서먹하고 대화할 때는 어색합니다. 때로 고민이 있거나 상의하고 싶을 때 마음에 있는 이야기를 쉽게 털어놓지 못합니다. 심지어 부모를 무섭고 두려운 존재로 인식하여 오랜 세월 동안 가까이하기엔 너무 먼 존재로 살아가기도 합니다.

물론 부모의 엄한 자녀 교육 방식에 단점만 있는 것은 아닙니다. 엄격함은 자녀들에게 규율을 가르쳐 법과 질서를 지키고 통제하는 능력을 길러줍니다. 예절과 성적 향상 같은 성과를 도출해 내기도 합니다. 하지만 얻는 것보다 잃는 것이 더 많을 수 있다는 사실을 간과하면 안 됩니다. 부모와 관계 기반이 튼튼하지 않으면 세상에서 발휘될 규율과 통제 능력은 가식과 왜곡된 삶을 부추기게 됩니다. 성적 향상과 성과 측면에서도 나무를 얻는 단기적 이익의 대가로 숲을 잃는 장기적 손해를 볼 수 있습니다.

엄한 부모 밑에서 성장한 자녀들은 창의성과 자율성이 떨어질 수 있습니다. 자녀가 창의적인 뭔가를 생각하고 추진할 때 엄한 부모의 눈치를 볼 수밖에 없습니다. 타율에 길들여진 자녀는 스스로 원칙을 세우고 지키는 자율의 기능이 약해질 수밖에 없습니다. 또한 엄격한 자녀 양육 방식은 경청과 칭찬보다는 지시와 질책이 많을 수 있기 때문에 자존감과 자신감을 떨어뜨리기도 합니다.

자녀에 대한 부모의 양육 스타일은 자녀의 마음 성장에 큰 영향을 끼칩니다. 때로는 엄격함도 필요하겠지만, 주로는 편안함을 줄 수 있는 양육 도구를 사용해야 합니다. 한 번 멀어진 부모와 자녀 간의 사이는 회복하기 어렵습니다. 편함으로 멀어짐을 예방해야 합니다.

*God bless you*

## Miracle
## 146

### 웃는 얼굴은 최고의 성형수술이다.
*Smiling face is the best plastic surgery.*

이루고 싶은 오늘의 **비전** *(Vision)*

오늘을 살면서 누군가 또는 세상에 베푼 **사랑** *(Love)*

오늘을 돌아보며 부족했던 점에 대한 **반성** *(Reflection)*

오늘 나에게 행복이 되어 준 **감사** *(Thanks)*

년   월   일

*God bless you*

웃는 얼굴은 최고의 성형수술입니다. 웃는 얼굴을 만드는 데에는 돈이 한 푼도 들어가지 않습니다. 그래서 성형수술을 위한 비용을 마련하지 못하는 가난한 사람이라도 얼마든지 환하게 웃는 얼굴을 만들 수 있습니다. 웃는 얼굴은 조금의 시간도 필요하지 않습니다. 웃는 얼굴은 마음만 먹으면 언제든 어디서든 누구라도 만들어낼 수 있습니다. 웃는 습관은 잘생기고 못생긴 얼굴의 상태와는 상관없이 최고로 멋지고 예쁜 매력을 전하는 마법의 기술입니다.

우리들은 지금 성형수술이 유행하는 시대에 살고 있습니다. 아니, 더 나아가서 성형수술이 당연하게 생각되는 시대에 살고 있습니다. 미용성형은 이제 여자들만의 영역이 아닙니다. 남자들도 미용성형을 하는 시대가 되었습니다. 또한, 젊은이만의 특권이나 영역이 아니라 나이 지긋한 중년들도 동참하는 시대가 되었습니다.

하지만 아무리 예쁘게 성형수술을 한 얼굴이라 해도 웃지 않으면 예쁨의 매력을 전달하기는 쉽지 않습니다. 아무리 많은 돈을 투자한 성형수술이라고 해도 웃음기가 사라진 얼굴이라고 한다면 멋짐의 매력을 맘껏 뽐낼 수 없습니다. 반면에 투박한 얼굴의 소유자이거나 성형수술 없이 있는 그대로의 얼굴로 살아가는 사람이라 하더라도 웃는 얼굴을 유지한다면 엄청난 매력을 발산합니다. 언제 어디서나 미소가 가득한 얼굴로 살아가는 사람들은 수많은 사람에게 호감의 황홀한 향기를 전해줍니다.

더 예쁘고, 더 멋진 모습을 갖고자 하는 욕구를 나쁘다고는 할 수 없습니다. 어쩌면 잠자고 싶은 욕구나 음식을 먹고 싶은 욕구처럼 인간의 본능적인 욕구일지도 모릅니다. 하지만 더 쉽고 더 아름답게 예뻐질 수 있는 방법이 있다는 걸 알아야 합니다. 성형수술보다 더 효과적이고 더 가치 있는 방법이 웃음이라는 걸 기억해야 합니다.

*God bless you*

## Miracle
### 147

**걸림돌은 성장으로 올라서는 디딤돌이다.**

*The stumbling block is a stepping stone to growth.*

이루고 싶은 오늘의 **비전** *(Vision)*

오늘을 살면서 누군가 또는 세상에 베푼 **사랑** *(Love)*

오늘을 돌아보며 부족했던 점에 대한 **반성** *(Reflection)*

오늘 나에게 행복이 되어 준 **감사** *(Thanks)*

년    월    일

*God bless you*

걸림돌은 성장으로 올라서는 디딤돌입니다. 지금 당장은 걸림돌이 슬프고 아픈 고통으로 느껴질 수 있습니다. 눈앞에 닥친 걸림돌이 지금 당장은 나 자신을 화나게 하고, 억울한 감정마저 들게 할 수 있습니다. 하지만 분명한 것은 현재의 걸림돌은 미래의 높은 성취를 향해 오르게 하는 디딤돌이 된다는 사실입니다. 지금 내 앞에 놓인 걸림돌의 문제를 해결한다면 골치 아픈 걸림돌은 고마운 디딤돌이 되어 우리를 성장과 성숙의 성문으로 들어서게 합니다.

일사천리로 진행되는 일에는 함정이 있을 수 있습니다. 세상만사가 쉽게 되는 일은 없기 때문입니다. 어려움 없이 달성된 성취에는 큰 문제와 위험이 기다리고 있을 수 있습니다. 어려움을 이겨내는 과정 속에서 배우고 익히는 문제해결의 지혜를 얻을 수가 없기 때문입니다. 실패를 경험하지 않은 성장에는 독선과 교만이 가득할 수 있습니다. 아픔과 눈물을 경험하지 못한 사람은 진정한 성취와 성공의 기쁨을 알기 어렵습니다. 약자의 고달픈 삶을 살아본 경험이 없는 사람이 강자가 되면 강자로서의 훌륭한 삶의 자세를 갖추기 어렵습니다.

삶은 문제의 연속입니다. 남녀노소를 막론하고 매일 매일의 당면한 문제 속에서 살아갑니다. 삶은 문제해결의 연속입니다. 걸림돌 같은 문제를 해결하면 바로 이어서든 아니면 잠시 후에든 또 다시 다른 새로운 문제가 발생합니다. 살아가는 동안 문제는 끝없이 발생하고, 그 문제를 해결하고 이겨내는 과정이 인생길의 여정입니다.

문제해결능력은 삶을 살아가는 누구라도 갖춰야 할 핵심역량이자, 인생의 학교에서 반드시 배워야 할 필수과목입니다. 문제해결능력은 걸림돌처럼 다가온 그때그때의 문제들을 해결해가는 과정 속에서 길러집니다. 걸림돌이라는 문제를 만났을 때 좌절하기보다 지혜롭게 해결하면 걸림돌이 디딤돌로 변하는 멋진 순간을 맛볼 수 있습니다.

*God bless you*

## Miracle
## 148

## 우쭐대는 사람은 존경받기 어렵다.
*An arrogant man is hard to be respected.*

이루고 싶은 오늘의 **비전** *(Vision)*

오늘을 살면서 누군가 또는 세상에 베푼 **사랑** *(Love)*

오늘을 돌아보며 부족했던 점에 대한 **반성** *(Reflection)*

오늘 나에게 행복이 되어 준 **감사** *(Thanks)*

년    월    일

*God bless you*

우쭐대는 사람은 존경받기 어렵습니다. 아무리 훌륭한 업적을 남긴 사람이라 해도 겸손하지 못하면 존경받기 어렵습니다. 존경은커녕 오히려 혹독한 비난과 싸늘한 외면을 감당해야 합니다. 잘난 체하는 사람은 시도 때도 없이 거들먹거리는 언행으로 사람들에게 사랑을 받기는커녕 미움받기 쉽습니다. 아무리 대단하고 엄청난 발자취를 남겼다고 해도 거만한 사람은 각고의 노력으로 얻어낸 그 위대한 발자취들을 스스로 지우고 퇴색시킵니다.

작은 눈송이를 뭉치고 굴리면 커다란 눈덩이가 되듯, 겸손의 작은 눈송이가 모이고 쌓이면 존경은 눈덩이처럼 커집니다. 한 방울 한 방울의 빗방울이 내를 이루고 강이 되듯, 한 방울 한 방울 겸손의 땀방울이 모이고 흐르면 깊고 넓은 존경의 바다를 이룹니다.

겸손은 칭찬받을 일이 아닙니다. 겸손의 행위가 바르고 아름답다는 찬사를 받으며 치켜세움을 받을 만한 미덕이 결코 아닙니다. 겸손은 인간이라면 누구나 갖추어야 할 기본 인성입니다. 겸손이라는 삶의 자세는 사람이라면 마땅히 지키며 살아가야 할 마음의 질서입니다.

끝도 없이 펼쳐진 우주 공간 속에서 인간이라는 존재는 어떤 작은 비유로도 표현하기 어려울 정도로 미미한 존재입니다. 지구를 둘러싸고 있는 대자연의 광활함 속에서 하늘, 바다, 산 그리고 사막들과 비교해 볼 때 인간은 티끌만도 못한 작은 존재입니다. 인간의 뇌가 제아무리 뛰어나도 우주 안에서는 작은 불빛에 불과합니다. 인간의 능력이 아무리 탁월해도 자연의 위대한 힘을 뛰어넘을 수 없습니다.

인간은 작고도 작은 존재이기에 교만할 자격조차 없습니다. 교만에 자격이 있다면 그것은 신이요, 우주요, 자연에 해당합니다. 교만은 인간의 영역이 아닙니다. 교만은 그저 글자로만 존재해야 합니다.

*God bless you*

## Miracle
### 149

**자신을 먼저 이끌어야 남을 이끌 수 있다.**
*You have to lead yourself first to lead others.*

이루고 싶은 오늘의 **비전** *(Vision)*

오늘을 살면서 누군가 또는 세상에 베푼 **사랑** *(Love)*

오늘을 돌아보며 부족했던 점에 대한 **반성** *(Reflection)*

오늘 나에게 행복이 되어 준 **감사** *(Thanks)*

년    월    일

*God bless you*

자신을 먼저 이끌어야 남을 이끌 수 있습니다. 자기 관리를 잘하는 사람이 여러 사람으로 구성된 조직 관리도 잘할 수 있습니다. 남을 잘 가르치기 위해서는 스스로 배우는 능력을 먼저 갖춰야 합니다. 남을 제대로 지도하기 위해서는 먼저 자기 자신을 스스로 코칭하는 연습과 습관이 몸에 배어 있어야 합니다.

자신의 문제를 지혜롭게 해결해 가는 사람은 그것이 연습이 되어 남의 문제도 잘 해결해 줄 수 있습니다. 나의 힘든 몸과 나의 힘든 마음을 스스로 회복하고 치료할 줄 아는 사람은 그것으로 훈련이 되어 타인의 지치고 힘든 심신을 토닥여 주고 격려할 수 있습니다. 내 가족과 가정을 소중히 여기는 사람은 그것이 습관이 되어 남의 가정과 사회 그리고 국가와 세계마저 아끼고 사랑하게 됩니다.

자기 자신을 이끌지도 못하는 사람이 타인들을 이끌어간다는 것은 무척 어려운 일입니다. 불과 한 사람인 자기 자신조차 동기부여하지 못하는 사람이 타인들에게 동기부여자로서의 역할을 하며 산다는 것은 이치에 맞지 않습니다. 자신의 건강관리도 제대로 하지 못하는 의사는 아프고 병든 환자를 치료할 자격에 흠집이 생깁니다. 평소에 질서와 규칙을 준수하지 않는 삶을 사는 판사, 검사, 변호사에게는 법의 공정한 판결에 관여할 자격이 있다고 하기 어렵습니다.

누군가를 변화시키고자 한다면 내 안의 못나고 부족한 무언가를 먼저 변화시켜야 합니다. 가정의 우울하고 냉랭한 분위기를 바꾸고 싶다면 가족을 향한 사랑과 고마움으로 내 마음가짐을 먼저 바꿔야 합니다. 이기주의가 가득한 사회와 전투적이고도 파괴적인 세상을 혁신시키고자 한다면 내가 먼저 이타적이고 평화적인 삶을 살아야 합니다. 내 안의 나를 바꾸면 남의 마음 자세도 바꿀 수 있습니다. 내가 먼저 변화되면 세상도 변화시킬 수 있습니다.

*God bless you*

## Miracle
**150**

## 목적이 목표를 빛나게 한다.
*The purpose makes the goal shin.*

이루고 싶은 오늘의 **비전** *(Vision)*

오늘을 살면서 누군가 또는 세상에 베푼 **사랑** *(Love)*

오늘을 돌아보며 부족했던 점에 대한 **반성** *(Reflection)*

오늘 나에게 행복이 되어 준 **감사** *(Thanks)*

년    월    일

*God bless you*

목적이 목표를 빛나게 합니다. 목적이 목표에 날개를 달아줍니다. 목적은 목표에 대한 이유입니다. 목적은 '왜 그 목표를 달성하려고 하는지에 대한 이유'입니다. 목적은 '원하는 목표를 달성하게 되면 달성된 목표를 통해 이익, 대가, 혜택 등으로 무얼 하려고 하는지에 대한 동기'입니다.

목표(what)는 달성하고자 하는 성과물이자 결실입니다. 목적은 그 결실을 왜 수확하려고 하는지에 대한 이유(why)가 됩니다. 목표는 쟁취하고자 하는 자리입니다. 목표의 기반이 되는 목적은 그 자리를 왜 쟁취하려고 하는지에 대한 이유가 됩니다. 목표가 오르고자 하는 산의 정상이라면 목적은 산 정상을 오르려고 하는 이유입니다.

전교 1등이라는 목표를 가진 학생 중에는 부모님에 대한 효도를 목적으로 가진 학생도 있습니다. 돈 많은 부자가 되는 것을 목표로 하는 사람 중에는 미래 인재들을 위한 장학사업을 목적으로 삼는 사람도 있습니다. 아름다운 시와 소설로 베스트셀러 작가의 목표를 가진 작가 중에는 글로 힘들고 지친 사람들의 마음을 치유하고자 하는 목적을 가질 수 있습니다. 건강과 다이어트를 목표로 운동하는 사람 중에는 가족들과 더 많은 행복을 누리기 위한 목적을 1순위에 둘 수도 있습니다.

목표의 훌륭함을 좌우하는 건 아름다운 목적이 뒷받침될 때입니다. 타인을 해치려는 목표에는 가치가 없듯이 아무리 훌륭한 목표를 달성해도 목적이 아름답지 않으면 목표 달성의 가치는 추락합니다. 나만을 향한 목표는 아름답지 않습니다. 목표가 선한 목적을 가질 때 영향력이 커집니다. 목적이 부실하면 그 목표는 초라해집니다. 원하는 목표를 달성하기 위해 온 힘을 쏟는 사람들이 많은 것처럼, 아름다운 목적을 목표 달성의 이유로 삼는 사람도 많아져야 합니다.

*God bless you*

## Miracle
### 151

**인간은 넓고 깊은 바다의 작은 물고기다.**
*Man is a small fish in the wide and deep sea.*

이루고 싶은 오늘의 **비전** *(Vision)*

오늘을 살면서 누군가 또는 세상에 베푼 **사랑** *(Love)*

오늘을 돌아보며 부족했던 점에 대한 **반성** *(Reflection)*

오늘 나에게 행복이 되어 준 **감사** *(Thanks)*

년    월    일

*God bless you*

인간은 넓고 깊은 바다의 작은 물고기입니다. 물고기들이 바다를 떠나서 살 수 없듯, 인간도 바다를 떠나 살 수 없습니다. 풍요로운 바다가 물고기에게 양식을 제공하듯, 바다는 인간에게 각양각색의 풍성한 먹거리를 공급합니다. 바다는 물고기들의 지구요 우주이며, 하늘이요 땅이자, 계곡이고 숲입니다. 마찬가지로 바다는 인간에게 없어서는 안 될 필수적인 삶의 공간이며, 행복과 윤택함을 제공하는 또 하나의 소중한 세계입니다.

그런 고마운 바다가 오염되어 가고 있습니다. 그런 소중한 바다가 인간들의 욕심으로 지쳐가고 있습니다. 인간에게 편리함을 제공하는 플라스틱으로 바다는 몸살을 앓고 있습니다. 인간이 쓰고 내다 버린 폐수로 악취가 진동하는 바다는 거친 숨으로 헐떡거리며 신음하고 있습니다. 인간이 생각 없이 버린 생활 쓰레기들로 바다는 건강을 잃고 병들어 가고 있습니다. 인간의 이기적인 삶과 어리석은 지식이 바다를 죽음으로 내몰고 있습니다.

바다를 아끼는 마음은 소중한 생명을 아끼는 마음입니다. 바다를 지키는 행동은 살아 있는 고귀한 생명을 지키는 행동과 같습니다. 바다를 살리는 삶은 자연과 세상에서 살아가는 모든 생명을 살리는 귀한 삶입니다. 바다를 아껴야 인간 물고기가 행복할 수 있습니다. 바다를 지켜야 인간 물고기의 삶 또한 지켜낼 수 있습니다. 바다를 살려내야 인간도 물고기도 함께 웃으며 살 수 있습니다.

인간은 홀로 살아갈 수 없습니다. 하늘과 바다를 가족으로 여기며 화목하게 살아가야 합니다. 동물과 식물을 이웃으로 지내며 서로를 위하고 서로를 도우며 함께 살아가야 합니다. 꽃과 나무를 친구로 삼으며 더불어 즐겁게 살아가야만 합니다. 바다와 하늘, 땅과 숲의 자연을 사랑하는 삶은 인간을 사랑하는 지혜로운 삶입니다.

*God bless you*

## Miracle
## 152

### 시작의 문은 넓고, 영광의 문은 좁다.
*The door to start is wide and the door to glory is narrow.*

<u>이루고 싶은 오늘의 **비전** *(Vision)*</u>

<u>오늘을 살면서 누군가 또는 세상에 베푼 **사랑** *(Love)*</u>

<u>오늘을 돌아보며 부족했던 점에 대한 **반성** *(Reflection)*</u>

<u>오늘 나에게 행복이 되어 준 **감사** *(Thanks)*</u>

년    월    일

*God bless you*

시작의 문은 넓고, 영광의 문은 좁습니다. 시작의 문은 누구에게나 열려 있지만, 영광의 문으로 들어가는 사람은 많지 않습니다. 뭐든 시작하는 사람은 많습니다. 하지만 끝까지 달려감으로써 그 시작을 마무리하여 영광을 누리는 사람은 많지 않습니다. 시작의 길은 넓고 쉬우나, 영광의 길은 좁고 어렵기 때문입니다.

공부하고자 마음을 먹는 사람들이 많습니다. 남녀노소를 불문하고 공부를 좋아하는 사람은 드물지만, 공부를 유익한 일로 여기는 것은 공부로 많은 결실을 수확할 수 있기 때문입니다. 공부를 시작하는 사람들은 첫 페이지에서 어느 정도의 페이지까지는 누구나 열심히 공부합니다. 깨끗했던 책은 손때와 필기도구로 조금씩 지저분해지기 시작합니다. 하지만 얼마 지나지 않아 공부를 시작한 사람은 크게 두 부류로 나뉩니다. 공부를 계속하고 있는 사람과 공부를 그만둔 사람입니다.

살을 빼기 위해 다이어트를 시작하는 사람은 많습니다. 하지만 그 다이어트를 통해 아름다운 몸매와 멋진 성취감을 경험하는 사람은 많지 않습니다. 많은 사람이 시작한 지 얼마 지나지 않아 포기하고 아니면 중도에 포기합니다. 포기를 선택한 사람들에게는 큰맘 먹고 구매했던 다이어트 장비들이 애물단지로 전락합니다.

새로운 일을 도전하거나 시작하는 사람들은 많습니다. 하지만 그 새로운 일과 도전을 통해 결실을 경험하는 사람은 많지 않습니다. 처음 가졌던 마음가짐을 끝까지 유지하지 못했기 때문입니다.

영광의 문에 들어서기 위해서는 시작의 단계에서 가졌었던 당시의 설렘과 기대와 각오를 잊어서는 안 됩니다. 그 초심을 잊지 않으면 뿌듯하고 자랑스러운 영광을 마음껏 누리며 살게 됩니다.

*God bless you*

## Miracle
## 153

## 경험한 세상은 세상의 작은 조각일 뿐이다.
*The world experienced is just a small piece of the world.*

이루고 싶은 오늘의 **비전** *(Vision)*

오늘을 살면서 누군가 또는 세상에 베푼 **사랑** *(Love)*

오늘을 돌아보며 부족했던 점에 대한 **반성** *(Reflection)*

오늘 나에게 행복이 되어 준 **감사** *(Thanks)*

년    월    일

*God bless you*

경험한 세상은 세상의 작은 조각일 뿐입니다. 내가 경험한 인생은 하늘의 별처럼 무수히 많은 인생의 별 중에서 작고도 작은 하나의 인생일 뿐입니다. 누군가 으스대며 자랑하던 경험들은 거친 바다의 풍랑 속에 위태롭게 떠 있는 보잘것없는 조각배에 불과합니다. 내가 지금껏 쌓아온 경험들이 산처럼 많다고 해도 경험하지 못한 세상과 인생이 훨씬 더 많이 남아 있음을 기억해야 합니다.

내가 경험한 세상이 전부가 아닙니다. 내가 경험했던 세상만으로 삶의 거친 인생길을 헤쳐나갈 수 있을 만큼 세상은 호락호락하지 않습니다. 내가 경험한 인생으로 충분하지 않습니다. 내가 경험한 인생만으로 만나고 맺어야 할 사람들과의 관계를 원활히 할 수 있을 만큼 인생은 만만치 않습니다. 내가 경험해온 세상이 전부인 것처럼 살면 너무 좁은 인생을 살다 갑니다. 내가 경험한 인생으로 충분한 것처럼 살면 너무도 많은 것을 놓치고 살다 갑니다.

많은 사람이 자기가 경험한 많은 것을 자랑하고 삽니다. 적지 않은 사람이 자신은 세상을 지혜롭게 살 만큼의 충분한 경험을 쌓았다고 착각하며 살아갑니다. 특히, 특정 분야에서 수십 년의 경험을 가진 사람들이 그렇습니다. 나이가 지긋이 드신 어르신들도 그런 생각을 많이 합니다. 하지만 경험에 있어서 '충분'이라는 표현은 어울리지 않습니다. 경험은 죽는 날까지 충분하지 않은 '결핍'의 상태입니다.

자신이 경험한 세상에 갇혀 사는 삶은 새장 속 새의 삶과 다를 바 없습니다. 자신의 경험이 대단한 것인 양 살아가는 삶은 어항 속의 물고기의 삶과 같습니다. 자신이 경험한 삶으로 세상을 모두 아는 것처럼 살아가는 삶은 동물원 속 동물의 삶과 다를 바가 없습니다. 유용한 경험으로 더 성장하기 위해 날마다 노력해야 합니다. 여전히 부족한 결핍을 채워줄 경험을 얻기 위해 오늘도 힘써야 합니다.

*God bless you*

## Miracle
## 154

### 기회를 기회로 안다면 절반은 성공이다.
*If you know an opportunity as an opportunity, you are half successful.*

이루고 싶은 오늘의 **비전** *(Vision)*

오늘을 살면서 누군가 또는 세상에 베푼 **사랑** *(Love)*

오늘을 돌아보며 부족했던 점에 대한 **반성** *(Reflection)*

오늘 나에게 행복이 되어 준 **감사** *(Thanks)*

년    월    일

*God bless you*

기회를 기회로 안다면 절반은 성공입니다. 행복이라 불리는 세 잎 클로버가 지천에 가득함에도 그 행복을 못 보는 사람들처럼 세상에 기회가 가득함에도 기회로 느끼지 못하는 사람이 많습니다.

기회는 멀리 있지 않고 늘 가까이에 있습니다. 기회를 알아차리는 사람은 그만큼 많은 기회를 얻을 수 있습니다. 현재 내가 수행해야 할 일, 공부, 노력, 봉사, 여행, 취미, 활동... 등에 기회가 있다고 믿고 확신하며 충실하면 기회를 포착할 수 있습니다.

기회는 시위를 떠난 화살과 같습니다. 잠시라도 방심하면 기회는 쏜살같이 사라집니다. 기회는 눈앞으로 날아가는 화살과 같습니다. 직면한 일에 집중하지 않거나 시시때때로 멍 하는 사람은 눈앞으로 날아가는 기회를 볼 수도 없고 잡을 수도 없습니다.

사람들은 기회가 많지 않다고 말합니다. 하지만 실제로는 밤하늘의 별처럼 기회는 무궁무진합니다. 자신들이 기회의 별을 따지 못했을 뿐입니다. 실패한 사람들이 말하기를 자신에게는 기회가 없었다고 말합니다. 하지만 그들은 현재의 작은 일들에 충실하지 않음으로써 기회를 못 봤거나 놓쳤을 뿐입니다.

맡겨진 작은 일에 기회가 있다고 믿는 사람에게 기회가 보입니다. 그 기회를 놓치지 않으려 애쓰는 사람에게 기회는 기다림을 줍니다. 그 기회를 붙잡으려 노력하는 사람에게 기회는 살포시 안깁니다.

기회는 우리에게 끝없이 다가옵니다. 봄이 되면 꽃이 피듯 기회는 날마다 때마다 꽃으로 다가옵니다. 겨울에 함박눈이 내리듯 기회는 우리의 삶에 순간마다 찾아와 수북합니다. 그 기회의 꽃과 함박눈을 알아채고 붙잡을 수 있도록 더욱더 힘써야 합니다.

*God bless you*

## Miracle
## 155

## 하나를 잘 해내면 열 개도 자신 있다.
*If you do well on one thing, you are confident in ten.*

이루고 싶은 오늘의 **비전** *(Vision)*

오늘을 살면서 누군가 또는 세상에 베푼 **사랑** *(Love)*

오늘을 돌아보며 부족했던 점에 대한 **반성** *(Reflection)*

오늘 나에게 행복이 되어 준 **감사** *(Thanks)*

년    월    일

*God bless you*

하나를 잘 해내면 열 개도 자신 있습니다. 작은 시냇물이 흘러 큰 바다를 이루듯 작은 성취들이 모이면 웅장하고 위대한 성취의 성을 쌓을 수 있습니다.

어느 날 삶의 모퉁이에서 일궈낸 하나하나의 작은 성취는 인생의 여정에서 만날 거인들과 당당히 맞설 싸울 수 있는 자신감이 되며, 강력한 경쟁력을 키워주는 중요한 양분이 됩니다.

작은 성취는 작은 성취로 끝나지 않습니다. 작은 성취는 큰 성취로 나아가는 길을 열어줍니다. 하나하나의 작은 성취는 또 다른 성취에 오르는 계단이요 사다리가 됩니다.

시작의 씨앗은 작지만 수확하는 열매는 큰 것처럼 작은 성취들이 자라면 큰 성취의 열매가 됩니다. 작은 성취들이 쌓이면 큰 성공의 탑이 됩니다. 씨앗이 없이 열매를 얻을 수 없듯이 작은 성취 없이 큰 성공을 이룰 수 없습니다.

그래서 누군가 이룬 작은 성취를 무시해서는 안 됩니다. 비록 작은 성취라도 그것에 관심을 주고 격려도 해야 합니다. 성취의 결과물이 겉으로 보기에는 별 볼 일 없거나 대단해 보이지 않을 수 있으나 그 성취가 자라면 큰 열매가 되기 때문입니다.

성취는 시도와 도전에 대한 대가입니다. 시도와 도전들이 없으면 성취물도 없습니다. 지금 우리가 해야 할 일은 시도와 도전입니다. 시도와 도전 전에 '실패하면 어떡하지?'라고 걱정하고 두려워하는 건 지혜롭지 못합니다. 실패는 성취의 발자취에 불과합니다. 실패가 있기 때문에 성취가 더 빛납니다. 실패의 흔적들과 성취의 조각들을 맞추어가다 보면 우리는 어느새 큰 별을 만나게 됩니다.

*God bless you*

*Miracle*
**156**

## 사람은 자연의 품에서 아기처럼 살아간다.
*Man lives like a baby in the arms of nature.*

이루고 싶은 오늘의 **비전** *(Vision)*

오늘을 살면서 누군가 또는 세상에 베푼 **사랑** *(Love)*

오늘을 돌아보며 부족했던 점에 대한 **반성** *(Reflection)*

오늘 나에게 행복이 되어 준 **감사** *(Thanks)*

년    월    일

*God bless you*

사람은 자연의 품에서 아기처럼 살아갑니다. 아기가 엄마의 품을 떠나 살 수 없듯 사람은 자연의 품을 떠나 살 수 없습니다. 아기는 성장하면 엄마의 품을 떠나 살 수 있지만, 사람은 성장해도 자연의 품을 떠나 살 수 없습니다.

자연은 사람을 보호하고 쉬게 해주는 아늑하고 평온한 집입니다. 자연은 땅과 바다의 소산으로 사람을 먹여 살리는 생명 곳간입니다. 자연은 사시사철 동안 근사한 풍경으로 삭막한 세상에서 아파하고 병들어가는 사람을 치유하는 신비의 병원입니다.

자연이 외면한 인류는 집을 잃은 떠돌이 신세가 됩니다. 풍요로운 자연의 신뢰를 잃은 인류는 배고픔에 우는 동물 신세로 전락합니다. 자연이 손을 놓은 인류는 아프고 병들어도 치료받지 못하는 서글픈 병자가 됩니다.

사람과 자연은 공존하며 공생하는 관계입니다. 사람은 자연과 함께 살아가는 동반자의 관계입니다. 지배와 피지배의 관계가 아닙니다. 사람이 자연을 아끼고 사랑하면 자연은 사람을 지키고 보호합니다.

하지만 점점 더 사람의 편의와 사람의 이익을 위해 사람이 자연을 화나게 하는 일이 많아지고 있습니다. 자연을 다스리려 하고 자연의 섭리를 거스르려 하는 일들이 많아지고 있습니다. 사람의 욕심으로 자연을 향해 작은 돌멩이를 던지면 자연은 사람들에게 무시무시한 바위로 되돌려준다는 것을 잊어서는 안 됩니다.

자연의 마음은 넓으나 상처만 주는 사람은 안아주지는 않습니다. 자연은 인내력이 좋지만 끝까지 참아주지는 않습니다. 자연의 품은 따뜻하지만, 이기적인 사람에게는 굉장히 냉정하고 차갑습니다.

*God bless you*

## Miracle
### 157

**숭고한 희생은 존경과 명예의 대상이다.**
*Sublime sacrifice is the object of respect and honor.*

이루고 싶은 오늘의 **비전** *(Vision)*

오늘을 살면서 누군가 또는 세상에 베푼 **사랑** *(Love)*

오늘을 돌아보며 부족했던 점에 대한 **반성** *(Reflection)*

오늘 나에게 행복이 되어 준 **감사** *(Thanks)*

년    월    일

*God bless you*

숭고한 희생은 존경과 명예의 대상입니다. 나라와 민족을 위하는 고귀한 희생은 당대에는 아픔이지만 후대에는 교훈 중의 교훈으로 남습니다. 나아가 그들의 희생은 후세의 국민성과 민족성의 기틀이 됩니다. 당시의 희생들이 마음 가득 아팠기에 그분들을 향한 우리의 존경과 명예의 기림은 영원해야 합니다.

우리가 자랑스러워하는 대한민국은 훌륭한 사람들의 희생이라는 슬픔의 대가 위에 세워진 나라입니다. 우리가 대한민국이라는 귀한 자산을 이어받을 수 있었던 바탕은 가시밭길의 많은 고난 속에서 피워낸 그들의 숭고한 희생 덕분입니다.

가치 있는 삶이 있고 가치 없는 삶이 있습니다. 가치가 있는 삶은 사랑과 나눔을 즐거워하며 희생마저도 감내하는 삶입니다. 하지만 가치가 없는 삶은 오로지 자신의 즐거움과 자신의 유익만을 위한 삶입니다. 가치 있는 삶은 가치 있는 죽음으로 이어지고, 가치 있는 죽음은 죽음 후에도 영원히 기억되어 후세와 함께 살아가게 됩니다.

사익을 위한 희생도 쉽지는 않습니다. 그러니 공익을 위한 희생은 얼마나 어렵겠습니까? 공익을 위해 자신을 희생시키는 일이 얼마나 어려운 일이겠습니까? 나와 사랑하는 가족을 뒤로한 채로 나라와 민족을 위해 목숨을 희생하기가 얼마나 어렵고 힘든 일이겠습니까?

숭고한 희생의 길을 억척스럽게 걸어가신 호국의 영령들께 마음을 전하는 일은 어렵지 않습니다. 그분들의 희생을 감사로 기억하면서 명예로 지켜드리는 일은 어렵지 않습니다. 어버이날이면 부모님께 카네이션을 달아드리듯 그들을 기리는 날에라도 정성으로 태극기를 게양하면 됩니다. 하루에 1분 1초라도 호국영령들께 가슴으로나마 감사의 인사를 전하며 살아가면 됩니다.

*God bless you*

## Miracle
### 158

**하루 1mm씩 성장하면 1년 후엔 혁신을 이룬다.**
*If you grow 1mm a day, you will be able to innovate a year later.*

이루고 싶은 오늘의 **비전** *(Vision)*

오늘을 살면서 누군가 또는 세상에 베푼 **사랑** *(Love)*

오늘을 돌아보며 부족했던 점에 대한 **반성** *(Reflection)*

오늘 나에게 행복이 되어 준 **감사** *(Thanks)*

년    월    일

*God bless you*

하루 1mm씩 성장하면 1년 후엔 혁신을 이룹니다. 사람의 성장과 기술의 발전 그리고 문명의 진보도 한순간에 이루어지지 않습니다. 세상에 존재하는 그 어떤 것들도 어제보다 나아진 오늘이 쌓이고 쌓임으로 조금씩 나아가다가 성장과 발전 그리고 진보라는 혁신을 이루게 됩니다.

'가랑비에 옷 젖는다'라는 속담처럼 사람의 역량들은 보이지 않게 조금씩 성장합니다. 그렇게 시나브로 성장하다가 어느샌가 눈부신 성장의 자리에 도달합니다. 콩나물시루의 물이 그냥 스치는 것처럼 보이지만 콩나물을 잘 길러내듯이 매일매일 조금씩의 성장은 훗날 혁신(innovation)의 결과를 만들어 냅니다.

가끔 일상의 권태에 빠질 때가 있습니다. 그럴 때 우리가 해야 할 내면의 소리침은 '나는 어제보다 성장하고 있는가? 단, 1mm라도!'입니다. 많이는 아니더라도 우리는 어제보다 전진하는 삶을 살아야 합니다. 1mm라도 어제보다 성장하는 삶을 살아야 하며, 1mm라도 어제보다 발전하는 인생을 창조해야 합니다.

어제보다 못한 오늘을 살거나 어제와 똑같은 삶을 산다면 멈춰진 삶과 다름없습니다. 아니 퇴보입니다. 오늘이 그저 어제의 뒷날일 뿐이면 내일은 무슨 의미가 있을까요? 내일이 그저 오늘의 훗날일 뿐이라면 일생의 꿈은 어디에 있을까요? 어제보다 눈부시게 나은 인생은 아니라도 아주 조금이라도 진보하는 오늘이 되어야 합니다.

어제보다 성장하지 못한 삶은 부끄러운 삶입니다. '나는 어제보다 나아지고 있는지' '1mm라도 성장하고 있는지' 매일매일 순간마다 확인하며 살아야 합니다. 그렇게 매일매일 지속적인 진일보의 삶을 산다면 머지않은 미래에 혁신이라는 큰 선물을 받게 됩니다.

*God bless you*

## Miracle
## 159

### 시간은 공평하고 평가는 냉정하다.
*Time is fair and evaluation is cold.*

이루고 싶은 오늘의 **비전** *(Vision)*

오늘을 살면서 누군가 또는 세상에 베푼 **사랑** *(Love)*

오늘을 돌아보며 부족했던 점에 대한 **반성** *(Reflection)*

오늘 나에게 행복이 되어 준 **감사** *(Thanks)*

년    월    일

*God bless you*

시간은 공평하고 평가는 냉정합니다. 하루 24시간은 사람의 높고 낮은 지위와 상관없이 누구에게나 똑같이 주어집니다. 하루 24시간 1,440분은 남녀의 차이 없이 똑같이 주어지며 젊은이와 노인에게도 1분 1초의 차이 없이 똑같이 주어지는 기회의 선물입니다.

하지만 평가는 달라집니다. 똑같이 주어진 24시간이지만 누군가는 열정과 땀방울로 가꾸고 또 어떤 사람은 무의미하게 흘려보냅니다. 하루를 충실하게 가꾼 사람은 좋은 평가로 성장과 행복의 결실을 얻고, 하루를 가치 없이 낭비한 이는 쓰디쓴 평가로 퇴보와 불행의 성적표를 받아들이게 됩니다.

하루 24시간의 삶에 대한 평가는 냉정합니다. 누구에게도 가산점이 없고 반대로 감점도 없습니다. 하루 24시간에 대한 평가는 오로지 하루를 향한 목표와 계획, 오늘을 맞이하는 태도, 시간을 경작하는 실행력에 따라 냉정하게 평가됩니다.

성공하는 사람들의 공통점에는 여러 가지가 있겠지만 그중에서도 빼놓을 수 없는 요소가 '부지런함'입니다. 새벽 기상은 부지런함의 시작이라고 할 수 있습니다. 자고이래로 늦잠을 자면서 성공하거나 큰 업적을 남긴 사람을 찾아보기는 어렵습니다. 하루를 지배하는 삶, 하루 24시간을 이끌어가는 삶은 '새벽에 일어나 하루를 계획하고 그 계획대로 실행하는 삶'이라고 할 수 있습니다.

명심보감에 '大富由天(대부유천) 小富由勤(소부유근)이라' 했습니다. '큰 부자는 하늘로 말미암고, 작은 부자는 근면함으로 말미암는다'는 뜻입니다. 먼저, 하루 24시간을 성실하게 가꿈으로써 작은 부자가 된 후 하늘의 도움까지 얻어 큰 부자가 된다면 우리의 인생은 성공의 길, 행복의 길을 걷게 될 것입니다.

*God bless you*

## Miracle
### 160

## 자족은 부족에서 만족을 찾아내는 능력이다.
*Self-satisfaction is the ability to find satisfaction from lack.*

이루고 싶은 오늘의 **비전** *(Vision)*

오늘을 살면서 누군가 또는 세상에 베푼 **사랑** *(Love)*

오늘을 돌아보며 부족했던 점에 대한 **반성** *(Reflection)*

오늘 나에게 행복이 되어 준 **감사** *(Thanks)*

년    월    일

*God bless you*

자족은 부족에서 만족을 찾아내는 능력입니다. 자족은 물질이 아닌 마음에서 기쁨과 감사를 찾아내는 능력입니다. 자족의 능력을 갖춘 사람은 무언가 부족한 상황에서도 만족할 만한 요소를 찾아낼 줄 아는 사람입니다. 자족하는 사람은 물질의 풍요가 없어도 슬퍼하지 않습니다. 자족하는 사람은 남들이 알아주는 명예가 없어도 행복을 느낄 줄 압니다.

욕심의 창고는 그 어떤 것으로도 채울 수 없습니다. 욕심의 마음 창고는 세상의 어떤 부자도 가득 채울 수 없습니다. 누구나 알듯이 욕심은 끝이 없습니다. 욕심은 더 큰 욕심을 낳을 뿐입니다. 사족의 비결은 비움의 삶을 사는 데 있습니다. 자족하는 삶을 살 수 있는 비결은 결핍을 인정할 줄 알고, 결핍을 즐길 줄 아는 데 있습니다. 자족의 습관이 몸에 밴 사람은 채움으로써 만족을 누리는 것보다, 비움으로써 만족을 얻는 게 훨씬 더 쉽다는 것을 잘 압니다.

부족함에 만족이 있을 수 없다면 지구상 어느 가난한 나라에서도 만족을 찾을 수 없을 겁니다. 하지만 빈국에서 살더라도 만족하는 사람은 적지 않습니다. 부유한 나라에만 만족을 통한 기쁨과 행복이 있는 것이 아니라 빈곤한 나라에도 넘치는 웃음과 감격이 있습니다. 가난한 나라에 사는 사람들은 원하는 것이 채워지지 않아도 스스로 만족할 줄 아는 자족의 기술들을 가지고 있습니다. 가난한 나라에서 웃음소리가 넘쳐나는 이유는 척박한 광산에서 황금 같은 돌멩이를 발견해 낼 줄 아는 초긍정의 능력이 있기 때문입니다.

부족한 상황에서 만족할 만한 요소를 찾아내는 일은 누구에게도 쉬운 일이 아닙니다. 하지만 불가능한 일도 아닙니다. 단지 어려운 일일 뿐입니다. 부족에서 만족을 찾아내는 자족의 기술을 익힌다면 가난해도 웃을 수 있고, 힘들어도 이겨 낼 수 있습니다.

*God bless you*

## Miracle
## 161

**훌륭한 삶의 흔적은 역사의 유산이 된다.**
*The traces of a great life becomes a legacy of history.*

이루고 싶은 오늘의 **비전** *(Vision)*

오늘을 살면서 누군가 또는 세상에 베푼 **사랑** *(Love)*

오늘을 돌아보며 부족했던 점에 대한 **반성** *(Reflection)*

오늘 나에게 행복이 되어 준 **감사** *(Thanks)*

년    월    일

*God bless you*

생노병사(生老病死)의 과정을 거치면서 사람은 누구나 역사 속의 인물이 됩니다. 그리고 역사 속에서 좋은 평가를 받기 원합니다.

역사 속의 인물은 보통 세 가지 유형으로 나뉩니다. 빛났던 사람, 있는 듯 없는 듯 살았던 사람, 없었으면 좋았을 사람입니다. 시간의 타임머신을 타고 뒤돌아간 역사 속에서 나의 존재가 있는 듯 없는 듯했거나, 차라리 없으면 좋았을 사람이었다면 가슴이 아플 겁니다.

'호사유피 인사유명'의 말처럼 '사람이 죽은 후에 이름을 남긴다'는 것은 보람된 일입니다. 물론 사람이 꼭 이름을 남기기 위해 사는 건 아닙니다. '깊은 산속의 난초가 알아주는 사람이 없어도 향기롭지 않은 것이 아니다'는 공자의 말처럼 알아주지 않을 수도 있습니다. 하지만 왔다 간 흔적만큼은 남겨야 합니다. 남들이 나를 알아주고 존경하기 이전에 자존(自尊)의 문제이기 때문입니다.

역사의 한 페이지를 장식해야 할 한 사람으로서 바람처럼 왔다가 이슬처럼 사라진다면, 세상에 도움이 될 만한 아무 흔적도 남기지 못한다면, 남들의 존경은 고사하고 본인마저 자기 자신을 존경하지 못하는 초라한 인생이 되고 말 것입니다.

흔적을 남기는 것은 삶의 선물에 대한 마음의 보답이요, 최소한의 예의입니다. 흔적을 남겨야 하는 이유는 선조들이 물려주신 유산을 후손들에게 다시 물려주는 사랑의 표현이자 책임이기 때문입니다. 선조에게 받기만 하고 후손에게 주는 것이 없다면 이기심(利己心)의 극치입니다. 세상에 기여할 흔적을 남겨야 하는 이유는 내가 세상의 삶을 선물로 받은 대가로 주는 최소한의 인사이기 때문입니다. 나를 넘어 내 이웃, 내 나라와 내 민족, 그리고 인류에 기여할 수 있는 흔적 하나 꼭 남겨서 인생의 밥값은 내고 가야 합니다.

*God bless you*

## Miracle
### *162*

## 용모는 사랑을 주고, 성품은 행복을 준다.
*Appearance gives love and personality gives happiness.*

이루고 싶은 오늘의 **비전** *(Vision)*

오늘을 살면서 누군가 또는 세상에 베푼 **사랑** *(Love)*

오늘을 돌아보며 부족했던 점에 대한 **반성** *(Reflection)*

오늘 나에게 행복이 되어 준 **감사** *(Thanks)*

년    월    일

*God bless you*

용모는 사랑을 주고, 성품은 행복을 줍니다. 용모가 청춘 시절에 설렘을 주는 진달래꽃이라면, 성품은 살아가는 모든 날 동안 변하지 않는 푸르름으로 소리 없이 든든한 소나무입니다. 아름다운 용모가 가져다주는 사랑의 크기가 작지 않지만, 성품이 선물해 주는 행복의 크기와는 비교할 수 없습니다. 용모가 주는 사랑은 그 유효기간이 언제까지일지 예상하기 어렵지만, 성품이 주는 행복은 많은 세월이 흘러도 유효할 확률이 매우 높습니다.

　아름다운 용모에는 빛과 그림자가 공존할 수 있습니다. 안과 밖이 모두 아름다우면 더할 나위 없겠지만 그런 경우는 많지 않습니다. 아름다운 모양새와 매력적인 향기마저 품고 있는 장미에는 가시가 있듯이, 아름다운 용모 뒤에는 대개 뾰족한 가시가 숨어있습니다. 아름다운 용모에만 심취하다 보면 더 중요한 인간의 가치인 내면의 아름다움에 소홀할 수 있습니다. 아름다운 용모만을 추구하다 보면 진정한 인간의 아름다움인 내면의 세계는 엉망이 될 수 있습니다. 아름다운 용모만을 쫓다가는 쓰라린 경험을 만날 수 있습니다.

　아름다운 성품은 잔잔한 매력을 가지고 있습니다. 아름다운 성품의 소유자는 호감을 주기 위해 요란하면서도 가식적인 도구나 방법을 사용하지 않습니다. 아름다운 성품은 내면이 주요 상품이기 때문에 껍데기만 포장할 수도 없고, 금방 탄로 나기 때문에 포장할 필요도 없습니다. 아름다운 성품은 있는 그대로 꾸밈없이 진실합니다.

　용모보다는 성품이 더 큰 가치를 만들어 냅니다. 용모가 주는 혜택보다는 성품이 주는 혜택들이 훨씬 더 많고, 효과도 더 오래갑니다. 아름다운 용모를 가꾸기 위해서 쓰는 시간보다 성품의 아름다움을 만들기 위해 더 많은 시간을 투자해야 합니다. 성품의 아름다움을 먼저 갖춘 뒤에 용모를 아름답게 가꾸어도 늦지 않습니다.

*God bless you*

*Miracle*
**163**

## 탁월한 리더는 인재를 알아본다.
*An excellent leader recognizes talent.*

이루고 싶은 오늘의 **비전** *(Vision)*

오늘을 살면서 누군가 또는 세상에 베푼 **사랑** *(Love)*

오늘을 돌아보며 부족했던 점에 대한 **반성** *(Reflection)*

오늘 나에게 행복이 되어 준 **감사** *(Thanks)*

년    월    일

*God bless you*

탁월한 리더는 인재를 알아봅니다. 탁월한 리더의 핵심적인 능력은 사람을 보는 눈입니다. 탁월한 리더는 각각의 인재에게 권한위임을 할 줄 아는 사람입니다. 탁월한 리더는 모든 업무들을 자신이 직접 처리할 수 없고, 그리해서도 안 된다는 것을 잘 알기 때문입니다. 그런 이유로 탁월한 리더는 자신의 비전을 향해 함께 갈 자신 같은 사람과 자신의 부족함을 채워줄 인재를 찾고, 고르고, 발탁하여 그 사람의 역량에 잘 어울리는 임무를 맡깁니다.

탁월한 리더는 맡기고 부족한 리더는 혼자 합니다. 리더는 업무를 인재에게 맡길 수 있어야 합니다. 리더는 인재에게 적절한 역할과 책임뿐만 아니라 권한까지 부여하는 임파워먼트(empowerment) 즉, 권한위임의 능력을 갖추어야 합니다. 리더는 이를 통해 인재의 역량을 더 잘 파악할 수 있고, 더 잘 발휘하도록 돕게 되며, 조직의 성과를 극대화할 수 있습니다.

탁월한 리더는 인재의 역할과 책임을 분명하게 정의하며, 업무를 맡길 때는 적절한 지침과 지원을 제공합니다. 그러면서도 인재에게 충분한 자율성과 책임감을 부여하여 자신의 역량을 발휘할 수 있는 환경을 조성합니다. 이는 인재의 열정과 창의성을 촉진하며, 시간과 경험이라는 날개를 달고 놀랍고 많은 시너지 효과를 창출해 냅니다.

반면, 부족한 리더는 혼자 모든 업무를 처리하려고 합니다. 이는 기대한 만큼의 성과를 얻을 수 없기에 효과적이지 못하며, 투입한 만큼 거두어 들이지도 못하기 때문에 효율적이지도 못합니다.

리더가 갖추어야 할 능력에는 비전제시능력, 결단력, 문제해결능력, 의사결정능력, 의사소통능력, 동기부여능력… 등등 많이 있습니다. 하지만 그중 제1의 능력은 인재를 알아보고 발탁하는 능력입니다.

*God bless you*

## Miracle
### 164

## 도움을 주고받는 것은 인생의 기본 원리이다.
*Giving and receiving help is a fundamental principle of life.*

이루고 싶은 오늘의 비전 *(Vision)*

오늘을 살면서 누군가 또는 세상에 베푼 **사랑** *(Love)*

오늘을 돌아보며 부족했던 점에 대한 **반성** *(Reflection)*

오늘 나에게 행복이 되어 준 **감사** *(Thanks)*

년    월    일

*God bless you*

한여름 시골 밭에는 고추가 주렁주렁 열립니다. 고추나무 하나에 많은 고추가 열리기에 홀로는 버티지 못합니다. 이를 방지하기 위해 농부들이 고추나무 바로 옆에 지지대를 설치해 줍니다. 그렇게 하면 고추가 많이 열어도 고추나무는 쓰러지지 않습니다.

　도움을 주고받는 것은 인생의 기본 원리입니다. 사람들이 어떻게 살아가야 하는지 사람인(人) 자를 보면 알 수 있습니다. 사람인(人) 자는 큰 작대기와 작은 작대기가 서로 기대어 서 있는 모습입니다. 즉, 사람과 사람이 서로 기대고 의지하면서 살아가라는 뜻입니다. 내가 아직 어릴 때, 내가 아직 부족하고 나약할 때 혼자 해결하려고 해서는 안 됩니다. 혼자 감당하려고 해서는 안 됩니다. 그러다 자칫 우울증에 빠질 수 있습니다. 우울증은 무서운 병입니다. 우울증은 외로움과 괴로움을 넘어 생명을 위협하기도 합니다.

　어두운 길을 홀로 가서도 안 됩니다. 어두운 길, 초행길, 두려운 길을 가려 할 때 누군가의 도움을 받아야 합니다. 길을 헤매지 않기 위해서입니다. 길을 잃지 않기 위해서입니다. 혼자서 어두운 밤길을 걸어가면 무서운 위험에 처할 수 있습니다. 그때 누군가에게 손을 내민다면, 누군가에게 도움을 청한다면 그 사람은 나의 등대가 되어 줍니다. 그 사람은 나에게 나침반이 되어 줍니다.

　내게 언덕이 되어 주고, 지지대가 되어 줄 멘토는 많이 있습니다. 부모님, 선생님, 선배님, 사장님, 어르신, 친구... 등등 좋은 멘토는 많습니다. 사람인(人) 자에서 작은 작대기가 성장하면 큰 작대기의 역할을 합니다. 어릴 적에는 부모님의 도움을 받고 커서는 부모님께 은혜를 갚고 도움을 드리는 것처럼, 기대고 손 내미는 것을 빚이라 생각하지 않아도 됩니다. 도움을 주고받는 삶은 순리이며 사람(人)이 서로 의지하고 기대며 살아가는(生) 것이 바로 인생(人生)입니다.

*God bless you*

## Miracle
## 165

## 많이 아는 것보다 제대로 아는 것이 중요하다.
*It's more important to know well than to know a lot.*

이루고 싶은 오늘의 **비전** *(Vision)*

오늘을 살면서 누군가 또는 세상에 베푼 **사랑** *(Love)*

오늘을 돌아보며 부족했던 점에 대한 **반성** *(Reflection)*

오늘 나에게 행복이 되어 준 **감사** *(Thanks)*

년    월    일

*God bless you*

많이 아는 것보다 제대로 아는 것이 중요합니다. 이런 것 저런 것 많이 아는 것보다 하나라도 제대로 아는 것이 중요합니다. 이것저것 다 잘하는 다재다능이 좋을 것 같지만, 한 가지만이라도 똑부러지게 잘 해내는 전문가가 더 인정받습니다. 다윗은 검술이라고는 배워본 적도 없지만 골리앗을 이겼습니다. 검술은 몰라도 물맷돌을 던지는 기술 하나만은 타의 추종을 불허하는 전문가였기 때문입니다. 이런 일 저런 일 많이 경험해 보는 것도 나쁘지 않겠지만 한 가지 일을 누구도 따라올 수 없게 해내는 사람이 더 멋진 사람인 것 같습니다.

많은 사람을 만나서 많은 사랑을 해보는 것도 좋을지 모르겠지만, 멋진 한 사람을 만나서 한 번이라도 제대로 된 사랑을 하는 것이 훨씬 더 의미 있을 겁니다. 이 사람 저 사람들과 많은 만남을 갖는 것도 좋겠지만 불과 몇 명의 사람이라도 깊고 진실한 만남을 갖는 것이 더 가치 있을 겁니다.

맛없는 사과를 많이 먹는 것보다 맛있는 사과 하나를 먹는 게 더 좋은 것 같습니다. 오랜 시간을 잡념 속에서 공부하는 것보다 짧은 시간이라도 집중해서 공부하는 것이 더 효과가 큰 것 같습니다. 100살까지 그저 그렇게 사는 것보다 70까지라도 제대로 살다 가는 것이 더 잘사는 삶 같습니다. 그러고 보면 인생은 양보다는 질인 것 같습니다. 인생은 넓이보다는 깊이인 것 같습니다.

일할 때나 공부할 때 시간 때우기가 되어서는 안 됩니다. 무언가 하나를 하더라도 하는 것처럼 해야 합니다. 무엇 하나를 하더라도 제대로 해야 합니다. 그래야 멋진 업적을 남길 수 있습니다. 그래야 인정받을 수 있습니다. 그렇게 해야 나 자신에게 떳떳하고 그렇게 해야 나의 성장과 행복을 이끌 수 있습니다. 무엇 하나를 하더라도 똑부러지게 잘 해내는 스페셜리스트가 인정받는 세상입니다.

*God bless you*

## Miracle
## 166

**삶에 열정이 있으면 노인도 청춘이다.**
*If there is passion in life, the elderly are also young.*

이루고 싶은 오늘의 **비전** *(Vision)*

오늘을 살면서 누군가 또는 세상에 베푼 **사랑** *(Love)*

오늘을 돌아보며 부족했던 점에 대한 **반성** *(Reflection)*

오늘 나에게 행복이 되어 준 **감사** *(Thanks)*

년    월    일

*God bless you*

삶에 열정이 있으면 노인도 청춘입니다. 고목이 꽃을 피워낸다면, 그것은 청춘입니다. 수백 년 수천 년의 나이 든 고목이라도 초록의 잎을 뽐낸다면 나무는 늙지 않은 화려한 청춘입니다. 갓난이는 젖을 먹고 살고, 젊은이는 꿈을 먹고 살며, 노인은 추억을 먹고 산다고 말들 합니다. 하지만 언제나 꿈을 꾸며 살고, 변함없이 꿈을 먹고 산다면 노인이라 해도 늙지 않고 평생이 청춘입니다. 죽는 날까지 꿈꾸는 사람은 살아서도 죽어서도 영원한 청춘입니다.

우리는 지금 애늙은이가 많은 세상에 살고 있습니다. 애늙은이는 어린 나이에 비해 생각과 말과 행동들이 너무 어른스러운 아이를 의미합니다. 주로는 긍정의 뉘앙스보다 부정의 느낌으로 표현할 때 쓰이는 단어입니다. 조숙한 생각과 말과 행동 때문에 애늙은이라는 소리를 듣는 것도 안타깝지만, 더 안타까운 건 마음의 고리타분함과 열정의 노화로 애늙은이가 된 아이들이 많다는 사실입니다. 나이와 생김새는 어리고 젊은데 마음과 열정이 늙어버린 이들이 많습니다. 눈에는 생기가 없고, 걸음걸이에 활력이 없는 나이만 어리고 젊은 애늙은이들이 참으로 많습니다. 그런 사람은 진정한 청춘을 한 번도 누릴 수 없는 마음 아픈 애늙은이입니다. 그저 무늬만 어리고 젊은 사람들은 소싯적부터 늙어버린 한심한 애늙은이입니다.

진정한 청춘은 나이에 있지 않습니다. 진정한 젊음은 나이와 전혀 상관이 없습니다. 꿈이 있고 그 꿈을 향한 열정이 살아있는 사람은 누구라도 청춘입니다. 도전할 용기가 있으며, 패기와 자신감이 살아있는 사람은 모두가 젊은이입니다. 어린이와 젊은이는 내면이 늙지 않도록 늘 깨어 있어야 합니다. 나이 든 노인은 내면의 청춘을 잃지 않도록 늘 깨어 있어야 합니다. 젊을 때는 젊음이 답게 살고, 나이 들어서는 청춘을 유지해야 합니다. 나이와 청춘은 무관합니다. 지금 내가 청춘인지 아닌지는 오늘을 사는 삶의 자세로 알 수 있습니다.

*God bless you*

## Miracle
## 167

## 작은 차이가 큰 차이를 만든다.
*A small difference makes a big difference.*

이루고 싶은 오늘의 **비전** *(Vision)*

오늘을 살면서 누군가 또는 세상에 베푼 **사랑** *(Love)*

오늘을 돌아보며 부족했던 점에 대한 **반성** *(Reflection)*

오늘 나에게 행복이 되어 준 **감사** *(Thanks)*

년    월    일

*God bless you*

작은 차이가 큰 차이를 만듭니다. 작은 차이가 쌓이고 쌓이면 큰 차이의 결과들을 만들어 냅니다. 출발 지점에서는 작은 차이더라도 도착 지점에서는 큰 차이를 실감하게 됩니다.

작은 차이가 성공과 실패라는 상반된 길을 걷게 하고, 작은 차이가 행복과 불행이라는 완전히 다른 운명의 삶을 살게 합니다. 프로와 아마추어의 실력은 눈에 띌만한 큰 차이가 없습니다. 장인(匠人)과 대장장이의 차이도 마찬가지입니다. 그저 백지 한 장의 작은 차이일 뿐입니다. 하지만 백지 한 장의 차이가 연봉과 인기 그리고 인생의 큰 차이들을 만들어 냅니다.

화목한 가정과 불화가 많은 가정의 차이도 작은 배려의 차이에서 시작됩니다. 사소한 무엇이라도 가족이 필요한 것을 해주려고 하는 집은 화목합니다. 사소한 일이라도 가족을 생각하지 않고, 배려하지 않는 집은 불화가 많습니다. 부부는 서로의 배우자를 위해, 부모는 자녀를 위해, 자녀는 부모를 위해 작은 배려와 정성으로 살아가는 가정은 언제나 행복이 넘쳐납니다.

살아가면서 우리는 작은 차이가 만들어 내는 위대한 결과를 적지 않게 경험합니다. 하지만 아쉽게도 많은 이들이 쉽게 망각합니다. 아주 작고 사소한 차이가 만들어 내는 위대한 의미와 결과물들을 잊지 않고 가슴 속에 늘 품고 살아야 합니다. 그것이 현명한 사람과 현명하지 못한 사람과의 큰 차이입니다.

변화의 시작은 대개 작은 곳에서 출발합니다. 변화의 시작은 비록 미약했다 할지라도 나중에는 심히 창대한 혁신을 가져옵니다. 작은 차이에 소홀해서는 안 되고, 작은 차이를 간과해도 안 됩니다. 작은 차이에 관심을 가지고, 오늘도 작은 차이를 만들어 가야 합니다.

*God bless you*

## Miracle
## 168

### 짧은 낮잠은 휴식으로 먹는 비타민이다.
*A short nap is a vitamin taken as a rest.*

이루고 싶은 오늘의 **비전** *(Vision)*

오늘을 살면서 누군가 또는 세상에 베푼 **사랑** *(Love)*

오늘을 돌아보며 부족했던 점에 대한 **반성** *(Reflection)*

오늘 나에게 행복이 되어 준 **감사** *(Thanks)*

년    월    일

*God bless you*

짧은 낮잠은 휴식으로 먹는 비타민입니다. 짧은 낮잠은 스트레스와 피로로 쌓인 독소를 감쪽같이 제거해 주는 가성비 좋은 보약입니다. 짧은 낮잠은 하루하루 빼먹지 않고 정성으로 챙겨 먹어야 할 귀한 영양제입니다.

짧은 낮잠은 뜨거운 여름날에 더위를 식혀주는 시원한 소나기와 같습니다. 지나침이 없는 짧은 낮잠은 맑고 시원한 계곡의 폭포수로 샤워하는 듯한 짜릿한 개운함을 선물합니다. 짬을 낸 짧은 낮잠은 매연으로 오염된 도시와 공장을 떠나, 가슴 깊이 들이마시는 초록 숲의 신선한 공기를 마시는 효과를 줍니다. 길지 않은 짧은 낮잠은 활력이 넘치는 오후로 힘차게 시작하게 하는 상쾌한 스트레칭이자 준비운동이 됩니다.

낮잠은 불편하게 자는 것이 좋습니다. 낮잠을 자기 위해 너무 편한 자세와 환경을 만들게 되면 짧은 낮잠이 아니라, 긴 숙면에 빠질 수 있기 때문입니다. '낮잠의 전제 조건은 짧은 시간'임을 잊지 말아야 합니다. 그래서 낮잠을 잘 때는 시간을 정해놓고 자는 게 좋습니다. 20분이든 30분이든 시간을 정해야 합니다. 낮잠의 시간이 길어지면 낮잠의 어떤 효과도 누릴 수 없습니다. 오히려 실망, 자책, 패배감, 무기력... 등으로 스트레스를 받습니다. 아무리 맛있는 음식이라도 너무 많이 먹게 되면, 먹고 난 후에 후회와 나쁜 기분이 몰려오는 것과 같은 원리입니다.

짧은 낮잠은 머리를 맑게 합니다. 맑은 정신으로 오후를 시작하고 싶다면 짧은 낮잠의 도움을 받으면 좋습니다. 짧은 낮잠은 새로운 기분으로 출발하게 합니다. 맞이할 오후의 시간을 새로운 기분으로 시작하고 채워가고 싶다면 짧은 낮잠을 경험해 보면 좋습니다. 짧은 낮잠은 시간의 손실이 아니라, 시간의 투자입니다.

*God bless you*

## Miracle
### 169

## 서툴다는 것은 성장 가능성이 있다는 뜻이다.
*Being clumsy means that there is potential for growth.*

이루고 싶은 오늘의 **비전** *(Vision)*

오늘을 살면서 누군가 또는 세상에 베푼 **사랑** *(Love)*

오늘을 돌아보며 부족했던 점에 대한 **반성** *(Reflection)*

오늘 나에게 행복이 되어 준 **감사** *(Thanks)*

년    월    일

*God bless you*

서툴다는 것은 성장 가능성이 있다는 뜻입니다. 현재의 시점에서 미숙하다는 의미는 다가올 미래에는 능숙한 능력자가 될 가능성이 있다는 역설적인 표현이기도 합니다. 지금까지 개발되지 않은 땅은 앞으로 개발되고 발전할 가능성 있다는 뜻을 포함하고 있는 것처럼, 미성숙한 사람은 시간과 노력에 따라서 성장하고 성숙한 사람으로 커나갈 가능성을 보유하고 있는 의미입니다.

아직 어린 미완의 꽃봉오리는 예쁜 꽃으로 필 가능성을 품고 있는 아름다움과 향기로움의 유망주입니다. 많은 작업의 시간과 수고의 땀방울이 여전히 필요한 미완성의 그림과 조각작품은 멋진 완성의 가능성을 키워가는 기대주입니다. 아직은 풋내나는 어린이일지라도 훗날에 유명한 작가와 연예인도 되고, 존경받는 의사와 엔지니어로 활약하기도 하며, 훌륭한 학자와 정치인으로 박수를 받는 믿음직한 어른이 될 잠재적 가능성을 가지고 있음을 기억해야 합니다.

지금의 부족함으로 주눅이 들 필요가 없습니다. 현재의 서투름으로 좌절할 필요가 없습니다. 시간이 지나면 능숙해집니다. 노력이라는 시간을 투자하고, 경험을 쌓아가다 보면 능력을 갖출 때가 옵니다. 스포츠 분야에서 아마추어 선수는 서툰 게 당연합니다. 아마추어의 시절을 경험하고 넘어서면 능숙한 프로가 되어 인정받게 됩니다.

활짝 핀 꽃은 더이상 기대할 것이 없습니다. 오히려 꽃잎 떨어지는 쓸쓸한 순간만 남아 있을 뿐입니다. 높은 산 정상에 올라선 후에는 절정의 쾌감이 점점 줄어듭니다. 오히려 내려오는 하산의 발걸음이 숙제처럼 귀찮아집니다. 서툴기에 능숙해지는 즐거움이 있습니다. 부족하고 비었기에 채워가는 성취감이 있습니다. 미숙함을 비관하고 자책하기보다는 나아질 희망을 바라봐야 합니다. 서투름으로 힘을 잃기보다는 성장과 성숙을 기대하고 느끼며 힘을 내야 합니다.

*God bless you*

*Miracle*
**170**

**마음을 다스리지 못하면 아무것도 다스릴 수 없다.**
*If you can't control your mind, you can't control anything.*

이루고 싶은 오늘의 **비전** *(Vision)*

오늘을 살면서 누군가 또는 세상에 베푼 **사랑** *(Love)*

오늘을 돌아보며 부족했던 점에 대한 **반성** *(Reflection)*

오늘 나에게 행복이 되어 준 **감사** *(Thanks)*

년    월    일

*God bless you*

마음의 상태는 글로 쓰이고 말로 표현됩니다. 추구하고 갈망하는 마음의 방향이 얼굴의 표정과 신체의 행동을 결정짓습니다. 사람의 선함과 악함도 모두 마음에서 만들어지고 표현되며, 사람들이 세상 밖으로 표출하는 표현들은 모두 마음의 발로(發露)입니다.

 시인의 가슴 속에 평온함이 가득하면 전쟁을 소재로 쓴 글이라도 평화가 느껴집니다. 평화로운 시 한 편이 탄생하는 것은 시를 쓰는 순간에 시인의 마음이 평화를 갈망했기 때문입니다. 시인의 마음과 시선이 평화를 향했기 때문입니다. 화가의 마음속에 젊음이 넘치면 노인을 그리더라도 그 노인의 청춘이 표현됩니다. 화가의 마음속에 젊음이 살아있으면 화가가 노인이 된 후 어떤 그림을 그리더라도 그림에 생동감이 넘칩니다.

 기분 좋은 일이 있을 때는 어떤 상황에도 얼굴에 화색이 돕니다. 마음에 분노, 화, 못마땅함, 짜증 등이 가득할 때는 얼굴이 펴지지 않습니다. 얼굴색도 나지 않습니다. 아무리 웃으려고 애를 써봐도 얼굴에 경련이 일어나고 부자연스럽습니다. 마음속에 존재하는 화는 화난 표정과 찡그림으로 얼굴에 나타나듯이, 화가 나면 말투 또한 고약해집니다. 반면에 기분 좋은 생각은 얼굴과 말에 생기가 돌게 합니다. 마음에 아름다움이 숨 쉬면 말과 표정도 아름다워집니다. 마음을 다스리지 못하면 아무것도 다스릴 수 없습니다.

 나를 아름답게 표현하고 싶다면 먼저 내 마음을 다스려야 합니다. 마음을 다스리게 되면 얼굴이 평화와 젊음이 그리고 감동과 희망을 표현합니다. 평화를 표현하고 싶으면 마음속에 평온이 일렁거려야 하고, 젊음을 내보이고 싶다면 내 맘이 청춘이어야 합니다. 감동을 주고 싶다면 내 맘에 감동이 있어야 하고, 희망의 삶을 살고 싶다면 내 맘에 꿈과 소망이 가득 차야 합니다.

*God bless you*

## Miracle
## 171

**도움을 주고 싶다면 먼저 도움을 줄 능력을 갖춰야 한다.**
*If you want to help, you must first have the ability to help.*

이루고 싶은 오늘의 **비전** *(Vision)*

오늘을 살면서 누군가 또는 세상에 베푼 **사랑** *(Love)*

오늘을 돌아보며 부족했던 점에 대한 **반성** *(Reflection)*

오늘 나에게 행복이 되어 준 **감사** *(Thanks)*

년    월    일

*God bless you*

도움을 주고 싶다면 먼저 도움을 줄 능력을 갖춰야 합니다. 어렵고 힘든 누군가에게 도움을 주고 싶다면 도와줄 능력이 있어야 합니다. 남을 돕는 것은 아름다운 일이기에 남을 도와주려고 하는 사람들은 많지만 현실 때문에 돕지 못하는 사람이 있습니다. 마음은 도와주고 싶으나 능력과 처지가 못 되어 돕지 못하는 경우가 있습니다. 먼저 스스로 도움의 능력을 기르고 갖춰야 남을 도울 수 있습니다.

먼저, 건강관리 능력을 갖춰야 합니다. 도움을 제공하는 과정에서 자신의 건강을 관리할 수 있는 능력이 무엇보다 중요합니다. 건강이 좋지 않으면 도움을 주기 어렵습니다. 오히려 도움을 받아야 하는 입장이 될 수 있습니다. 체력의 소진 없이 지속적인 도움을 주려면 건강관리를 특별히 잘해야 합니다.

더불어 공감 능력도 필요합니다. 타인의 감정을 제대로 이해하지 못하고 공감하지 못하는 사람은 도움받을 사람과의 심리적 교류에 어려움을 느낍니다. 도움을 받는 사람의 입장을 이해하고 공감하는 능력이 있어야 그의 필요를 정확히 파악하고 적절한 도움을 제공할 수 있습니다.

소중한 시간을 투자하는 헌신의 능력도 필요합니다. 누군가를 돕기 위해서는 시간의 투자를 아끼지 않는 헌신의 마음이 있어야 합니다. 심지어 자신의 이익을 포기하고 손해를 감수하더라도 도움을 받을 사람에게 시간을 배려해야 할 때가 있기 때문입니다.

물질적인 능력도 갖춰야 합니다. 마음과 신체의 도움만으로 부족할 때는 물질적인 도움도 줘야 합니다. 물질의 도움이 어떤 도움보다도 긴급할 때도 있기 마련입니다. 건강과 공감 그리고 헌신과 물질의 능력은 어려운 사람들을 돕기 위한 유용한 능력이 됩니다.

*God bless you*

*Miracle*
## 172

### 뜨거운 태양이 시원한 그늘의 가치를 높인다.
*The hot sun increases the value of cool shade.*

이루고 싶은 오늘의 **비전** *(Vision)*

오늘을 살면서 누군가 또는 세상에 베푼 **사랑** *(Love)*

오늘을 돌아보며 부족했던 점에 대한 **반성** *(Reflection)*

오늘 나에게 행복이 되어 준 **감사** *(Thanks)*

년    월    일

*God bless you*

뜨거운 태양이 시원한 그늘의 가치를 높입니다. 이글거리는 사막의 태양이 오아시스의 존재를 빛나게 합니다. 사막을 걷다 보면 뜨거운 태양으로 괴롭습니다. 강렬한 햇볕을 피하고 싶지만, 나무도 그늘도 쉽게 찾을 수 없습니다. 힘겨운 걸음으로 사막을 걸어가다가 생명의 은인 같은 오아시스를 만나면 그렇게 고마울 수가 없습니다. 거의 탈진할 만한 상태에서 반가운 그늘을 만나면 그렇게 반가울 수가 없습니다. 사막의 여정에서 괴롭히던 태양이 없었다면 오아시스와 그늘의 가치를 제대로 알 수 있었을까요? 사람을 통째로 구워버릴 것만 같던 태양을 경험했다면 오아시스와 그늘의 소중함을 가슴에 새기고, 그 진리를 날마다 되새기며 살아가야 합니다.

질병은 건강의 가치를 알게 해줍니다. 사람을 고통으로 몰아넣는 질병의 존재가 사람들에게 건강의 소중함을 일깨워 줍니다. 질병의 아픔으로 신음하는 사람들이 많기에 사람들은 건강을 지키기 위해 땀 흘려 노력합니다. 질병을 보고, 듣고, 스스로 경험하고도 건강의 소중함을 깨우치지 못한다면 참으로 어리석은 사람입니다.

가난은 부의 가치를 가르쳐 주는 도구입니다. 자신감을 잃게 하고, 자존감을 떨어뜨리는 가난의 경험이 부의 가치를 뼈저리게 느끼게 하는 가르침의 도구가 됩니다. 스스로 가난한 인생을 살고 있으며, 가난한 사람들의 고난을 보고 들으면서도 가난의 늪에서 벗어나려 노력하지 않는 사람은 참으로 게으르고 무능한 사람입니다.

못난 사람이 좋은 사람의 가치를 생각나게 합니다. 자기중심적이고 무례한 사람을 만나보면 좋은 사람의 진정한 가치를 알게 됩니다. 좋은 사람에게 감사를 느낍니다. 못난 사람을 만나고도 좋은 사람의 가치를 모르면 참으로 불행한 사람입니다. 못난 사람을 경험하고도 좋은 사람이 되려고 노력하지 않는다면 참으로 한심한 사람입니다.

*God bless you*

## Miracle
### 173

## 신은 주도적인 사람을 돕는다.
*God helps the leading man.*

이루고 싶은 오늘의 **비전** *(Vision)*

오늘을 살면서 누군가 또는 세상에 베푼 **사랑** *(Love)*

오늘을 돌아보며 부족했던 점에 대한 **반성** *(Reflection)*

오늘 나에게 행복이 되어 준 **감사** *(Thanks)*

년    월    일

*God bless you*

신은 주도적인 사람을 돕습니다. 하늘은 주어진 일에 소극적이지 않고 적극적인 자세로 임하는 주도적인 사람을 축복합니다. 세상의 사람들은 해야 할 일에 수동적이지 않고 능동적인 태도로 일하는 주도적인 사람에게 기회를 줍니다. 우주 만물과 자연은 사람과 일에 질질 끌려다니기보다는 사람과 일을 이끌어가는 주도적인 사람에게 행운을 선물합니다.

주도적인 사람은 이끄는 사람입니다. 주도적인 사람은 중간쯤이나 뒷자리에서 앞사람을 졸졸 따라가는 사람이 아닌 맨 앞에서 무리를 이끌어가는 지휘관입니다. 주도적인 사람은 많은 사람 앞에서 먼지 행동을 보이는 사람입니다. 주도적인 사람은 모두가 주저주저할 때, 누구도 행동하려 하지 않을 때, 가장 먼저 행동으로 개척해 나가는 선구자입니다. 주도적인 사람은 스스로 할 일을 찾는 사람입니다. 주도적인 사람은 누가 시키지 않아도 스스로 할 일을 찾아 나서는 탐험가입니다. 주도적인 사람은 죄와 악의 유혹을 과감히 뿌리칠 줄 아는 선한 사람입니다. 주도적인 사람은 사람들이 죄악의 유혹에서 고민하고 있을 때 잠시의 고민도 없이 선을 선택하는 모범생입니다.

주도적인 사람으로 살기 위해서는 여러 가지 준비가 필요합니다. 가장 먼저 시간을 계획하고 시간을 관리하는 사람이 되어야 합니다. 시간을 이끌어가는 사람이 주도적인 삶을 만들어 갈 수 있습니다. 또한, 새로운 것을 배우고 도전하는 것에 대한 욕구를 가져야 하고 타인의 기대나 주변 상황에 휩싸이지 않고 자신만의 길을 찾아가는 습관을 들여야 합니다. 나아가 다양한 도전 속에서 경험할 수 있는 실패를 수용하며 좌절이 아닌 깨달음을 얻는 습관도 길러야 합니다.

주도적인 사람은 빛이 납니다. 주도적인 사람은 매력을 전합니다. 주도적인 사람의 주도적인 삶은 스스로 기회를 만들어 갑니다.

*God bless you*

*Miracle*
**174**

**걱정은 해결책을 깊이 숨긴다.**
*Worry hides the solution deeply.*

이루고 싶은 오늘의 **비전** *(Vision)*

오늘을 살면서 누군가 또는 세상에 베푼 **사랑** *(Love)*

오늘을 돌아보며 부족했던 점에 대한 **반성** *(Reflection)*

오늘 나에게 행복이 되어 준 **감사** *(Thanks)*

년    월    일

*God bless you*

걱정은 해결책을 깊이 숨깁니다. 걱정은 생각의 눈을 가려 해결의 실마리를 못 보게 하고, 못 찾게 합니다. 걱정하면 할수록 점점 더 깊은 수렁으로 빠집니다. 걱정이라는 수렁 속에 한 번 빠지게 되면 웬만해서는 빠져나오기 어렵습니다. 걱정은 줄어들지도 않습니다. 걱정의 습관에 빠지면 새로운 걱정들이 계속해서 늘어납니다.

걱정은 두려움의 증거입니다. 두려움에 사로잡힌 사람은 무언가를 시작하기도 전에 걱정부터 합니다. 걱정은 자기 불신의 결과입니다. 자신을 믿지 못하고, 자기 능력에 확신이 없는 사람은 '과연 내가 잘 해낼 수 있을까?'라는 생각과 함께 걱정을 달고 삽니다. 걱정은 실행 의지가 약한 사람들의 공통점입니다. 진취적인 기상과 당당한 패기를 갖지 못해 반드시 해내고야 말겠다는 의자가 약한 사람들은 걱정이라는 바이러스의 포로로 살아갑니다.

걱정의 순간순간은 쓸모없이 버려지는 아까운 시간입니다. 걱정할 시간에 문제해결을 위한 아주 작은 무언가라도 시도하는 생산적인 시간을 가져봐야 합니다. 걱정은 이렇다 할 수익은 올리지 못하면서 손실만 일으키는 어리석은 투자입니다. 걱정에 투여하는 부정적인 에너지를 긍정의 에너지로 바꿔 성장과 발전을 이끌어 내는 수익을 창출해야 합니다. 걱정의 하루하루는 답답한 한숨과 어두운 그늘을 쌓아가는 불행한 인생입니다. 걱정이 밀려올 때 심호흡 크게 한 번 하고, 밝은 내일과 희망의 별들을 바라보면서 행복한 인생의 걸음을 한 발 한 발 걸어가야 합니다.

걱정이 문제를 해결해 주면 좋겠지만, 걱정으로는 문제를 해결할 수 없습니다. 걱정해서 조금이라도 좋아지는 일이 있다면 좋겠지만 그런 일은 없습니다. 걱정이 산처럼 높고 바위처럼 무겁게 느껴질 때, 산 정상을 한 번 바라보고 한 걸음 한 걸음 올라가면 됩니다.

*God bless you*

## Miracle
### 175

과시욕은 결핍의 증거다.

*The desire to show off is a testament to the deficiency.*

이루고 싶은 오늘의 **비전** *(Vision)*

오늘을 살면서 누군가 또는 세상에 베푼 **사랑** *(Love)*

오늘을 돌아보며 부족했던 점에 대한 **반성** *(Reflection)*

오늘 나에게 행복이 되어 준 **감사** *(Thanks)*

년    월    일

*God bless you*

과시욕은 결핍의 증거입니다. 사람들에게 과시하고 싶은 욕구는 '나는 보이는 것과 달리 실제로는 부족한 사람입니다.'라는 사실을 간접적으로 증명할 때가 참 많습니다. 과시욕은 위장의 기술입니다. 소유하지 못한 것을 마치 소유한 것처럼 보여주려고 꾸미고 속이는 과시욕은 속까지 훤히 들여다보이는 위장의 기술입니다. 과시욕은 현재의 못난 형편과 처지에 저항하려는 반항심입니다. 과시하려는 욕구는 현실에 대한 불만을 강하게 토로하면서 대들고 소리 지르는 반항적인 몸부림과 비슷합니다.

명품의 브랜드에 빠진 사람이 많습니다. 고급 승용차와 스포츠카에 정신을 빼앗긴 사람이 많습니다. 명품과 고급 차들을 나쁘다고는 할 수 없고, 그런 물건을 구매하는 사람들을 뭐라고 할 수도 없습니다. 하지만 능력이 안 되는 사람들의 과시욕은 이해하기가 어렵습니다. 과시욕은 속 빈 강정처럼 허탈합니다. 과시욕으로 치러야 할 대가는 만만치 않습니다. 과시욕의 대가로 무겁고 무서운 채무에 시달려야 하고, 그 못난 습관에서 빠져나오기까지는 오랜 시간이 걸립니다.

진짜 부자는 명품과 비싼 차에 대한 욕구가 크지 않습니다. 명품을 착용하지 않더라도, 비싼 차를 타지 않더라도 남들이 부자라는 걸 알아주기 때문입니다. 누가 봐도 착한 사람이라면 착한 척할 필요가 없습니다. 있는 그대로 보여줘도 착함이 느껴지기 때문입니다. 힘이 센 사람은 대개 힘센 척하지 않습니다. 별 볼 일 없는 사람이 힘센 척하고, 거들먹거립니다.

과시하고 싶은 욕구가 밀려올 때, 먼저 내면을 들여다봐야 합니다. 과시욕의 가면을 쓰고 싶을 때, 먼저 자신의 형편을 돌아봐야 합니다. 과시욕은 단순한 욕구로 끝나지 않습니다. 대가가 따릅니다. 과시의 유혹이 손짓할 때는 자신을 사랑하는 노력이 더 필요할 때입니다.

*God bless you*

## Miracle
## 176

## 전쟁은 인간이 저지를 수 있는 최악의 범죄다.
*War is the worst crime a man can commit.*

이루고 싶은 오늘의 **비전** *(Vision)*

오늘을 살면서 누군가 또는 세상에 베푼 **사랑** *(Love)*

오늘을 돌아보며 부족했던 점에 대한 **반성** *(Reflection)*

오늘 나에게 행복이 되어 준 **감사** *(Thanks)*

년    월    일

*God bless you*

전쟁은 인간이 저지를 수 있는 최악의 범죄입니다. 전쟁은 어떠한 상황과 이유를 막론하고 절대로 정당화될 수 없는 악한 결정입니다. 전쟁으로 인한 상처는 치유되기 어렵습니다. 전쟁으로 잃은 파괴는 복구되기 어렵습니다. 전쟁으로 인한 상실은 회복되기 어렵습니다.

전쟁으로 얻은 평화는 고통의 평화입니다. 평화가 아무리 아름답다 해도 전쟁 뒤의 평화는 상처로 얼룩진 아픔과 슬픔의 평화입니다. 전쟁은 가족과 터전을 잃게 하는 괴물이며, 가꾸고 이룩한 수많은 성취물을 한순간에 무너뜨리는 무서운 재앙입니다. 전쟁은 살아서 경험하는 지옥입니다. 전쟁은 육체의 부서짐과 생명의 사라져감을 끝도 없이 경험하게 하고, 마음의 공포와 정신의 착란을 강제적으로 경험하게 하는 생지옥입니다.

화해는 좋지만 싸우지 않는 것이 훨씬 더 좋습니다. 깨진 유리는 다시 붙여도 표가 납니다. 다시 사용할 수는 있겠지만 깨진 자국은 남게 됩니다. 싸우고 나서 화해할 것을 고민하는 시간 보다 싸우지 않기 위해 궁리하는 시간이 훨씬 많아야 합니다. 국가 간의 분쟁은 전쟁의 불씨가 됩니다. 전쟁을 일으킨 뒤의 휴전과 종전은 겉으로는 그럴싸해 보이지만 상처뿐인 성과입니다. 휴전과 종전의 화해보다는 처음부터 전쟁의 불씨를 만들지 말아야 합니다.

국가 간의 싸움만 전쟁이 아닙니다. 나라와 나라의 전쟁이 아닌 한 나라 안에서 이념으로 싸우는 것도 작은 전쟁과 다름이 없습니다. 지역과 지역이 대립하며 싸우는 것도, 계층과 계층이 입장의 차이로 싸우는 것도 이기적이고 소모적인 전쟁과 같습니다. 친구와 이웃이 싸우기도 하고, 심지어 가정 내에서도 싸움이 일어납니다. 상처만 남기는 싸움과 전쟁은 어떻게든 막아야 합니다. 싸움과 전쟁 뒤에 회복을 위해 노력하기보다 예방하는 것이 훨씬 더 현명합니다.

*God bless you*

## Miracle
## 177

### 남몰래 하는 선행은 하늘도 감동시킨다.
*A secret good deed impress even heaven.*

이루고 싶은 오늘의 **비전** *(Vision)*

오늘을 살면서 누군가 또는 세상에 베푼 **사랑** *(Love)*

오늘을 돌아보며 부족했던 점에 대한 **반성** *(Reflection)*

오늘 나에게 행복이 되어 준 **감사** *(Thanks)*

년    월    일

*God bless you*

남몰래 하는 선행은 하늘도 감동시킵니다. 착한 행실은 알게 하든 모르게 하든 모두가 아름다운 몸짓이지만, 남모르게 베푸는 선행은 더 큰 감동을 전합니다. 선한 행동은 베푸는 사람과 수혜자 그리고 단지 지켜본 사람에게도 감동을 주지만, 모르게 하는 선행은 하늘과 땅, 산과 바다마저 감동시킵니다.

오른손이 하는 선행을 왼손이 모르게 하는 사람은 선행의 가치가 보여줌이 아닌 선행 그 자체에 있다는 걸 아주 잘 아는 사람입니다. 남몰래 선행하는 사람에게서는 진실한 마음이 느껴집니다. 고마움도 크게 느껴집니다. 조용히 좋은 일을 꾸미는 사람의 마음에는 '행여 수혜자의 자존심에 상처를 주지는 않을까?'라는 세심한 배려심까지 자리 잡고 있습니다. 남모르게 선행하는 사람의 마음속에는 '자신은 잘난 것도 없고, 자랑할 것도 없는 사람이며, 자신의 선행은 내세울 것이 없는 아주 작은 일일 뿐'이라고 생각하는 겸손함이 있습니다.

물론, 착한 일을 한 뒤에 칭찬받고 싶은 마음은 인지상정입니다. 좋은 일을 한 뒤 상을 받고 싶은 욕심도 어쩌면 당연한 마음입니다. 하지만 선행의 전문가들은 그 단계를 뛰어넘습니다. 세상의 칭찬과 표창에 별 관심이 없습니다. 그들은 스스로 느낄 수 있는 뿌듯함을 더 큰 보상으로 여깁니다. 그들은 '하늘이 알아주고 땅이 알아주는 것만으로도 충분한 보상'이라는 큰사람의 마음을 가지고 있습니다.

선행은 별것 없습니다. 선행을 대단한 것으로 생각할 필요도 없고, 선행에 대한 부담을 가질 필요도 없습니다. 힘든 사람을 보았을 때, 힘이 되는 한마디 건네주고 싶은 마음이 생겼다면 작은 선행입니다. 그리고 작디작은 도움의 손길 건넸다면 그것 또한 선행입니다. 보고 듣고 경험하는 삶 가운데 도와줄 일을 허투루 지나치지 않고, 작은 관심만 가져주면 됩니다. 선행은 작은 관심에서 시작됩니다.

*God bless you*

## Miracle
### 178

## 남을 위한 기도는 응답이 빠르다.
*Prayers for others are quick to respond.*

이루고 싶은 오늘의 **비전** *(Vision)*

오늘을 살면서 누군가 또는 세상에 베푼 **사랑** *(Love)*

오늘을 돌아보며 부족했던 점에 대한 **반성** *(Reflection)*

오늘 나에게 행복이 되어 준 **감사** *(Thanks)*

년    월    일

*God bless you*

남을 위한 기도는 응답이 빠릅니다. 남을 위한 기도에는 가식 없이 도와주고 싶은 마음이 간절하다는 걸 하늘이 잘 알기에 '응답할까? 말까?'를 고민하지 않습니다. 타인을 위한 기도에는 그 어떤 욕심도 없습니다. 오직, 기도의 대상이 되는 사람에게 좋은 일이 있기만을 바랄 뿐입니다. 타인을 위한 기도는 하늘의 신도 칭찬하는 아름다운 행위입니다. 하늘의 신은 남을 위해 기도하는 사람을 땅 위에 사는 천사로 생각합니다.

남을 사랑하지 않는 사람이 남을 위해 기도할 수 없습니다. 남의 고통과 슬픔으로 함께 아파하지 않는 사람이 남을 위해 기도할 수 없습니다. 남의 성취와 영광을 함께 축하하고 기뻐하지 않는 사람이 남을 위해 기도하기는 어렵습니다. 남을 위해 기도하는 사람은 남의 슬픔과 기쁨을 함께 나누는 사람입니다. 남을 위해 기도하는 사람은 남이 겪는 기쁘고 아픈 삶들을 자기 일처럼 생각하고 공감합니다.

남을 위해 기도하는 사람이 되기 위해서는 나만을 향했던 시선을 이웃에게도 향하도록 해야 합니다. 남을 위해 기도하는 삶을 살기 위해서는 내 가족을 중심으로 살던 삶의 영역에서 벗어나, 이웃과 더불어 함께 살아가는 삶의 날들을 늘려가야 합니다.

기도는 원하는 것이 이루어지길 바라는 기원의 마음 보따리입니다. 기도는 기원의 마음 보따리 속에 들어있는 이야기 하나하나를 꺼내 하늘에 닿도록 전달하는 배달의 언어입니다. 기도는 하늘의 동의와 공감을 얻기 위해 순간순간마다 손을 모으고 무릎을 꿇는 간절함의 행위입니다. 이렇게 마음과 정성, 그리고 간절함을 담아낸 기도가 내가 아닌 남을 향하고 있다면 하늘이 어찌 외면할 수 있을까요? 이런 간절한 기도가 나를 위해서가 아닌 타인을 위해서라면 하늘이 어떻게 응답하지 않을 수 있을까요?

*God bless you*

## Miracle
## 179

### 재능은 닦을수록 빛이 난다.
*The more you cultivate your talent, the more your talent shines.*

이루고 싶은 오늘의 **비전** *(Vision)*

오늘을 살면서 누군가 또는 세상에 베푼 **사랑** *(Love)*

오늘을 돌아보며 부족했던 점에 대한 **반성** *(Reflection)*

오늘 나에게 행복이 되어 준 **감사** *(Thanks)*

년    월    일

*God bless you*

재능은 닦을수록 빛이 납니다. 재능은 닦을수록 빛나는 유리창처럼 닦을수록 더 선명하고, 닦을수록 더 매력적인 빛을 냅니다. 재능의 원석은 다듬고 연마할수록 더 큰 가치를 만들어냅니다. 재능이라는 원석을 다듬고 연마해가면 거칠고 투박한 금강석이 아름답고 값진 다이아몬드라는 보석으로 탄생 되는 것처럼, 재능의 원석은 다듬고 연마할수록 더 진보하고 더 새로운 가치를 만들어 냅니다.

재능을 묵히는 사람들이 많습니다. 아까운 재능을 썩히는 사람들이 많습니다. 참으로 안타깝게도 한 사람 한 사람 모두가 가지고 있는 자신만의 천재적인 재능을 소홀하게 관리하고 허무하게 사장시키는 사람들이 많습니다. 재능의 자산을 묵히고 썩히면 재능은 세상 빛을 볼 수 없습니다. 빛을 보다가도 오래가지 못하고 재능의 빛을 잃게 됩니다. 재능을 묵히면 먼지가 쌓입니다. 재능을 묵히면 곰팡이가 슬고 녹이 습니다. 재능은 단 하루라도 묵히고 썩혀서는 안 됩니다. 재능을 닦고 연마하는데 한순간이라도 게을리하면, 재능은 서서히 썩어가고 녹이 슬어갑니다.

재능을 닦기 위해서는 시간의 투자가 필요합니다. 아무리 대단한 재능을 가졌다고 해도 노력과 땀방울이라는 시간의 투자가 없다면 재능은 무용지물이 되고 맙니다. 재능의 결실을 수확하기 위해서는 시간의 인내가 또한 필요합니다. 나름대로 노력과 땀방울에 시간을 투자했다고 해도 끝까지 참아내는 시간의 인내가 없다면 탐스러운 재능의 결실은 맛볼 수 없습니다.

재능을 키워감으로써 결실의 기쁨을 누리는 사람은 많지 않습니다. 재능을 닦고 인내하는 일이 쉽지 않기 때문입니다. 하지만 분명한 것은 재능의 승리자가 적지 않게 존재한다는 사실입니다. 내게 있는 재능을 깊이 살펴보고, 지금부터라도 재능을 닦아가면 됩니다.

*God bless you*

## Miracle
### 180

## 1%의 가능성은 99%의 불가능을 이길 수 있다.
*A 1% possibility can beat a 99% impossibility.*

이루고 싶은 오늘의 **비전** *(Vision)*

오늘을 살면서 누군가 또는 세상에 베푼 **사랑** *(Love)*

오늘을 돌아보며 부족했던 점에 대한 **반성** *(Reflection)*

오늘 나에게 행복이 되어 준 **감사** *(Thanks)*

년    월    일

*God bless you*

1%의 가능성은 99%의 불가능을 이길 수 있습니다. 1%의 가능성은 칠흑 같은 어둠을 뚫고 이겨 내는 한 줄기 빛과 같은 존재입니다. 1%의 가능성이란 희망과 응원의 메시지이지, 절망하고 포기하라는 메시지가 아닙니다. 1%의 가능성은 진취적인 사람에게는 희망으로 들리고, 머뭇거리는 사람에게는 절망으로 들립니다. 기회를 만드는 사람은 1%의 가능성을 바라보고, 주어진 기회도 놓치는 사람은 99%의 불가능을 바라봅니다.

많은 사람이 무언가를 시작하기 전에 먼저 가능성을 생각합니다. 적지 않은 사람들이 자신에게 다가온 기회 앞에서 그 기회가 좋고 나쁨과는 상관없이 가능성만을 가지고 '할 것인가, 말 것인가?'를 판단합니다. 성공할 가능성이 크면 시도하고, 성공 가능성이 작으면 멈추거나 주저합니다. 기회를 바라보지 않고 그저 가능성만 봅니다. 그렇게 수많은 기회를 놓치고 살아갑니다.

시도와 도전은 1%의 가능성에서 시작합니다. 1%의 가능성이 쌓여 10%, 30%, 99%, 100%의 가능성을 만들어냅니다. 시도와 도전이 성공의 가능성을 높여가는 것입니다. 가능성이 아무리 크다고 해도 시도와 도전이 없다면 이룰 수 없습니다. 가능성이 아무리 작다고 해도 시도와 도전이 있다면 성취될 가능성을 높여갈 수 있습니다.

물론 1%의 가능성으로 성취를 이뤄내는 것은 쉬운 일이 아닙니다. 낮은 가능성 앞에서의 시도와 도전은 무모해 보일 수도 있습니다. 하지만 성장과 성취를 위한 어떤 시도와 도전에도 헛됨은 없습니다. 실패하더라도 그 시도와 도전 덕분에 또 다른 시도와 도전에 대한 의지와 에너지를 가질 수 있습니다. 실패 덕분에 새로운 아이디어를 얻고, 새로운 시야도 확보할 수 있습니다. 1%의 가능성에는 성장과 성공으로 향하는 비결과 힌트들이 곳곳에 숨어있습니다.

*God bless you*

## Miracle
## 181

### 백 번의 몽상보다 한 번의 행동이 낫다.
*One action is better than a hundred daydream.*

이루고 싶은 오늘의 **비전** *(Vision)*

오늘을 살면서 누군가 또는 세상에 베푼 **사랑** *(Love)*

오늘을 돌아보며 부족했던 점에 대한 **반성** *(Reflection)*

오늘 나에게 행복이 되어 준 **감사** *(Thanks)*

년    월    일

*God bless you*

백 번의 몽상보다 한 번의 행동이 낫습니다. 백 번의 다짐보다 단 한 번이라도 실행하는 것이 낫습니다. 몽상가는 생각하고 실행가는 생각한 것을 행동으로 옮깁니다. 생각에만 몰두하는 사람은 남보다 앞서가기 어렵고, 행동으로 옮기는 사람은 사람을 리드하고, 세상의 변화를 선도합니다.

　생각에 빠져 사는 사람은 알을 깨고 나오지 못합니다. 생각의 벽을 뚫고 나오지 못하는 사람은 알 밖의 대단한 세상을 알지 못합니다. 생각의 울타리를 뛰어넘지 못하는 사람은 세상의 변화와 트랜드에 동참하지 못하고, 우물 안의 개구리처럼 살아갑니다. 움츠린 생각의 벽을 과감하게 무너트려야 합니다. 굳게 닫힌 생각의 문을 박차고 나가야 합니다.

　완벽하게 생각을 한 뒤에 행동으로 옮기려는 사람들이 있습니다. '생각이 완전함에 이르렀을 때 행동해야 한다'고 생각하는 사람들이 있습니다. 과연 그럴까요? 과연 그게 맞는 판단일까요? 어린이가 스스로 생각하기를 '나는 신체적으로나 정신적으로 완전히 성숙한 뒤에 어른이 되겠어.'라고 생각하고 말한다면 얼마나 황당할까요? 어린이의 미숙한 생각은 어른으로 커가면서 성숙해지는 것입니다. 완전한 생각은 없습니다. 서툴더라도 행동으로 옮겨지면서 생각이 익어가는 겁니다.

　'과연 저 포도가 맛이 있을까?'라고 생각하면서 침만 흘리기보다는 포도를 따서 먹어봐야 합니다. 먹어봐야 궁금증을 풀 수 있습니다. 맛이 있을 수도 있고, 맛이 없을 수도 있지만 실행함으로써 시간의 낭비도 줄이고, 경험과 지혜도 얻을 수 있습니다. 생각으로는 1m도 전진할 수 없습니다. 생각만으로는 목표지점에 도착할 수 없습니다. 지금, 한 걸음을 떼기 시작하면 전진하고 도착할 수 있습니다.

*God bless you*

## 에필로그
*Epilogue*

**누구나 동경할 만한
멋진 인생을 꿈꾸시나요?**

그럼, 오늘
벽돌 한 장을 쌓아야 합니다.
하루하루 매일의 벽돌이 쌓여
마침내 내가 바라던
멋진 인생의 건축물이 완성됩니다.

달과 별에 설렘으로 달아 놓은 비전은
'언제 이룰까?' 멀게만 느껴지지만
매일의 비전을 벽돌처럼 쌓아가다 보면
어느새 달과 별에 달린 큰 비전에 다다르게 됩니다.

매일의 작은 비전들을 성취하고 기록해 가면서
미래의 멋진 비전들과 생생하게 연결해 보세요.
날마다 사람과 세상을 향해 전한 사랑을 적어가면서
가족과 이웃, 나라와 인류를 향해 선과 덕을 쌓아보세요.
하루하루 자신을 돌아보고 개선하는 노력을 써가면서
날로 날로 성장하는 뿌듯한 성숙을 마음껏 느껴보세요.
기쁨에도, 슬픔에도 감사하는 은혜의 삶을 기록하면서
감사가 끌어당기는 축복의 삶을 경험해 보세요.

여러분은 멋진 기적의 주인공이 되어갈 것입니다.

## 감사의 글
### Thanks

♧ 먼저, 하나님께 감사를 드립니다. 부족한 능력을 샘솟는 지혜로 채워주시고, 시작과 인내의 고난 길에서 처음부터 끝까지 인도하신 주님께 모든 영광을 올려드립니다.

♧ 존경하고 사랑하는 어머니, 막내아들의 가는 길을 변찮는 사랑과 조건 없는 배려로 응원해주시고 기대하는 마음으로 바라봐주시니 감사합니다.

♧ 사랑하는 아내 장승연, 부모를 흐뭇하게 하는 모범생 아들 허겸, 존재만으로도 아빠를 웃음 짓게 하는 딸 허본에게 사랑과 고마움을 전합니다.

♧ 출판의 어려운 환경 속에서도 늘 웃음으로 대화를 나누어주시고 출판의 동역자가 되어 주신 서정환 대표님과 신아출판사에 감사를 드립니다.

♧ 365개의 격언과 스토리를 쓰는데 도움을 준 하늘과 바다와 바람 그리고 나무와 꽃들과 물고기들에게도 감사의 마음을 전합니다.

2024년 겨울이 깊어가는 날에

# 미라클
# 스토리

**인쇄** 2024년 12월 02일
**발행** 2024년 12월 10일

**지은이** 허대중
**발행인** 서정환
**발행처** 신아출판사
**주 소** 서울시 종로구 삼일대로 32길 36(운현신화타워 빌딩) 305호
**전 화** (02) 3675-3885, (063) 275-4000
**팩 스** (063) 274-3131
**이메일** sina321@hanmail.net
**출판등록** 제465-1984-000004호
**인쇄·제본** 신아문예사

저작권자 ⓒ 2024, 허대중
이 책의 저작권은 저자에게 있습니다. 서면에 의한 저자의 허락없이 내용의 일부를
인용하거나 발췌하는 것을 금합니다.

잘못된 책은 바꿔 드립니다.

**ISBN** 979-11-94198-87-1　04190
**ISBN** 979-11-94198-86-4　04190(세트)

값 18,000원

Printed in KOREA

미라클
스토리